GOOGLE

Juan Diego Gutiérrez Gallardo
Ángel López Guisado

ANAYA MULTIMEDIA

GUÍAS PRÁCTICAS

Responsable editorial:
Eugenio Tuya Feijoó

Diseño de cubierta:
Narcís Fernández

Realización de cubierta:
Cecilia Poza Melero

Juan Ignacio Luca de Tena, 15. 28027 Madrid
Depósito legal: M. 25.919-2005
ISBN: 84-415-1872-6
Printed in Spain
Impreso en Anzos, S. L. - Fuenlabrada (Madrid)

Dedicatoria

Juan Diego Gutiérrez Gallardo:

Para vosotros, familiares y amigos: vuestra mera presencia ilumina mi camino.

Ángel López Guisado:

Para mis hermanos, Rosa Paz y José María.

Agradecimientos

A José Manuel, por su inestimable ayuda en los capítulos dedicados al posicionamiento en buscadores.

Y a todos aquellos que han tendido que soportarnos durante la gestación de este libro.

Índice

Introducción

Google es la navaja suiza de Internet. Todo aquel que se quiera adentrar en la selva en la que se ha convertido Internet debe llevar una y saber manejarla con soltura para abrirse camino. Como buena navaja suiza, Google pone a nuestra disposición multitud de accesorios que cumplen con su función a la perfección. Eso sí, ha de saber cómo utilizarlos.

Google. Una palabra, se supone que se trata de un buscador. Pregunte a cualquiera y se lo dirá. Pero Google es mucho más que eso. Baste como ejemplo el índice de contenidos de este libro. Hemos tenido que parar porque no dejaban de aparecer temas y más temas sobre los que se puede hablar.

La pregunta es inevitable: ¿da un buscador como Google para un libro? Y la respuesta, rotunda: para uno y para muchos más. Aunque escribir este libro ha sido un verdadero placer, en ocasiones el ritmo frenético con el que Google lanza nuevas herramientas nos sobrepasaba.

Cuando aparecieron los primeros buscadores muchos nos sentimos aliviados porque estábamos cansados de acceder a directorios para localizar información sobre alguna materia: en ocasiones es complicado encontrar una clasificación correcta. En los buscadores bastaba con incluir una serie de palabras relacionadas con un tema para obtener una lista de páginas relacionadas. El único problema: no existía una clasificación por importancia de los resultados, más allá de valoraciones totalmente subjetivas. Incluso alguien interesado podía comprar una posición de ventaja dentro de los resultados.

Y llegó Google. Su buscador no sólo tenía en cuenta la existencia de ciertas palabras en las páginas, también cuántas páginas apuntaban mediante enlaces a esta. Éste y otros baremos se combinaban para asignar una importancia a las páginas y ordenarlas en consecuencia. El resultado: un buscador realmente útil.

Lo que empezó como una sencilla empresa, sita en un garaje, como debe ser, tiene ahora un valor en bolsa que asusta a grandes empresas. Google no se ha dormido en los laureles y sigue innovando. Ofreció una solución inteligente al problema de las búsquedas de páginas Web y está intentando hacer lo mismo en otros campos: correo electrónico, sistemas de archivos, compras, imágenes, todo lo que sea susceptible de desorden está en el punto de mira de Google.

Este libro está orientado a todos los grupos de lectores. A los principiantes se les mostrará la historia de Google, las bases de uso del buscador y los trucos más importantes y divertidos que se pueden aprovechar. Aquellos que ya sepan de Google podrán aprovechar los capítulos dedicados al posicionamiento. Y para todos los interesados se explica el funcionamiento de muchas de las herramientas de Google: la barra para Internet Explorer, el buscador de escritorio, Gmail, etcétera.

Un libro dedicado a Google siempre se va a quedar corto: esta empresa está continuamente desarrollando nuevas aplicaciones, poniendo en marcha innovadoras ideas que, sin duda, revolucionarán la forma en la que utilizamos los ordenadores. Pero lo que sí podemos hacer es arrojar un poco de luz sobre aquellas herramientas y técnicas más utilizadas, más populares.

Tal es el éxito logrado por Google, una empresa que no ha lanzado campaña de publicidad alguna para llegar a donde está, que ya no es posible concebir el trabajo en Internet sin ella.

Considere este libro como el manual de instrucciones que debería acompañar a Google. En él le enseñaremos a dominar todas las tareas que debería conocer para sacar el máximo partido de su buscador principal, de los buscadores específicos (imágenes, noticias, etcétera) y del resto de herramientas.

Acompáñenos en este viaje de descubrimiento. ¿Comenzamos?

Cómo usar este libro

Esta guía pretende dar cabida a todas las herramientas que han convertido a Google en el buscador más popular del planeta. Hemos intentado establecer una secuencia que facilite al lector la absorción de conceptos, por lo que recomendamos que lea los capítulos en el orden establecido. Sin embargo, cada capítulo está concebido como una entidad independiente, por lo que aquellos lectores que tengan suficientes nociones sobre los temas explicados en algún capítulo pueden omitir su lectura.

La única excepción a la independencia entre capítulos la constituye el bloque dedicado a las técnicas para mejorar la posición de un sitio Web en los resultados de las búsquedas de Google. Se recomienda la lectura de los cuatro capítulos, ya que constituyen un conjunto.

Comienza el libro hablando sobre los buscadores, en general. Esta introducción al mundo de los motores de búsqueda es imprescindible para poder comprender la importancia que la aparición de este tipo de sistemas tuvo en su momento y por qué su utilización es imprescindible hoy en día.

El segundo capítulo está plenamente dedicado al protagonista de este libro, Google. En él aprenderá a utilizar Google en sus tareas diarias. Realizará búsquedas y, posteriormente, interpretará los resultados obtenidos.

Complemento al capítulo anterior, el tercero presenta algunas características de búsqueda avanzadas. Le serán de especial utilidad para acotar el resultado de sus búsquedas.

Google dispone de muchos otros sistemas de búsqueda, a parte del ofrecido en su página principal. Le mostraremos los más importantes en el capítulo cuarto, aunque a uno de ellos, el buscador para grupos de noticias, le dedicaremos el capítulo quinto al completo.

Además de aplicaciones para la Web, como sus sistemas de búsqueda, Google ofrece aplicaciones de escritorio. Una de ellas es la barra Google, que se integra con Internet Explorer para facilitar la interacción entre ambos. Hablaremos de ella en el capítulo sexto.

La principal fuente de ingresos de Google es la publicidad. En el capítulo séptimo aprenderá a reclamar una porción del pastel, tanto incluyendo anuncios en su propias páginas como anunciándose.

La segunda aplicación de escritorio de Google que veremos es Google Desktop Search, el sistema de búsqueda de escritorio desarrollado por Google que permite ordenar el caos de documentos y archivos de toda índole que se ha instalado en nuestros ordenadores desde la llegada de los discos de gran capacidad. Esta aplicación, a la que dedicamos el capítulo octavo, permite realizar búsquedas dentro del contenido de su ordenador con la tecnología de Google.

Después de su sistema de búsqueda, Gmail es, con mucho, la aportación de Google que más respuesta ha tenido por parte de la competencia. Fueron los primeros en ofrecer un GB de espacio gratuito. Hablaremos sobre este servicio de correo en el capítulo noveno.

Dedicaremos cuatro capítulos a describir las técnicas existentes para intentar mejorar la posición de un determinado sitio Web en los resultados de Google. El décimo presenta los conceptos necesarios para afrontar los demás capítulos con garantías de éxito.

En el decimoprimero se describen las tareas que se han de realizar antes de comenzar la creación del sitio Web, mientras que el decimosegundo está dedicado al trabajo diario que debe realizar para ir subiendo poco a poco la posición del mismo en los resultados de las búsquedas.

La guía se cierra con un capítulo dedicado a algunos de los muchos trucos y curiosidades. Esperamos que se divierta con este capítulo, el decimocuarto.

Como complemento a esta guía hemos preparado un sitio Web que contiene información adicional sobre Google, enlaces a sitios Web relacionados con los diferentes capítulos y mucho más: http://www.enreas.com/google/

Si lo desea, también puede acceder a estos contenidos desde la Web de Anaya Multimedia:

http://www.anayamultimedia.com/

1

Los buscadores

La información está ahí fuera, pero no siempre damos con ella. En multitud de ocasiones necesitamos conocer datos concretos de un personaje histórico, saber cómo surgió un movimiento pictórico de una época específica o, simplemente, poder localizar una dirección de nuestra ciudad. Toda esta información está a nuestra disposición en Internet, a través de la World Wide Web. El problema radica en que no siempre sabemos cómo llegar a ella, y es ahí donde entran en juego los buscadores de información.

Los buscadores de la WWW son capaces de localizar en segundos multitud de páginas Web relacionadas con información que necesitamos conocer. Para comprender mejor su función, primero veremos un poco más de cerca la organización y el funcionamiento de la propia WWW. A continuación aprenderemos qué son los directorios de información, cómo se usan y las limitaciones que tienen.

A estas alturas del capítulo ya podremos hablar de los buscadores Web, de cómo funcionan y de las limitaciones que poseen a la hora de mostrar los resultados encontrados. Para finalizar el capítulo echaremos un tímido vistazo a Google, uno de los buscadores más populares en Internet desde finales de los años 1990.

Aunque Google está reconocido como uno de los mejores buscadores de la Web, también existen algunos que le están haciendo competencia. Dentro de Internet, a quien realmente hace Google competencia es a Microsoft, y eso que la mayor parte de sus herramientas sólo funcionan en Windows. De una forma u otra Google seguirá dando mucho que hablar. Todos estamos atentos cada vez que hace algún anuncio, aunque sea el 1 de abril, el día de las inocentadas para el mundo anglosajón.

1.1. World Wide Web

Estas tres palabras inglesas son seguramente las más nombradas en el mundillo de la informática y de las comunicaciones en la última década. Se popularizaron a mediados de la década de 1990 cuando fue accesible al gran público. También se le conoce por sus siglas: WWW. Veamos qué se esconde detrás de ellas.

1.1.1. WWW

Éstas son las siglas de World Wide Web, cuya traducción podría ser "telaraña que se extiende a lo largo y ancho del mundo", aunque es más común llamarla telaraña mundial.

En la realidad se trata de la mayor red de comunicaciones global, formada por miles y miles de servidores repartidos por todos los puntos del globo terráqueo. Bueno, esta red es la misma Internet, pero la World Wide Web es el sistema de información que mayor popularidad y movimiento le ha proporcionado a la red de redes.

El nombre mismo de WWW hace referencia al sistema de transmisión de información y contenidos publicados en formato de páginas de texto y gráficos, conocido como páginas Web o páginas HTML (*Hyper Text Markup Languaje*, o lenguaje de marcas de hipertexto). El formato de estos documentos está compuesto por texto plano, con etiquetas, de ahí su nombre HTML, lenguaje de marcas o etiquetas. Este lenguaje permite la presentación de información visual, incluso con contenido multimedia, además de enlazar con otras páginas. Por eso el nombre de telaraña, ya que las páginas Web están entrelazadas entre sí por medio de estos enlaces o hipervínculos.

> **Nota:** *El protocolo de transmisión de páginas Web es el HTTP (*Hyper Text Transmisión Protocol, *o protocolo de transmisión de hipertexto). Estas siglas son las que preceden a todas las direcciones de las páginas Web. Por ejemplo: la página Web de la editorial Anaya Multimedia, que está en la dirección http://www.anayamultimedia.com/.*

Que las páginas Web se puedan enlazar entre sí provoca que exista una organización anárquica en la WWW o, mejor dicho, que no exista estructuración alguna. Unos contenidos hacen referencia a otros contenidos que se encuentran en páginas Web distintas y éstas, a su vez, se encuentran en servidores diferentes. Todo se convierte en una gran maraña de información y de datos, de servidores y de conexiones interrelacionadas. Todo se convierte en una telaraña que se extiende por todo el mundo.

Pero no todo está perdido. Hay quien intenta poner orden entre tanta diversidad: el consorcio W3C. Es el organismo encargado de establecer los estándares de todo lo relacionado con WWW. Está formado principalmente por el CERN y el MIT, junto con expertos de todo el mundo.

> ***Nota:** El Instituto Tecnológico de Massachussets o MIT es uno de los centros de investigación más avanzados en temas de computación y comunicaciones.*

El sito Web del consorcio constituye la referencia de todo sistema Web. En ella se publican los nuevos estándares y sistemas que van normalizando. Su dirección es ésta:

http://www.w3.org/

La figura 1.1 nos muestra su página principal.

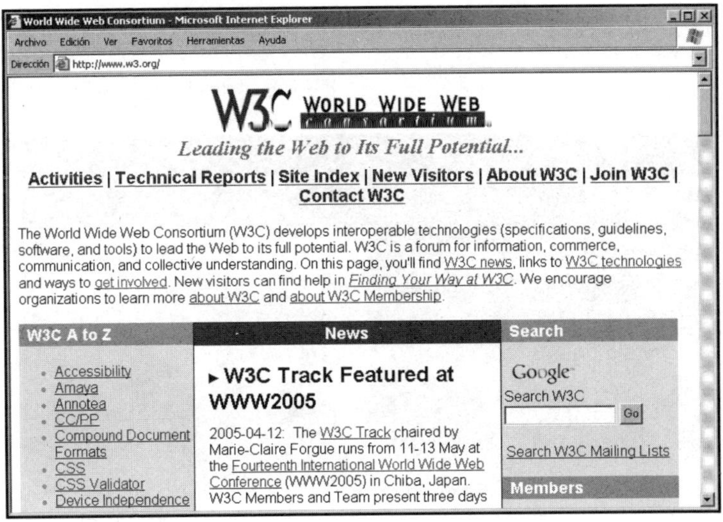

Figura 1.1. El consorcio W3C.

Otras cosas no estarán muy claras en Internet, pero lo que sí lo está es que el origen de la Web estuvo en el CERN. En este centro internacional de investigación en física de partículas se ideó, desarrolló y se utilizó el primer servidor Web y el primer cliente Web. Fue obra de Tim Berners-Lee, que en 1989 construyó un prototipo de lo que se convirtió en el núcleo de la WWW.

> ***Nota:*** *CERN* (Conseil Europeen pour la Recherche Nucleaire), *son las siglas del Consejo Europeo para la Investigación Nuclear. Está cerca de Ginebra, en la frontera entre Francia y Suiza. Allí trabajan desde 1952 multitud de científicos de diversos países constituyendo uno de los centros de investigación más importantes del mundo.*

Todo surgió por la necesidad de disponer de una herramienta que permitiera compartir información sobre los proyectos de investigación. De esta forma, los científicos del CERN podían leer un artículo y tener acceso de forma directa a las referencias de otros artículos que en él aparecían; para esto se utilizaron los enlaces. El sitio Web del CERN es:

http://www.cern.ch/

En la figura 1.2 puede ver su página.

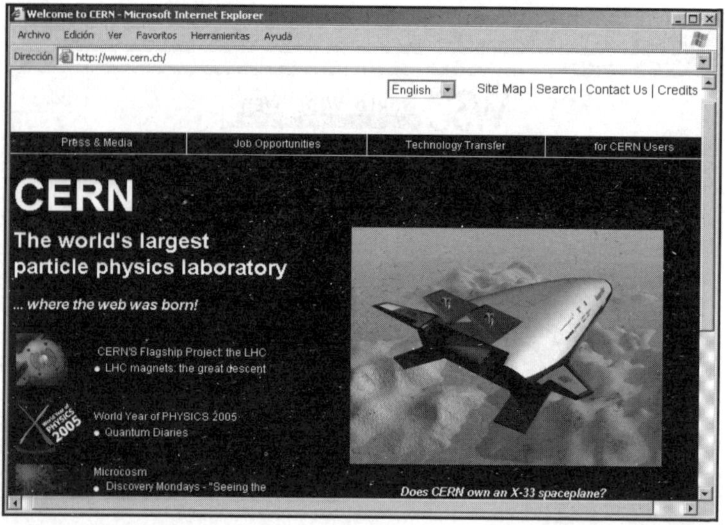

Figura 1.2. CERN, donde todo empezó.

1.1.2. Componentes de la Web

La Web está formada por multitud de servidores conectados a Internet. Cada uno de estos servidores contiene una gran cantidad de páginas. Cuando uno de ellos recibe la petición de una página, la envía al cliente Web a través de Internet. Para esta comunicación entre servidores y clientes se utiliza el protocolo HTTP.

En realidad los servidores Web son servidores de archivos, y estos archivos son páginas Web. Dependiendo de la cantidad de archivos que forme un sitio Web y de la cantidad de peticiones que este servidor reciba, el ordenador donde se ejecute el servidor será un simple PC conectado a Internet o un supercomputador con múltiples conexiones de fibra óptica y un gran número de discos ultra rápidos. La figura 1.3 muestra el proceso de petición y envío de una página entre el servidor y el cliente Web.

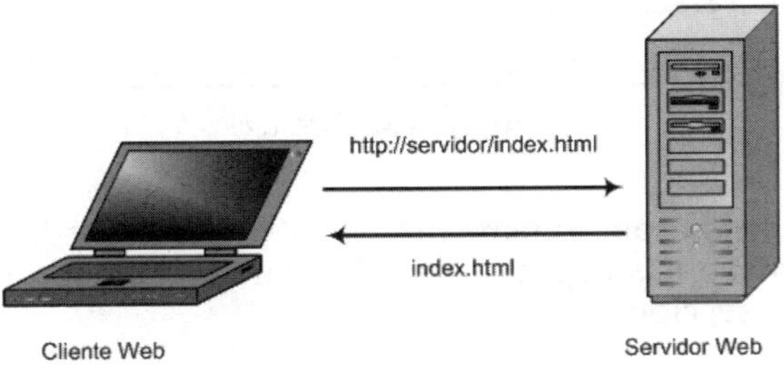

Figura 1.3. Petición y envío de una página.

Otro de los componentes de la Web son los clientes. Se trata de aplicaciones encargadas de mostrar el contenido de las páginas. Dan formato y presentan la información que contienen las páginas siguiendo las pautas marcadas por las etiquetas que contienen las propias páginas.

El acceso a una página Web es muy sencillo. El usuario del cliente teclea la dirección URL de la página que quiere visualizar. A continuación el cliente realiza la petición de la página al servidor correspondiente. Una vez que ha conectado con el servidor, éste le envía la página solicitada para que la muestre. Es el mismo proceso que hemos podido ver en la figura 1.3.

Hoy en día existe una gran variedad de clientes Web. Los más utilizados son Netstcape, Internet Explorer,

Mozilla y, últimamente. Mozilla Firefox. La figura 1.4 muestra el aspecto de Mozilla Firefox.

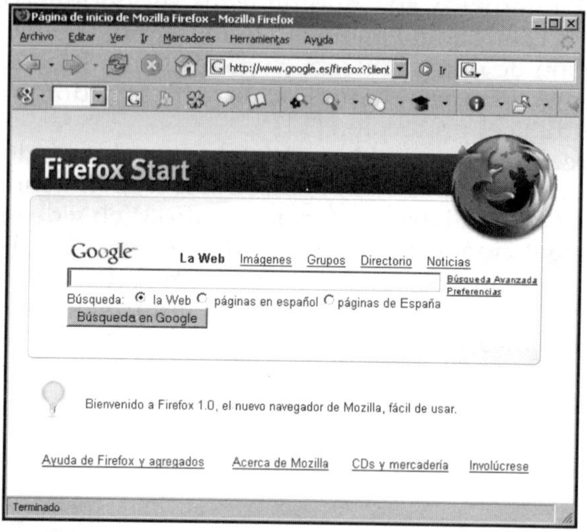

Figura 1.4. Firefox.

El último componente de la Web que nos queda por ver son las propias páginas. De ellas vamos a hablar en la siguiente sección.

1.1.3. Las páginas Web

Podemos considerar que cada página Web es un documento escrito donde aparece la información formateada con distintos tipos de letras, tamaños, colores, imágenes, y demás adornos. Con el desarrollo actual de los clientes y el ancho de banda de los accesos a Internet, es posible ver páginas con contenido multimedia, animaciones en tres dimensiones y hasta aplicaciones completas, algo impensable hace diez años.

Pero tanto las páginas actuales como las primeras que se crearon se basan en la misma idea y básicamente son iguales en formato y contenido. Solo varía la información a la que se accede y la forma en la que los clientes la presentan. La figura 1.5 muestra una página muy sencilla, vista utilizando Internet Explorer.

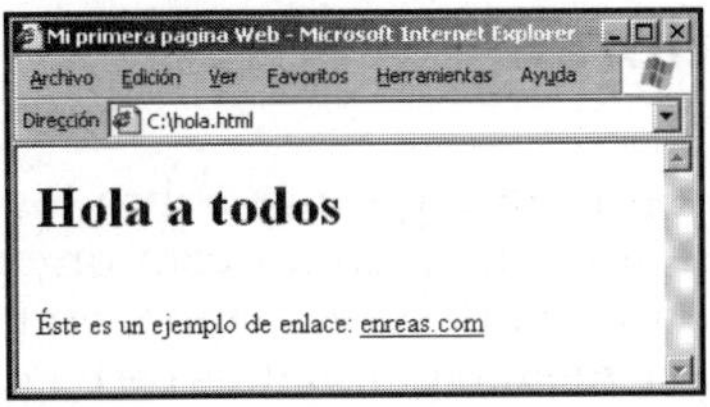

Figura 1.5. Mi primera página Web.

Una página Web no es otra cosa que un archivo de texto. Su interior contiene texto en formato HTML: etiquetas y texto. Las etiquetas estás delimitadas por los símbolos "<" y" >". El texto es la información que se quiere mostrar.

> ***Nota:*** *Los archivos que contienen las páginas Web utilizan las extensiones HTML o HTM, indistintamente. En la actualidad también hay páginas con extensiones como ASP, PHP o XML, entre otras. Para conocer algo más sobre estos tipos de páginas le recomendamos que acuda a los libros de programación Web de Anaya Multimedia.*

Pero veamos un ejemplo sencillo de página Web. Se trata de la misma que muestra la figura 1.5. Esta contiene un título y dos frases. La segunda frase acaba con un enlace que aparece en azul y subrayado. El contenido de esta página, en el lenguaje HTML, es el siguiente:

```
<HTML>
<HEAD>
<TITLE>Mi primera pagina Web</TITLE>
</HEAD>
<BODY>
<H1>Hola a todos</H1><BR>
Éste es un ejemplo de enlace:
<A HREF="http://www.enreas.com/">
enreas.com
</A>
</BODY>
</HTML>
```

Este ejemplo sólo muestra una página sencilla que contiene un enlace. Aquí tenemos una muestra de la facilidad con la que se va tejiendo la telaraña de páginas Web que puebla Internet.

1.2. Buscadores

Ahora ya conoce un algo más sobre los orígenes de la Web, su funcionamiento y cómo está organizada. Bueno, mejor dicho, cómo está desorganizada, en forma de telaraña. Pero es por ese mismo galimatías de páginas, servidores y direcciones Web por lo que es necesario un poco de organización. Con este objetivo fueron apareciendo algunas ideas para ordenar la información que contiene Internet y poder acceder a sus contenidos de una forma más cómoda.

Tras una serie de inventos, aplicaciones y sistemas al final aparecieron los buscadores. No se trata de personas especializadas en realizar búsquedas en Internet, sino de sitios Web respaldados por potentes bases de datos que son capaces de localizar las páginas cuyos contenidos son los que necesitamos.

1.2.1. Por qué hay que buscar

Cualquiera puede conectar un ordenador a Internet (el suyo de casa, por ejemplo) e instalar un servidor Web con los contenidos que mejor le parezcan. Todo esto da lugar a la telaraña mundial: todo organizado, todo descentralizado, todo compartido, todo revuelto, todo vivo, todo en movimiento, pero todo el mundo compartiendo información.

Y como todo está organizado/desorganizado es difícil localizar la información si no se conoce la dirección exacta del sitio Web. Se trata de la misma situación que la búsqueda información sobre un tema concreto en una biblioteca pública. Si se conoce alguna publicación concreta sobre el tema deseado ya tenemos todo el trabajo hecho. Pero en la mayoría de la ocasiones lo desconocemos.

> **Nota:** *Antes de la aparición de la WWW existía en Internet un sistema de información basado en menús que se hizo muy popular por su rapidez y facilidad de manejo. Se trata de* ***Gopher****. Las búsquedas en el* gopherespacio *se realizaban través de la herramienta* ***Verónica****. Hoy en día todavía pueden utilizarse ambas herramientas.*

En este caso tenemos que acudir a algún índice temático o solicitar la ayuda del bibliotecario, que nos orientará en nuestras pesquisas, pero tendremos que consultar varios libros hasta localizar uno que realmente nos resulte de utilidad. Es necesario que exista algún mecanismo para poder buscar entre toda la información disponible en la WWW.

De todos los sistemas de búsqueda de información en la Web hay dos que son mayoritariamente utilizados: los directorios y los buscadores. De ellos vamos a hablar en las siguientes secciones, comenzando primero por los directorios.

1.2.2. Directorios de información

Un directorio es un sitio Web que contiene información estructurada sobre páginas de Internet. Realmente es un catálogo jerarquizado donde las páginas Web se clasifican según categorías definidas en el propio directorio. De esta forma las páginas se muestran ordenadas según su temática.

La búsqueda de información se realiza navegando por las subdivisiones de cada sección temática, hasta llegar a las páginas Web con el contenido buscado. Como ejemplo de directorio tenemos a Yahoo. Aunque en la actualidad también se trata de un buscador, en sus inicios era uno de los directorios más completos. Todavía se puede acceder a este servicio a través de la dirección:

http://es.dir.yahoo.com/directory/

La figura 1.6 nos muestra el directorio Web de Yahoo.

Como puede observar en la figura 1.6, el directorio contiene unas categorías principales y dentro de éstas otras divisiones más específicas. Un directorio no siempre contiene todas las posibles subcategorías de un tema. Las que posee van en función de las páginas subscritas al directorio, no en función de su importancia o utilización.

Para que una página Web aparezca en un directorio tiene que estar suscrita a él. En ocasiones esas suscripciones se realizan previa aportación económica. Dependiendo de la cantidad aportada, la página será situada en los lugares más o menos preferenciales del directorio. También existen directorios donde no es necesario realizar pago alguno, algo más acorde con el espíritu de la WWW. Los directorios son muy útiles a la hora de localizar información sobre una temática concreta, ya que muestran conjuntamente todas las páginas Web de un tema concreto.

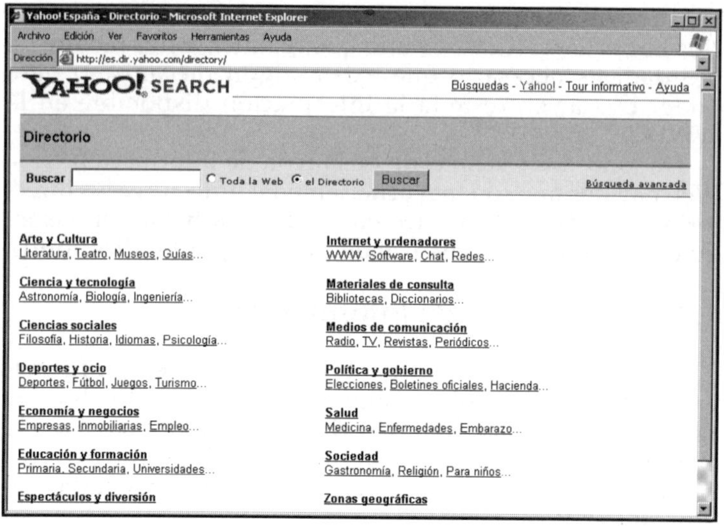

Figura 1.6. Directorio Web de Yahoo.

> ***Nota:*** *Los directorios de información tienden a especializarse en temáticas determinadas. De esta forma, los hay específicos de derecho, naturaleza, medicina, deportes, humanidades, economía, etcétera.*

Pero no todo son ventajas. Los directorios también tienen sus limitaciones y sus inconvenientes. Aquí tiene las principales desventajas:

- Necesitan la intervención humana a la hora de clasificar y organizar la información.
- Los directorios se estancan más, ya que no se actualiza su contenido de forma dinámica.
- Si en el directorio no existe nada relacionado con el tema que se busca, no se encontrará nada.
- No se sabe lo que se busca realmente, se va mirando hasta que se encuentra algo que interese.
- La información que guardan de cada página Web es bastante básica y escueta. Se suele guardar su dirección, su temática y el título de la misma, sin apenas revisar su contenido en busca de información.

Todas estas carencias se suplen con la aparición de los buscadores de información, de los que hablaremos en la siguiente sección. Pero antes de acabar, veamos algunos de los directorios más utilizados actualmente. Son los siguientes:

- **Yahoo:** http://es.dir.yahoo.com/directory/
- **Google:** http://directory.google.es/
- **Galaxy:** http://www.galaxy.com/directory/
- **Buscar Portal:** http://www.buscarportal.com/
- **Lukor:** http://www.lukor.com/directorio/

1.2.3. Buscadores de información

Un buscador es la solución para nuestros problemas de búsqueda y localización de información en la WWW. En realidad sólo se trata de aplicaciones con interfaz Web cuya misión es encontrar páginas que contengan la información que estamos buscando. Se logra así agilizar la estanqueidad de los directorios, gracias a la utilización de procedimientos automáticos que escrutan y localizan información en Internet y la posibilidad de extraer datos del contenido de las páginas Web. Gracias a esto último podemos realizar búsquedas mediante términos concretos.

La figura 1.7 nos muestra el formulario de búsqueda de Teoma, que puede encontrar en la dirección:

http://www.teoma.com/

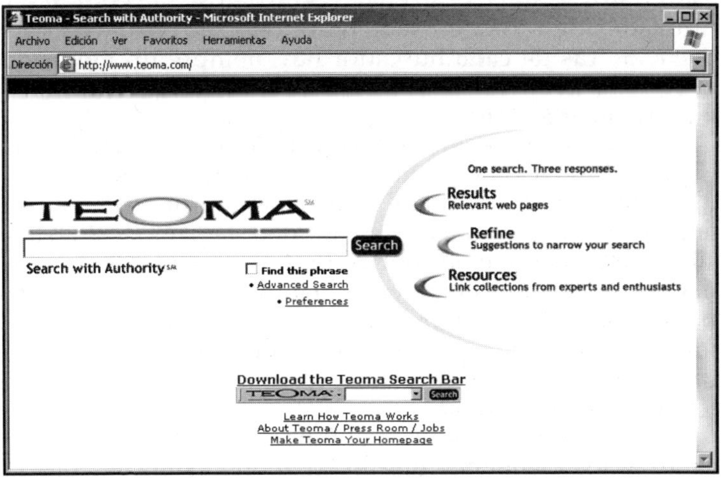

Figura 1.7. Teoma, un buscador Web.

Como puede ver en la figura 1.7, los buscadores tienen un formulario de búsqueda en su página principal desde el que se inicia todo el proceso.

Primero se escriben los términos por los que se quiere buscar y tras pulsar el botón que lanza el proceso se realiza la conexión con la aplicación de búsqueda, que devolverá un listado con los resultados encontrados, también a través de una página Web.

Nota: *Las aplicaciones especializadas en realizar búsquedas masivas de datos se conocen como motores de búsqueda, expresión cada vez más utilizada en Internet.*

Pero para que estas búsquedas funcionen, los propios buscadores tienen que haber recopilado antes información sobre las páginas de la Web y su contenido. Para esto realizan previamente tareas de indexación de las páginas. Esta operación consiste en recopilar información del contenido de las páginas: qué palabras que contienen, qué enlaces hacia otras páginas que probablemente serán de temática similar, el servidor donde se encuentra la página, además de información con carácter estadístico. Todo esto le permite al buscador hacerse una idea global de cada página para poder incluirla en su base de datos.

Todos los datos extraídos de cada una de las páginas que indexa generan mucha información, razón por la que estos datos se almacenan en bases de datos, que podrán ser utilizadas de forma eficiente para realizar búsquedas. Es decir, detrás de cada buscador hay siempre un motor de búsqueda que se conecta con un servidor de bases de datos para realizar su tarea.

Veamos ahora cómo se recolecta la información de las páginas Web. Un buscador, además del motor de búsqueda y de su base de datos, utiliza otro programa que se encarga de recorrer la mayor cantidad de páginas Web posible para examinar su contenido. A través de este programa un buscador va obteniendo la información que necesita para realizar las búsquedas. Y como no podía ser de otra forma, el programa que va recorriendo la telaraña en busca de presas (o lo que es lo mismo, recabando información) se tenía que llamar araña.

Una vez que conocemos el funcionamiento de un buscador y los elementos que lo componen sólo nos queda hablar de los resultados de la búsqueda.

Nota: A las arañas (o spiders *en la lengua de Shakespeare) también se las conoce como* robots, *porque se trata de aplicaciones que funcionan incansables de forma automática las veinticuatro horas del día. Si quiere obtener más información sobre los robots que hay en Internet visite la página: http://www.robotstxt.org/.*

Dependiendo de la política que siga el buscador podemos obtener distintos resultados en las búsquedas, incluso distintas ordenaciones de los mismos. Cada buscador, una vez que ha realizado la búsqueda y ha obtenido resultados satisfactorios, los presenta en forma de listado, enviando al cliente una página con estos mismos resultados. Hasta aquí todos los buscadores coinciden.

Ahora bien, el contenido de este listado dependerá de:

- Si alguno de los resultados está patrocinado. Se da cuando el buscador recibe una aportación económica por situar una determinada página Web en una posición preferente.
- Si el resultado está relacionado temáticamente con la búsqueda, pero no cumple con sus requisitos.
- Si el buscador sólo indexa un conjunto limitado de páginas Web.
- Si el buscador incluye publicidad en su página de resultados, relacionada o no con los términos de la búsqueda.

Además de estos factores existen otros de índole técnica, propios de la forma de realizar la indexación y las búsquedas por parte de cada motor. Todos estos factores influyen sobre los resultados de búsqueda. Y los resultados hallados influyen sobre quien ha realizado la búsqueda.

Por eso, la presentación de los resultados de las búsquedas tiene tanto interés publicitario para las empresas, sobre todo las que tienen presencia corporativa en Internet o para aquellas que utilizan la Web como medio de ventas. De esto y de las implicaciones que conlleva hablaremos en los capítulos de posicionamiento de este libro.

1.2.4. Sitios Web de buscadores

En la actualidad existe una gran cantidad de buscadores en Internet, algunos más conocidos, otros en un idioma determinado y otros especializados. Aquí les presentamos una muestra de estos sitos:

- **Yahoo:** http://www.yahoo.es/
- **AltaVista:** http://www.altavista.com/
- **Lycos:** http://www.lycos.com/
- **Olé:** http://www.ole.es/
- **Elcano:** http://www.elcano.com/
- **Ozú:** http://www.ozu.com/
- **Hispavista:** http://www.hispavista.com/
- **Excite:** http://www.excite.com/
- **Nothern Light:** http://www.northernlight.com/
- **WebCrawler:** http://www.webcrawler.com/

Entre estos buscadores destaca uno que no hemos nombrado: Google. A partir de este momento el contenido de este libro se centrará exclusivamente en este buscador.

1.3. El buscador Google

Vamos a hacer una presentación sencilla de este buscador, haciendo honor a su filosofía: sólo mire la figura 1.8.

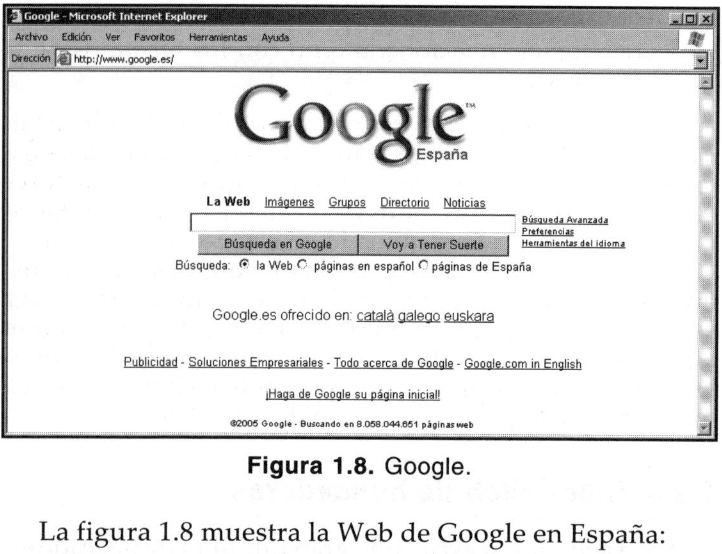

Figura 1.8. Google.

La figura 1.8 muestra la Web de Google en España:

http://www.google.es/

> ***Nota:*** *Google es un buscador de ámbito internacional, aunque se gestó en la Universidad de Stanford (Estados Unidos). Su Web principal es http://www.google.com/*

Además de su presencia en España, Google tiene sedes en otros países. Visite la siguiente dirección si desea conocer dónde están ubicadas las otras sedes:

http://www.google.com/intl/es/corporate/address.html

1.3.1. Y llegó Google

Actualmente es uno de los buscadores más populares y utilizados de Internet. Su popularidad no se debe a sus campañas publicitarias ya que nunca ha hecho ninguna, sino al boca a boca. Su facilidad de manejo, su rapidez de búsqueda y la cantidad de páginas que indexa le han servido para recibir al mes más de 5.000 millones de búsquedas y sigue aumentando. Todo gracias al reconocimiento que los propios usuarios le han ido otorgando por su funcionamiento. Veamos ahora cómo surgió casi de la nada

Sus fundadores fueron Larry Page y Sergey Brin, que desarrollaron la tecnología PageRank cuando estaban estudiando en la Universidad de Stanford. Inicialmente dedicaron sus esfuerzos y finanzas personales a mejorar su idea y su buscador. Tras conseguir una pequeña financiación externa fundaron Google, Inc. y alquilaron el garaje de un amigo para instalar sus primeros servidores. Cuando consiguieron indexar 25 millones de páginas ya recibían unas diez mil consultas diarias. Esto ocurrió en 1998 y desde entonces la cosa ha ido creciendo hasta convertirse en lo que es hoy en día: el líder indiscutible de los buscadores de Internet.

En la figura 1.9 puede ver su logotipo, tal y como aparece en su propia Web.

¿Pero qué significa Google? Los creadores de Google le dieron este nombre por su parecido a *googol*, que es el término matemático inglés del número 10 elevado a 100, es decir, un 1 seguido de 100 ceros. Este término lo inventó un sobrino del matemático Edward Kasner, Milton Sirotta, apareciendo en el libro *Mathematics and the Imagination*, de Kasner y James Newman. Es más que probable que este nombre haga referencia a la inmensa cantidad de páginas Web que hay en Internet y que Google intenta organizar.

Figura 1.9. El logotipo de Google.

1.3.2. Recolección de información

Es el corazón de Google y el secreto de su éxito. Porque de nada sirve tener uno de los buscadores más potentes y rápidos de Internet si no se dispone de datos sobre los que realizar las búsquedas. Por un lado están los servidores que realizan las búsquedas sobre las bases de datos de Google y por otro están las arañas que Google utiliza para escrutar Internet y recoger información sobre las páginas Web. Estos servidores están organizados en forma de clúster, formados por simples PC que utilizan Linux como sistema operativo. Así pueden aunar entre todos una potencia de procesamiento de datos superior a la de grandes supercomputadores. Para la recolección Google utiliza dos arañas: *Googlebot* y *Freshbot*. El primero de ellos es su principal recolector y se encarga de recorrer todas las páginas Web que va encontrando, añadiéndolas a su propia base de datos. El segundo, *Freshbot*, se encarga de recopilar la información fresca sobre sitios Web de noticias, periódicos y cadenas de televisión, cuyos contenidos varían con una mayor frecuencia.

> *Nota: Ampliaremos la información sobre las arañas de Google en los capítulos dedicados al posicionamiento.*

1.3.3. Números de Google

Aquí tiene algunas de las cifras que demuestran que Google es lo suficientemente utilizado como para tenerlo en consideración. Los números de Google son estos:

- **Búsquedas realizadas:** Más de 2.000 por segundo.
- **Páginas indexadas:** Más 8.000 millones de URL.

- **Imágenes indexadas:** Más de 880 millones
- **Mensajes de Usenet:** Más de 845 millones.
- **Idiomas de búsqueda:** 35.
- **Empleados a nivel mundial:** Más de 2.500.
- **Dominos Web:** Más de 100.
- **Servidores:** Más de 20.000 servidores con Linux.
- **Almacenamiento Google:** Más de 5 PB (petabyte).
- **Almacenamiento Gmail:** 2 GB y subiendo.

> ***Nota:*** *Un PB o petabyte equivale 1.024 TB (terabytes), o lo que es lo mismo, 1.048.576 GB (gigabytes). Se trata de una cantidad muy, muy grande de información.*

Si quiere conocer otras curiosidades acerca de Google visite estas páginas Web, le sorprenderán:

http://www.google.es/intl/es/press/zeitgeist.html
http://google.dirson.com/curioso.php

1.3.4. La filosofía de Google

Google tiene su propia forma de hacer las cosas, probablemente debido a los orígenes humildes de la empresa y a la forma en la que empezó a crecer hasta convertirse en el monstruo que es hoy en día. Según reza en su decálogo de intenciones, para Google lo más importante es el usuario, que es quién realmente va a utilizar su tecnología y el que decidirá si le resulta útil o no.

Google busca la satisfacción del cliente presentándole los resultados de las búsquedas de una manera rápida y sencilla, sin anuncios molestos ni diseños llamativos en sus páginas. Pero no por ello renuncia a ingresos razonables por la publicidad que aparece en sus páginas. En este caso intenta mantener un equilibrio ético en lo que a publicidad se refiere. Siempre tiene presente que es mejor especializarse y hacerlo lo mejor posible, trabajando siempre en pos de la perfección.

Buscando esa perfección y especialización, Google permite que sea la propia red la que determine la importancia de las páginas que indexa. Así, de una forma democrática, la Web se encarga de puntuar los resultados de las búsquedas y Google los ordena mediante su tecnología PageRank. De ella hablaremos en los capítulos dedicados a la barra Google y al posicionamiento.

Otra de las cosas que hace de Google una buena empresa es el ambiente que en ella se vive. Allí los profesionales no están tan atados a una vestimenta, a reuniones interminables o a una separación del personal ejecutivo y de los curritos programadores. Todos conviven como si de una gran familia se tratara, por eso son muchos los que consideran que Google es una empresa muy *cool* (guay).

Para comprender mejor una política de empresa tan particular acuda a la siguiente página de Google:

http://www.google.es/intl/es/corporate/tenthings.html

> ***Nota:*** *Aunque pueda parecer que Google es competencia para Microsoft en lo que a Internet se refiere, fíjese en que todos los productos de Google están específicamente diseñados para los sistemas operativos de Microsoft. ¿Coincidencia? Quién sabe.*

Pero Google no se conforma, sigue buscando la perfección. El futuro de Google pasa por la investigación y expansión de su filosofía y de su sistema de búsquedas, pero teniendo siempre presente la innovación y la sencillez de las herramientas que desarrolla. Todo esto se va fraguando en su propio laboratorio, Google Labs, donde día tras día se está maquinando algo nuevo para hacernos a todos la vida en Internet más interesante y cómoda. Su dirección Web es:

http://labs.google.com/.

La figura 1.10 muestra el aspecto de esta Web.

¡Cualquier cosa es posible si se le ocurre a Google!

1.3.5. La competencia

También existen otros buscadores que son competencia directa de Google, ya sea por el número de páginas que tienen indexadas o por el funcionamiento de sus motores de búsqueda. Aquí algunos de ellos:

- **Teoma:** http://www.teoma.com/
- **WiseNut:** http://www.wisenut.com/
- **AllTheWeb:** http://www.alltheweb.com/
- **Gigablast:** http://www.gigablast.com/

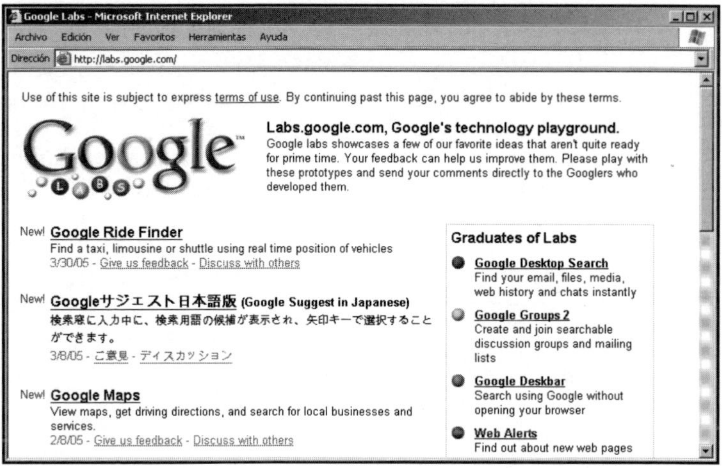

Figura 1.10. Google Labs, la cocina de Google.

1.4. Conclusión

En este capítulo hemos hecho un pequeño recorrido por la World Wide Web para comprender mejor su funcionamiento y acabar centrándonos en cómo poder localizar información que necesitamos en cada momento.

Nos hemos remontado hasta el CERN para llegar a los orígenes de la Web, hemos visto cuáles son los elementos que la integran y el caos en la información que contiene. Es una gran telaraña, con miles de caminos posibles y multitud de intersecciones. Por eso mismo hemos aprendido que para poder acceder a la información tenemos que realizar búsquedas a través de las páginas Web, utilizando los directorios y los buscadores de información.

Finalmente llegamos a Google, uno de los buscadores que hoy en día está en boca de cualquier usuario de Internet que se precie de serlo. Hemos visto cómo surgió de las ideas y el esfuerzo de dos estudiantes y cómo ha llegado a convertirse en uno de los más populares de Internet.

Este capítulo sólo ha sido una pequeña muestra de lo que Google es capaz de hacer. A lo largo de este libro irá aprendiendo a manejar el buscador Google como un experto y podrá conocer las otras herramientas que Google ha creado para facilitarnos el uso de eso que llaman Internet.

2

Búsquedas

La existencia de Google tiene un único objetivo: permitir la búsqueda de información en Internet de forma rápida y eficaz. Por eso, ahora que ya conoce qué son los buscadores de información y qué papel juega el buscador Google en todo esto, veamos cómo realizar una búsqueda con él. Este capítulo está dividido en dos grandes bloques: la preparación de la búsqueda y su resultado.

El primer bloque le mostrará el formulario de búsquedas de Google, las distintas interfaces que nos puede mostrar en función del idioma, los diferentes ámbitos de las búsquedas y las diferentes formas de iniciar la búsqueda en sí. También hablaremos de una parte muy importante de las búsquedas: los términos a emplear, que son realmente los datos que Google buscará por todas las páginas que tiene archivadas.

Posteriormente veremos el segundo bloque: los resultados de la búsqueda. Conocerá cómo presenta Google las páginas que ha encontrado y cómo interpretar la información que devuelve de cada una de las páginas Web encontradas. Además también aprenderá a distinguir la publicidad que aparece en la página de resultados, así cómo a moverse entre resultados encontrados mediante la paginación de Google.

Este capítulo se completa con el tercero, Búsquedas avanzadas, donde aprenderá a realizar búsquedas más complejas. Pero vayamos por partes, primero veamos las búsquedas sencillas y los resultados de sus búsquedas, para que después pueda comprender mejor el capítulo tercero, que está dedicado a los conceptos más complejos de las búsquedas que Google ofrece.

2.1. La sencillez del buscador

Google es un buscador de páginas Web, nada más, y nada menos. Sólo pretende realizar su labor de la mejor manera posible, por eso únicamente se encarga de buscar información entre los millones de páginas existentes en Internet. Y, como su objetivo es la sencillez y la rapidez, esa actitud se contagia a su propia página Web. Si echa un vistazo a su sitio Web lo comprenderá. La página principal de este buscador la puede encontrar en la siguiente dirección:

http://www.google.es/

Es la misma Web que muestra la figura 2.1.

Figura 2.1. El buscador Google.es.

> ***Nota:*** *Entre los cientos de trabajadores que Google tiene repartidos por todo el mundo, sólo uno de ellos es el responsable del aspecto de Google. Se llama Dennis Hwang y trabaja en la sede principal de Google.*

Se trata de un diseño sencillo, claro y funcional. Pero la sencillez y la eficacia no están reñidas. Que la Web de Google no esté recargada no significa que no sea potente ni rápida. Todo lo contrario, detrás de esta página se esconde uno de los sistemas hardware y software más avanzados de Internet. Sólo así un buscador podría tener la valentía de presentar una interfaz tan bien proporcionada y elegante. En ocasiones Google se permite el lujo de modificar su propio logotipo, ya sea para celebrar alguna festividad concreta, como el día de Año Nuevo, o para conmemorar algún hecho histórico. Podrá encontrar alguno de estos logotipos en la siguiente dirección:

http://www.google.es/intl/es/logos.html

Durante los próximos apartados aprenderá a realizar búsquedas en Google y a interpretar los resultados obtenidos en esas mismas búsquedas.

2.2. Iniciar una búsqueda

En este instante, sin más preámbulos, vamos a conocer cómo se utiliza el buscador de Google. Tiene una interfaz muy intuitiva y fácil de manejar. En cuanto haya realizado un par de búsquedas ya podrá moverse a su propio aire. Pero comencemos viendo cómo se inicia una búsqueda.

2.2.1. El formulario de búsquedas

En la página principal del buscador (véase la figura 2.1) puede ver el formulario que le proporciona Google para realizar búsquedas. Pero antes de empezar a buscar información en Internet veamos los elementos de este formulario. Es el mismo que muestra la figura 2.2.

Figura 2.2. El formulario de búsquedas.

Los elementos principales del formulario son el cuadro de búsqueda y los botones **Búsqueda en Google** y **Voy a Tener Suerte**. Son los mismos que muestra la figura 2.2.

El cuadro de búsqueda es el cuadro de texto, con forma de rectángulo, que aparece en el formulario. En él será donde escribirá las palabras que quiera buscar. Justamente debajo del cuadro de búsqueda están situados los dos botones antes mencionados. Dependiendo del que utilicemos, la búsqueda se realizará de una forma o de otra. De ellos también hablaremos más tarde. Lo que debe quedarle claro es cuáles son estos elementos y cuál es su situación dentro de la página de búsqueda.

Idiomas

Google también ofrece la posibilidad de mostrar su interfaz de búsqueda en otros idiomas. En el caso de Google España le permite elegir la interfaz en catalán, gallego, eusquera y español. Esta última es la opción predeterminada. La figura 2.3 muestra los enlaces de distintos idiomas en los que se puede presentar el formulario de Google España.

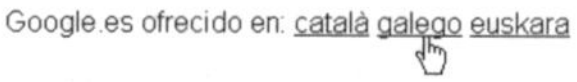

Figura 2.3. Los idiomas de Google.es

Puede ver en la figura 2.3 que el puntero del ratón está sobre el enlace **galego**. Si hace clic sobre él, Google España le mostrará su interfaz en la lengua gallega. La figura 2.4 muestra el formulario de búsquedas de Google en gallego.

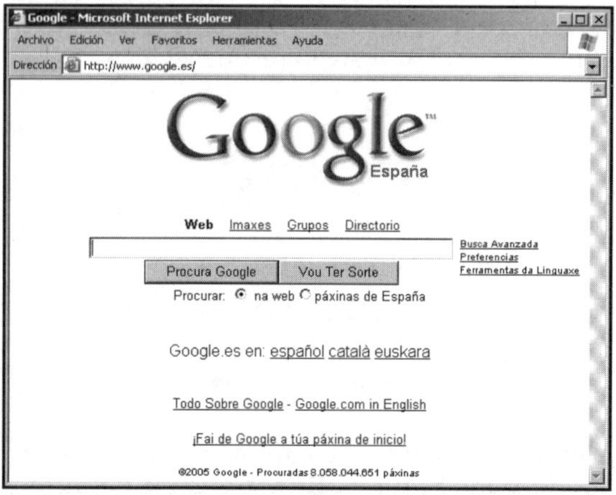

Figura 2.4. Buscando en gallego.

Si desea acceder a las características avanzadas del idioma o acceder al buscador Google de un país concreto sólo tiene que hacer clic en el enlace **Herramientas del idioma**, que se encuentra justamente a la derecha del cuadro de búsquedas. La figura 2.5 muestra este enlace **Herramientas del idioma**, con el puntero del ratón sobre él.

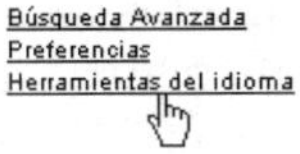

Figura 2.5. Herramientas del idioma.

Tras hacer clic en dicho enlace Google le presentará las opciones de búsqueda en idiomas o países distintos, la posibilidad de traducir un texto o una página Web íntegra, la utilización de Google en otro idioma o visitar la versión de Google específica de un país.

Google.com

Si desea acceder al buscador original de Google en inglés sólo tiene que acudir a la siguiente dirección:

http://www.google.com/

Esta Web es la que muestra la figura 2.6.

Figura 2.6. Google.com.

2.2.2. Términos de búsqueda

Son cada una de las palabras que utilizamos para indicarle a Google qué es lo que queremos buscar. Puede ser una palabra, **Paco**, varias palabras, **Paco de Lucía** o una frase más compleja, **Paco de Lucía constructor guitarra**. Todo dependerá de lo que queramos buscar.

Puede utilizar cualquier palabra (**decantador**), nombres (**Mary**), apellidos (**Gonzálvez**), ciudades (**Murcia**), combinaciones de números (**3.141516**), fechas (**29-10-2003**), direcciones de correo electrónico (**correle@gmail.com**), etcétera. Google encontrará cualquier cosa que aparezca en una página Web. También puede ocurrir que la búsqueda no produzca ningún resultado. No se desanime, inténtelo de nuevo variando alguno de los términos o sustituyéndolo por algún sinónimo.

Tenga en cuenta que Google sólo encuentra las páginas Web que contienen todos los términos de búsqueda. Cuantos más términos incluya en la búsqueda, Google encontrará menos páginas, ya que cada vez la búsqueda será más concreta.

Recomendaciones

Si utiliza muchas palabras al escribir los términos de la búsqueda, las búsquedas serán muy estrictas. Es mejor empezar con una búsqueda más genérica e ir después refinando las sucesivas búsquedas si los resultados encontrados no le convencen. El vocabulario castellano es muy rico y tiene algunas características únicas: por ejemplo, las tildes. Por eso mismo también es adecuado escribir correctamente las palabras con sus tildes correspondientes a la hora de realizar las búsquedas.

Otra buena práctica es evitar el uso de conjunciones, preposiciones, artículos y otros términos de uso común porque Google los ignorará al realizar las búsquedas.

> ***Nota:*** *Si los resultados que ha obtenido con unos términos de búsqueda concretos son muy genéricos, puede acotar el resultado de varias formas. Google le permite utilizar modificadores que, aplicados a los términos de búsqueda, limiten el número de páginas devueltas. Para más información consulte el capítulo 3, Búsquedas avanzadas.*

Corrección de los términos

Google, en su infinita sabiduría, también pone a su disposición una herramienta de corrección de los términos de búsqueda. Por ejemplo, si por casualidad se equivocara al escribir **viajar** y escribiese **biajar** (la letra b y la letra v están juntas en el teclado), Google realizará la búsqueda, pero le sugerirá una ortografía diferente. Este caso lo muestra la figura 2.7.

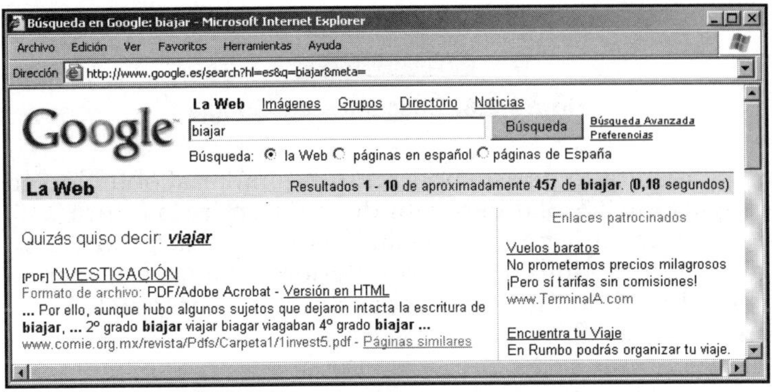

Figura 2.7. Viajar se escribe con v.

Google nos sugiere los términos correctos inmediatamente después de la barra de estadísticas en la página de resultados encontrados. En nuestro ejemplo, aparece la línea **Quizás quiso decir: *viajar***, con un enlace con el término correcto. Si hace clic en dicho enlace, Google realizará la búsqueda de nuevo con los términos correctamente escritos.

Ejemplo de búsqueda

A lo largo de este capítulo vamos a utilizar un ejemplo para explicar cómo se realiza una búsqueda en Google. En concreto vamos a buscar información sobre el guitarrista flamenco Paco de Lucía. Teniendo en cuenta lo explicado anteriormente sobre los términos de búsqueda, los de nuestro ejemplo serán **Paco**, **de** y **Lucía**.

Si quiere ver a Google en acción, continúe con nosotros: en el apartado 2.3, Resultados de la Búsqueda, veremos qué ha encontrado.

2.2.3. Lanzar la búsqueda

Una vez que ya ha escrito los términos en el cuadro de búsqueda, sólo le queda dar la orden a Google. Puede hacerlo de tres formas distintas, dos de ellas con iguales resultados. La primera de ellas consiste en pulsar la tecla

Intro una vez escritos los términos, mientras el cursor sigue dentro del cuadro de búsqueda. Tendrá el mismo efecto que si hace clic con el ratón en el botón **Buscar en Google**, que está justamente debajo del cuadro de búsqueda. Puede ver este botón en la figura 2.8.

Figura 2.8. Buscamos en Google.

El resultado de esta operación es similar al obtenido en el apartado 2.3. Si quiere salir de dudas, mire la figura 2.13.

La tercera forma de iniciar una búsqueda produce un resultado distinto a las dos anteriores. Láncela haciendo clic sobre el botón **Voy a Tener Suerte**, como puede verse en la figura 2.9.

Figura 2.9. Hoy tengo suerte.

El resultado de esta búsqueda puede verse también en el apartado 2.3, en concreto en la figura 2.12. Lo que realmente nos devuelve es la página Web que está situada en primer lugar dentro de los resultados de la búsqueda que se realiza al hacer clic en el botón **Buscar en Google**. Esto le ahorra tener que acceder por usted mismo al primer resultado y hacer clic sobre él. La expresión "Voy a Tener Suerte" significa "lo que estoy buscando aparecerá en el primer resultado encontrado y además será exactamente lo que necesito". Mucha suerte hay que tener para que esto ocurra.

2.2.4. Opciones de la búsqueda

Debajo del botón **Buscar en Google** están las opciones de búsqueda del formulario que pudo ver en la figura 2.2. Estas opciones determinan el comportamiento del buscador, delimitando el ámbito de la búsqueda. Estas opciones son las siguientes:

- **La Web**: Realiza la búsqueda por toda Internet, sin importar idioma o ubicación de las páginas Web que encuentre. Es la opción por defecto.

- **Páginas en español**: Busca únicamente páginas que estén escritas en español.
- **Páginas de España**: Solamente busca en aquellas páginas que estén ubicadas en España.

La figura 2.10 muestra las opciones de búsqueda, con la opción **páginas en español** marcada.

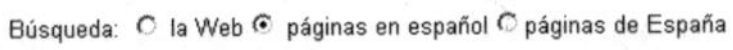

Figura 2.10. Buscaremos páginas en español.

Una vez que visto cómo se escriben los términos de búsqueda y las distintas opciones ofrecidas por Google, vamos a lanzar nuestra búsqueda de ejemplo. Escriba los términos **Paco de Lucía** en el cuadro de búsqueda, marque la opción de búsqueda **la Web** y haga clic en el botón **Buscar en Google** (véase la figura 2.11).

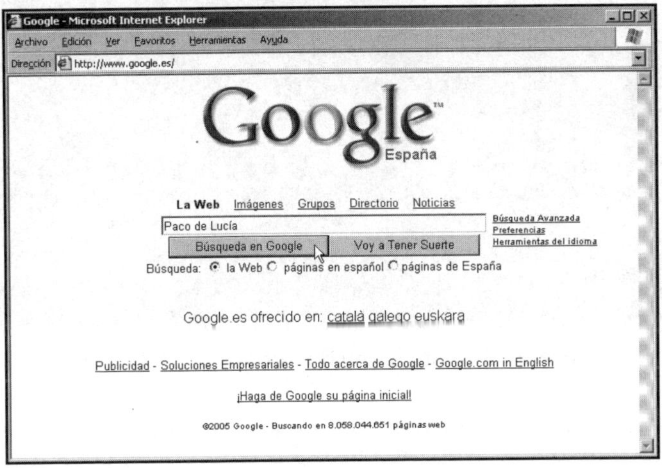

Figura 2.11. Buscamos a Paco de Lucía.

El resultado de esta búsqueda, en el próximo apartado.

2.3. Resultados de la búsqueda

Una vez lanzada la búsqueda, Google se encargará de localizar las páginas que contengan todos los términos que se le han indicado. Cuando haya encontrado las Web, las ordenará según su importancia, determinada por su valor PageRank. El listado obtenido será enviado al usuario que ha iniciado la búsqueda. Pero Google no se limitará a mostrarle una simple relación de páginas encontradas: añadirá a esa información otros detalles, que veremos en más profundidad a partir de ahora.

Como aperitivo veamos el resultado de una búsqueda. En concreto se trata de la página obtenida tras hacer clic en el botón **Voy a Tener Suerte** y utilizando los términos **Paco de Lucía**. La figura 2.12 muestra el resultado obtenido al realizar dicha operación.

Figura 2.12. Hemos tenido suerte, la Web oficial.

Esta vez nos ha salido bien, ya que hemos encontrado directamente la Web oficial de Paco de Lucía, cuya dirección es:

http://www.pacodelucia.org/

2.3.1. Página de resultados

Google devolverá el listado de resultados que ha encontrado tras hacer clic en el botón **Buscar en Google**. Los resultados se presentarán en varias páginas. Lo mejor es que veamos un ejemplo práctico. Si realiza una búsqueda con los términos de nuestro ejemplo y hace clic en el botón **Buscar en Google** obtendrá una página de resultados similar a la que muestra la figura 2.13.

Figura 2.13. Google ha encontrado algo.

La página de resultados contiene varias zonas bien diferenciadas. Veamos cada una de ellas de forma detallada.

El formulario de búsquedas

En el encabezado de la página de resultados podrá encontrar también un formulario de búsqueda de Google, que incluye los términos que haya utilizado. Es una versión reducida del formulario de búsqueda, para que ocupe el menor espacio posible dentro de la página de los resultados. Puede verlo en la figura 2.14.

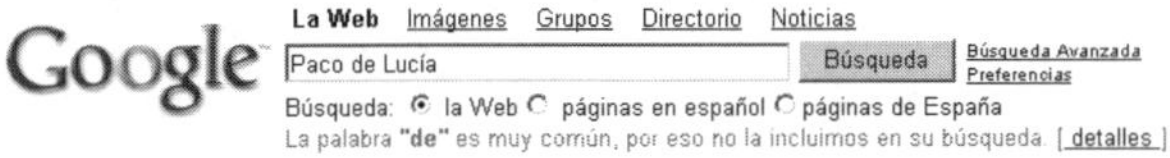

Figura 2.14. Formulario de búsqueda reducido.

Su presencia aquí está más que justificada: muestra en su interior los términos que ha utilizado, lo que le permite recordarlos y modificarlos si es necesario para afinar aún más su búsqueda.

En ciertas ocasiones, inmediatamente debajo del cuadro de búsqueda, Google mostrará algún mensaje sobre los términos de búsqueda que ha utilizado. Por ejemplo, en la figura 2.14 puede leer la advertencia "La palabra "de" es muy común, por eso no la incluimos en su búsqueda.", y a continuación un enlace, **detalles**, con la explicación del suceso. En este caso, Google ignora el término **de** por ser una palabra que aparece con mucha frecuencia en cualquier texto en castellano. Lo mismo ocurrirá si utiliza el término **y** en una búsqueda. Son palabras que no tienen un significado real o concreto, por lo que buscar información sobre ellas resulta inútil en la mayoría de las ocasiones.

Barra de estadísticas

Es la barra de color azul claro que aparece debajo del formulario de búsqueda. Aquí puede encontrar datos muy interesantes sobre la búsqueda que ha realizado. Puede ver esta barra en la figura 2.15.

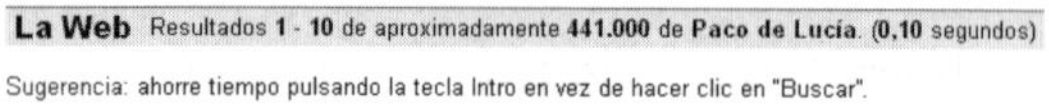

Figura 2.15. Número de resultados encontrados.

En primer lugar le muestra dónde se realizó la búsqueda, si fue en la Web, en Imágenes, en Grupos, en el directorio Google o en Noticias. A continuación le indica cuáles de los resultados que ha encontrado le está mostrando en la página actual: "Resultados 1 - 10 de aproximadamente 441.000".

> **Nota:** *El total de resultados encontrados se indica con la expresión "aproximadamente 441.000". La cifra que muestra es aproximada porque sería muy complejo y lento calcular exactamente el número de páginas.*

Después del total de resultados encontrados, la barra muestra los términos de la búsqueda realizada, a modo de recordatorio. En concreto para nuestro ejemplo reza de la siguiente manera: "de **Paco de Lucía**".

Finalmente muestra el tiempo empleado en completar la búsqueda, expresado en segundos. Esta cantidad no incluye el tiempo empleado en devolverle la página con los resultados, ya que esto depende de la congestión del tráfico de Internet.

Sugerencias

En ocasiones, justamente debajo de esta línea azul, puede encontrar una sugerencia en color rojo. Vea la figura 2.15 si necesita un ejemplo.

Las sugerencias son pequeñas ayudas que nos ofrece Google para realizar algunas de sus tareas más comunes de una forma más rápida. Son como pequeñas pistas o trucos, como por ejemplo la sugerencia que muestra la figura 2.15 sobre cómo iniciar la búsqueda utilizando la tecla **Intro** en lugar de utilizar el ratón.

También puede aparecer en esta misma zona la corrección de los términos de búsqueda, precedida de la frase "Quizás quiso decir:" también con letras en rojo, como en la figura 2.7.

2.3.2. Listado de resultados

Una vez que ya conoce cómo es el encabezado de la página de resultados, vayamos al meollo de la cuestión: los resultados de la búsqueda. Google los presenta ordenados y en diferentes páginas, para que sea más cómodo trabajar con ellos. La figura 2.16 muestra los primeros resultados encontrados en nuestra búsqueda de ejemplo del guitarrista Paco de Lucía.

Figura 2.16. Los primeros resultados.

Google nos presenta mucha información sobre cada página que ha encontrado. En esta sección iremos viendo cada uno de estos datos, utilizando como ejemplo el primero de los resultados encontrados, la misma Web de la figura 2.12:

http://www.pacodelucia.org/

> **Nota:** *Ya lo hemos mencionado anteriormente, pero así quedará más claro. El primero de los resultados de una búsqueda es el que Google le muestra directamente si realizó la búsqueda haciendo clic en el botón* **Voy a Tener Suerte** *del formulario de búsquedas de Google. Y si no, fíjese en la URL del primer resultado de la figura 2.16 y en la URL de la página de la figura 2.12 encontrada tras utilizar el botón* **Voy a Tener Suerte**.

Ordenación de los resultados

Los resultados que se muestran tras una búsqueda se ordenan según la importancia que Google le da cada uno de ellos. Esta importancia se mide en función del valor PageRank que tiene asociado cada página Web que Google ha indexado. Por eso, en este buscador nunca encontrará entre los resultados de una búsqueda enlaces patrocinados, publicidad o enlaces a sitios Web que hayan pagado a Google por aparecer dentro de los resultados. Los primeros lugares del listado de resultados estarán ocupados por las páginas con un PageRank mayor, que serán aquellas páginas que se aproximen con mayor probabilidad a la información que usted está buscando.

> **Nota:** *Para saber más acerca de la tecnología PageRank de Google, acuda al capítulo 6, donde se explica cómo se calcula, y al capítulo 10, dónde se habla de sus implicaciones a la hora de mostrar los resultados encontrados.*

Entre los resultados de una búsqueda puede encontrar varias páginas pertenecientes al mismo sitio Web. Ningún problema, Google le mostrará todos los resultados que él considere importantes.

En este caso, Google anida los resultados encontrados dentro del mismo sitio Web, ordenándolos por importancia. Muestra en primer lugar el más importante y debajo, desplazados ligeramente a la derecha, el resto de resultados encontrados en ese sitio. La figura 2.17 muestra dos resultados anidados de la búsqueda de nuestro ejemplo pertenecientes a la misma Web:

http://www.flamenco-world.com/

Flamenco - World.com / La web de **Paco** de **Lucia**
La web de **Paco** de **Lucia**. Canciones, acordes, galeria de fotos, entrevistas, etc.
www.flamenco-world.com/ guitar/**paco**de**lucia**/e**paco**deluci.htm - 25k -
En caché - Páginas similares

Flamenco - World.com / The **Paco** de **Lucia** web-site - [Traduzca esta página]
The **Paco** de **Lucia** web. Guitar tablature, photo gallery, interviews ...
www.flamenco-world.com/ guitar/**paco**de**lucia**/**paco**de**lucia**.htm - 21k -
En caché - Páginas similares

Figura 2.17. Dos resultados en el mismo sitio.

Detalles de un resultado

Para explicar los detalles de los resultados encontrados vamos a utilizar el primero que Google devuelve a nuestra búsqueda de ejemplo. La figura 2.18 muestra toda la información que Google nos proporciona sobre este primer resultado.

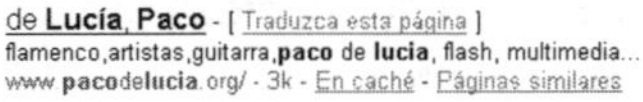
de **Lucía, Paco** - [Traduzca esta página]
flamenco,artistas,guitarra,**paco** de **lucia**, flash, multimedia...
www.**paco**de**lucia**.org/ - 3k - En caché - Páginas similares

Figura 2.18. El primer resultado.

Lo primero que aparece es el título de la página encontrada, destacándose del resto por las letras más grandes en color azul. En ocasiones puede aparecer sólo una URL si la página no tiene título o la araña de Google no ha indexado completamente esa página. Este título también es un enlace a la página encontrada. Si hace clic en él, Google le redirigirá a dicha página. En nuestro ejemplo el título y enlace de la página encontrada es "**de Lucía, Paco**", según muestra la figura 2.18.

Si Google detecta que la página encontrada no está en su idioma, mostrará al lado del título de la página un enlace para traducirla. Este enlace es **Traduzca esta página**, y si hace clic en él, Google traducirá la página y después se la mostrará. En la figura 2.19 puede ver la traducción del contenido del tercer resultado de nuestro ejemplo.

Hay que aclarar que se trata de una traducción automática, realizada por un programa traductor. Es probable que algunas frases no tengan mucho sentido o que algunas palabras sean traducidas de forma extraña. Google sólo intenta que usted pueda comprender y encontrar la información que busca, no realizar una traducción perfecta. Ese no es su trabajo.

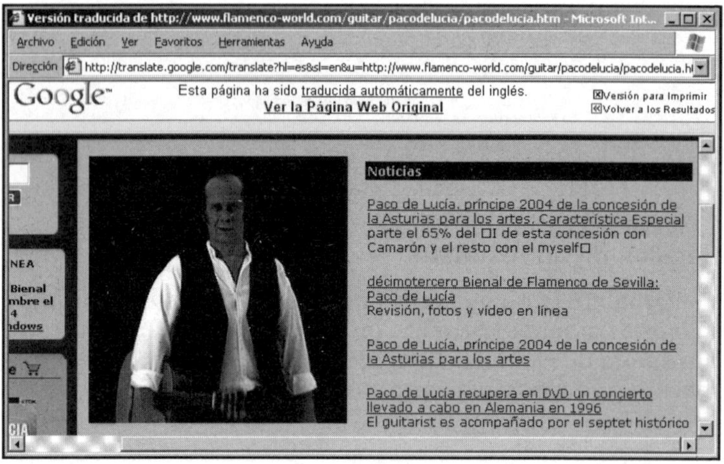

Figura 2.19. Página "traducida" automáticamente.

Debajo del título del resultado, Google muestra unas líneas del contenido de la página, resaltando los términos de búsqueda. El texto de estas líneas se muestra en color negro, sin ningún adorno. Esto le permite conocer el contexto de los términos de búsqueda dentro del resultado, algo que le podrá orientar sobre si ese resultado puede ser lo que está buscando. En el ejemplo que nos ocupa, el texto extraído del resultado encontrado es el siguiente: "flamenco, artistas, guitarra, paco de lucia, flash, multimedia...", como pudo ver en la figura 2.18.

Nota: *Como habrá podido observar en los detalles del resultado encontrado, Google resalta en negrita los términos de la búsqueda realizada. De esta forma, con un simple vistazo al resultado podrá saber si le interesa visitarlo.*

A continuación del texto extraído aparece la URL exacta del resultado encontrado y el tamaño que ocupa esta página, expresado en KB. Ambos se muestran en color verde, uno al lado del otro. En el resultado de ejemplo puede ver que se trata de "www.pacodelucia.org/ - 3k".

El enlace **En caché** aparece al lado de la URL del resultado encontrado. Si hace clic sobre él, Google le mostrará la misma página del resultado tal y como la guardó Google la última vez que la visitó. Comprobará que su cliente Web tarda muy poco en obtener la página, pero se corre el riesgo de que haya sido modificada después de que la araña de Google la visitase. La figura 2.20 muestra la versión de la caché de Google de una página.

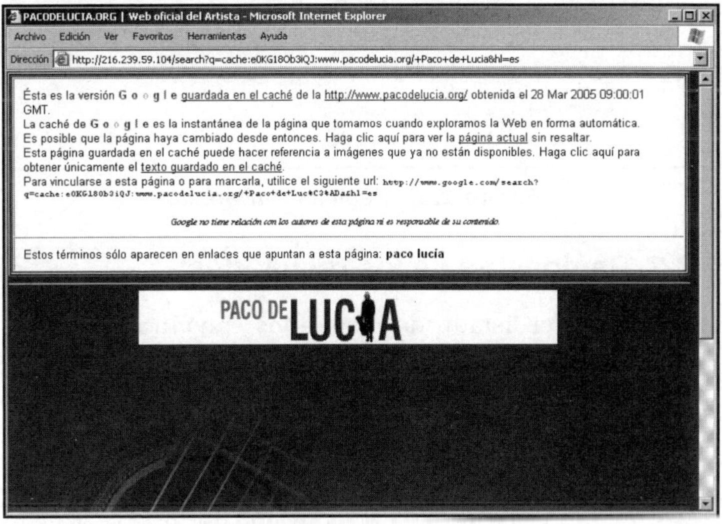

Figura 2.20. Página en caché.

El último de los enlaces que presenta nuestro resultado es **Páginas similares**. Si hace clic en él, Google le mostrará un listado de páginas similares al resultado que ha encontrado. Esto le resultará útil a la hora de consultar información de la misma temática que la de ese resultado.

La figura 2.21 muestra las páginas similares encontradas por Google para una de las páginas de Paco de Lucía.

Estos son los distintos elementos de información que Google proporciona de cada una de las páginas que ha encontrado. Queda a su elección visitar esa Web para comprobar sí es exactamente esa la página la que usted estaba buscando.

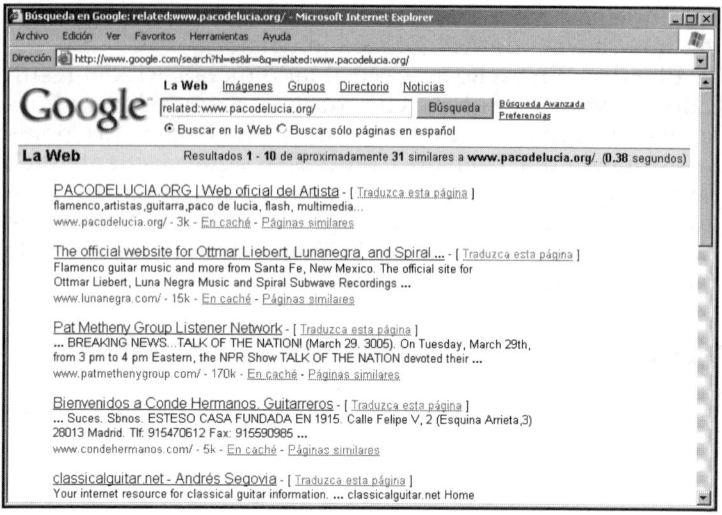

Figura 2.21. Páginas similares.

2.3.3. Paginación de los resultados

Al final del listado de resultados encontrados se encuentran unos enlaces que permiten desplazarse por las diferentes páginas en las que Google ha distribuido los resultados. Puede ir a la siguiente página de resultados haciendo clic en el enlace **Siguiente**. Si lo desea puede acceder directamente a una página concreta haciendo clic en el enlace correspondiente a su número de página. También puede volver a la página de resultados que visitó antes, haciendo clic en el enlace **Anterior**. La figura 2.22 muestra los enlaces de navegación por las distintas páginas de resultados de nuestro ejemplo de búsqueda.

Figura 2.22. Navegar por los resultados.

Si se ha fijado con atención en la figura 2.22 habrá visto cómo se utiliza la palabra Google para moverse por las paginas de resultados. La G inicial se comporta igual que el enlace **Anterior**. De forma similar las letras finales (gle) se corresponden con el enlace **Siguiente**. Las oes interiores se utilizan para acceder directamente a un número de página determinado. Es en este caso cuando la palabra Google se estira añadiéndose más oes: ooooooooo, nueve en concreto, para que cada "o" corresponda con un número de página distinto.

> ***Nota:*** *Se utiliza el color rojo para resaltar el número de la página actual dentro del conjunto de las páginas de resultados. En el caso concreto de la figura 2.22, podemos ver que estamos en la página número 2 de los resultados de la búsqueda realizada.*

Con forme se vaya desplazando por las siguientes páginas de resultados, es posible que crezca ese número de páginas. La figura 2.23 muestra ese aumento de páginas.

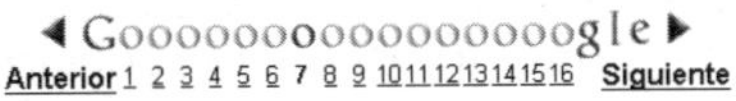

Figura 2.23. Goooogle.

Pie de página

Al final de la página de resultados vuelve a aparecer el cuadro de búsquedas de Google. También está ahí por si quiere restringir la búsqueda o realizar una nueva. Debajo de él también están los enlaces **Restringir la búsqueda a los resultados**, **Herramientas del idioma** y **Sugerencias de búsqueda**.

Puede verlo en la figura 2.24, con una pequeña variación introducida en los términos de búsqueda de nuestro ejemplo.

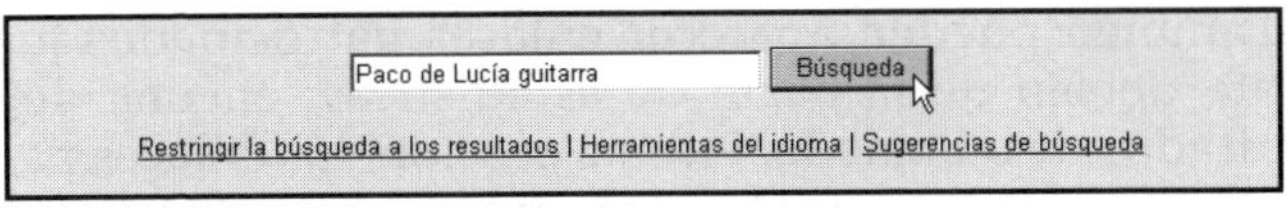

Figura 2.24. Formulario de búsqueda al final.

Como puede ver, hemos añadido un término nuevo a nuestra búsqueda de ejemplo. Si quiere conocer los nuevos resultados obtenidos, sólo tiene que hacer clic en el botón **Búsqueda**.

2.3.4. Publicidad en los resultados

Google utiliza la publicidad, entre otros medios, para obtener beneficios. Por eso también muestra algunos anuncios en su página de resultados, pero sin modificar la validez del mismo. Google sólo incluye su publicidad según el contexto de la página de resultados, pero nunca entre los resultados. Siempre se indica claramente que se trata de publicidad. Para esto utiliza la expresión "Enlaces patrocinados" como título de la publicidad que muestra.

> ***Nota:*** *La publicidad que aparece en las páginas de resultados se inserta mediante la tecnología AdWords de Google. Si desea conocer algo más sobre la publicidad en Google, acuda al capítulo 7, Publicidad, de este libro.*

Básicamente los anuncios se muestran en dos zonas dentro de las páginas encontradas, diferenciándose del resto de elementos. La primera de ellas es una columna que aparece a la derecha de los resultados de búsqueda, separada de estos mediante una delgada línea azul vertical. Esta columna tiene el título, "Enlaces patrocinados", para que no haya lugar a confusiones. La figura 2.25 muestra esta columna tal y como aparece en la página de resultados de nuestra búsqueda de ejemplo.

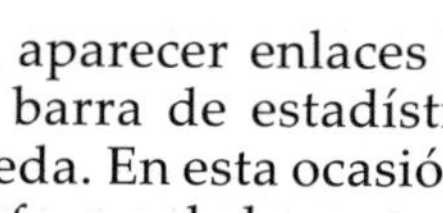

Figura 2.25. Columna de enlaces patrocinados.

También pueden aparecer enlaces patrocinados justamente debajo de la barra de estadísticas, encima de los resultados de búsqueda. En esta ocasión, los enlaces patrocinados aparecen en forma de barra con un color de fondo azul claro, y mostrando a la derecha claramente el título de "Enlaces patrocinados". La figura 2.26 muestra este tipo de enlaces patrocinados en la página de resultados producidos por la búsqueda "guitarras".

Se trata del mismo tipo de enlaces patrocinados, pero en este caso la aportación económica que está detrás de este patrocinio ha sido mayor, por lo que aparece en un lugar más visible dentro de la página.

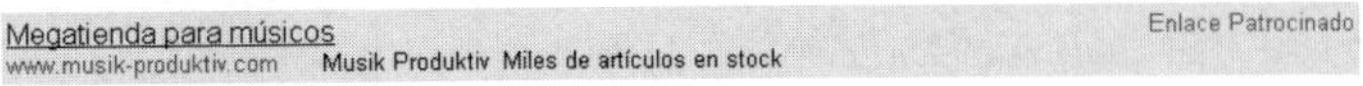

Figura 2.26. Barra de enlaces patrocinados.

2.4. Conclusión

A lo largo de este capítulo hemos visto cómo se realiza una búsqueda utilizando el formulario de búsquedas de Google. También hemos aprendido a interpretar la información que Google nos muestra sobre cada página encontrada y cómo se presentan estos resultados ordenados mediante paginación.

Si quiere seguir indagando y extraerle aún más el jugo a Google, no dude en acudir al siguiente capítulo, Búsquedas avanzadas. Ahí aprenderá a realizar búsquedas más complejas que producirán resultados sorprendentes.

En caso de dudas, no dude en acudir a la ayuda que Google le proporciona sobre cómo realizar las búsquedas. La puede encontrar en la siguiente dirección:

http://www.google.es/intl/es/help.html

3

Búsquedas avanzadas

Es por lo que todos conocen a Google: sus búsquedas. En el capítulo anterior vimos todo lo necesario para poder aprovechar las características más utilizadas de este buscador, aunque se trata sólo de la punta del iceberg. El equipo de desarrollo que hay detrás de Google es ingenioso hasta límites insospechados.

Desde su nacimiento, Google ha prestado especial atención a la interfaz de búsqueda, intentando simplificarla al máximo pero dotándola de características muy interesantes y que no todos conocen, precisamente las que veremos durante este capítulo.

A lo largo de las siguientes páginas veremos cómo utilizar el formulario de búsqueda avanzada, accesible tanto desde la página principal de Google como desde cualquier resultado de búsqueda. Este formulario le permitirá restringir el resultado de aquellas búsquedas que devuelvan demasiadas páginas, algo que puede entorpecer su trabajo: a veces, el bosque no deja ver los árboles.

Una vez vistas las posibilidades de la búsqueda avanzada, veremos que es posible realizar las mismas desde el formulario estándar de búsqueda, en lugar de a través del de búsqueda avanzada. Esto es posible gracias al uso de una serie de modificadores que se aplican a las palabras clave.

Terminaremos echando un vistazo a algunas de las características que Google está planeando introducir en su buscador. Estas características tan innovadoras, actualmente en fase de pruebas o beta, son las que diferencian a Google del resto de buscadores. Es, precisamente, lo que lo convierte en el buscador más utilizado.

3.1. Introducción

Tanto la página principal de Google como la que muestra los resultados de las búsquedas, incluyen un enlace en el que quizá haya reparado: **Búsqueda Avanzada**.

La figura 3.1 muestra dónde localizar dicho enlace en la página principal de Google.

Podrá encontrarlo en una posición similar en la página de resultados.

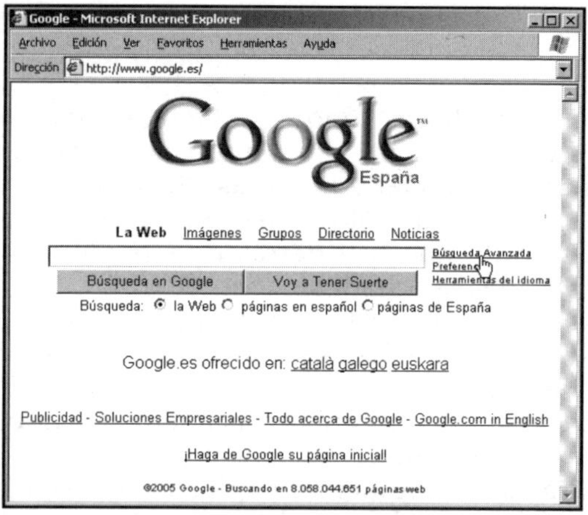

Figura 3.1. Enlace para búsquedas avanzadas.

Se trata de un enlace que quizá haya pasado por alto en la mayoría de las ocasiones y que esconde muchas de las funciones avanzadas de búsqueda de Google. Con el uso, encontrará que algunas de ellas son imprescindibles. Aunque haya algunas que no vaya a utilizar, es interesante conocerlas por si acaso algún día las necesita.

Haga clic en dicho enlace para ir al formulario de búsqueda avanzada, que puede ver en la figura 3.2.

En la mayoría de los casos utilizará este formulario para acotar el resultado de sus búsquedas, limitando así el número de resultados devueltos. Se trata de algo de mucha utilidad cuando su búsqueda obtenga demasiados resultados, algo que a veces hace prácticamente imposible encontrar lo que necesita.

¿Cómo se utiliza este formulario?

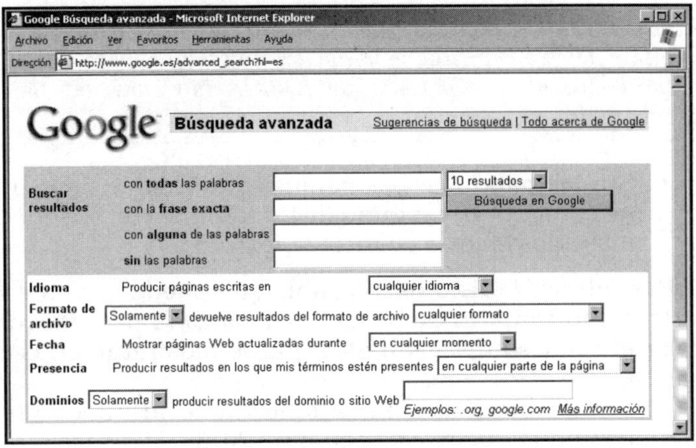

Figura 3.2. Búsqueda avanzada.

3.2. Búsqueda avanzada

La parte principal del formulario de búsqueda está destacada con un fondo azul claro. En ella podrá encontrar cuatro cuadros de texto, una lista desplegable y un botón. La función de cada uno de esos cuadros de texto es la siguiente:

- **Con todas las palabras:** Utilícelo como lo haría con el que aparece en la página principal de Google. Si sólo escribe términos de búsqueda en él, sin modificar ningún otro elemento de los que aparecen en el formulario, y hace clic en el botón **Búsqueda en Google** obtendrá los mismos resultados que si no utilizase el formulario de búsqueda avanzada.
- **Con la frase exacta:** Google buscará páginas en las que los términos de búsqueda que incluya en este cuadro de texto aparezcan justo en el orden introducido. Por el contrario, para los introducidos en el cuadro de texto anterior no se exige que se mantenga dicho orden.
- **Con alguna de las palabras:** Si introduce sus términos de búsqueda en este cuadro de texto, las páginas que Google devuelva contendrán alguno de los términos de búsqueda. Es decir, puede que sólo se incluya uno de ellos.

> ***Nota:*** *Contrariamente a lo afirmado en las primeras páginas de este capítulo, esta opción no serviría para limitar el número de páginas devueltas, sino para todo lo contrario.*

- **Sin las palabras:** Las páginas que Google devuelva no contendrán ninguno de los términos de búsqueda incluidos en este cuadro de texto.

Por último, la lista desplegable que puede ver en esta parte del formulario de búsqueda avanzada permite controlar el número de resultados que se mostrarán en cada página.

La opción predeterminada muestra 10 resultados por página, aunque puede escoger entre 20, 30, 50 ó 100.

Si selecciona otro valor diferente del predeterminado, las búsquedas que realice a partir de ese momento devolverán ese número de resultados por página. Esto ocurrirá incluso si las realiza desde el formulario de búsqueda estándar de la página principal o de los resultados. Cuando cierre el cliente Web el valor volverá a ser el predeterminado.

Para entender mejor los resultados devueltos por Google al utilizar estos diferentes cuadros de texto, veamos unos ejemplos.

3.2.1. Con todas las palabras

El primero de ellos ya lo conocerá, puesto que ya se vio en el capítulo anterior. Introduzca en el primer cuadro de texto los siguientes términos de búsqueda:

paco de lucia

Haga clic en el botón **Búsqueda en Google**. Obtendrá los mismos resultados que en anteriores ocasiones, nada sorprendente. La figura 3.3 muestra un detalle de la página de resultados: el número de ellos encontrados, aproximadamente.

¡Vaya, qué cosas! Fíjese en que no hemos incluido el acento en el término **lucia**. ¿Variará el número de resultados obtenidos dependiendo de si acentúa las palabras o no? Es fácil comprobarlo, busque ahora por estos términos:

paco de lucía

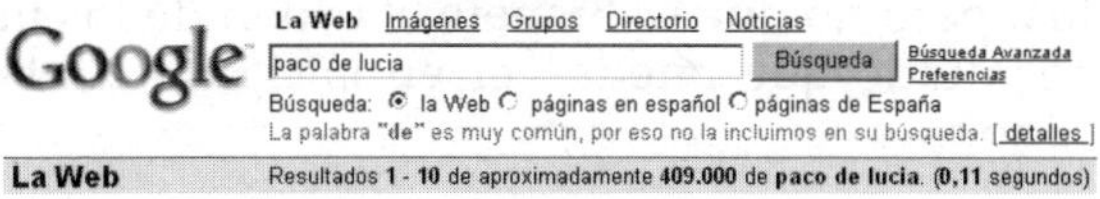

Figura 3.3. Resultados obtenidos.

El número de resultados obtenidos puede verse en la figura 3.4.

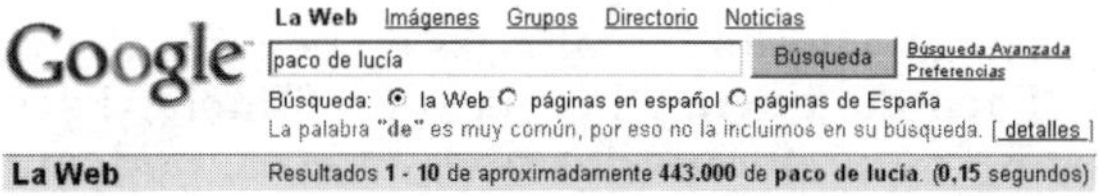

Figura 3.4. Resultados obtenidos con acentos.

Así es como se hizo en el capítulo anterior, ha sido un despiste. Pero nos ha servido para comprobar que se devuelven más resultados utilizando acentos que sin ellos, al menos en las búsquedas en toda la Web.

Sin embargo, lea la sección **¿Importan los acentos y las mayúsculas?** de la siguiente página:

http://www.google.com/intl/es/help/basics.html

En ella se afirma que "Las búsquedas Google en español en forma predeterminada no distinguen los acentos diacríticos, diéresis ni la letra eñe". Si repite la búsqueda anterior limitando los resultados a las páginas de España, comprobará que el número de resultados obtenidos tampoco es el mismo. Al menos, ese es el comportamiento del buscador mientras se escriben estas líneas.

Dada la falta de información existente, le recomendamos que pruebe ambas opciones siempre que sea posible.

Nota: *Para limitar los resultados obtenidos a aquellas páginas que sean de España, seleccione la opción páginas de España que aparece bajo el cuadro de texto de búsqueda (véase figura 3.4.)*

3.2.2. Con la frase exacta

Los resultados vertidos por la búsqueda realizada en la sección anterior garantizan la presencia de los términos utilizados, pero no que se respete el orden de los mismos. Así, el resultado que puede ver en la figura 3.5 también sería válido.

Yahoo! España Directorio > Flamenco > **Lucía, Paco** de
... Entrevista a **Paco** de **Lucía** Abrir este resultado en otra ventana - Realizada en el año 92.
Lucía, **Paco** de Abrir este resultado en otra ventana ...
es.dir.yahoo.com/.../Paises/Espana/Espectaculos_y_diversion/
Musica/Artistas/Flamenco/Lucia__Paco_de/ - 12k - En cache - Páginas similares

Figura 3.5. Un resultado válido.

Fíjese en las palabras resaltadas en negrita. Por una parte, está "**Paco** de **Lucía**". Por la otra, "**Lucía, Paco**". Esta segunda es la que demuestra que, a veces, podemos obtener resultados que no estamos buscando: los términos aparecen desordenados.

Veamos un ejemplo que deje este concepto más claro. Suponga que quiere buscar información sobre un programa de radio que le han recomendado, llamado Diálogos Tres. Podría utilizar los siguientes términos para realizar una búsqueda:

diálogos tres

Introduzca dichos términos en el primero de los cuadros de texto del formulario de búsqueda avanzada. Verá que obtiene resultados como los que se pueden ver en la figura 3.6: nada que ver con lo que busca.

La insignia - **Diálogos**
... **Diálogos**. Especiales. Álbum. Mapa del sitio ... «**Tres** preguntas sobre Rusia»
es el nuevo ensayo de Rafael Poch de Feliu. Publicado por la editorial ...
www.lainsignia.org/**dialogos**.html - 30k - 26 Abr 2005 - En caché - Páginas similares

Catholic.net - **Tres diálogos**
... Aprende a orar | sección Reflexión diaria | categoría Cuentos | tema. Autor:
Cortesía Marcelo Bravo **Tres diálogos**. Meditación. ¿Con quién hablo? ...
es.catholic.net/aprendeaorar/ 32/250/articulo.php?id=4350 - 50k - En caché - Páginas similares

México en 1554. **Tres diálogos** latinos de Francisco Cervantes de ...
... **Tres diálogos** latinos de Francisco Cervantes de Salazar. Ed. facs. Introducción de
Miguel León-Portilla, versión castellana de Joaquín García ...
biblional.bibliog.unam.mx/ iib/publicaciones/33_mexico.html - 4k - En caché - Páginas similares

Figura 3.6. Falta orden.

Ahora, introduzca los mismos términos de búsqueda en el segundo cuadro de texto en lugar en el primero. Haga clic en el botón **Búsqueda en Google**. Observará que el segundo resultado ya hace referencia al programa de radio. Además, no aparecen resultados en los que las dos palabras utilizadas para la búsqueda aparezcan desordenadas. La figura 3.7 muestra los dos primeros resultados de la búsqueda.

28ª Mostra BR de cinema
... foto do diretor, dos atores e atrizes, biografia e filmografia do diretor, lista de **diálogos, três** cromos coloridos, três pôsteres eo VHS do filme. ...
www.theresacatharinacampos.com/open64.htm - 19k - En caché - Páginas similares

Una cuestión personal
... entonces podrás deleitarte con buenos programas (recomendados: paraíso, ambigú, **dialogos tres**, séptimo vicio, siglo veintiuno, discópolis...). ...
verbascum.blogalia.com/historias/68 - 12k - En caché - Páginas similares

Figura 3.7. Orden.

Nota: *El resultado de la búsqueda se mejora sensiblemente si, en lugar de* ***diálogos tres*** *busca* ***diálogos 3****. El primero de los resultados debería ser un enlace a la página de este programa, presentado por Ramón Trecet, en la Web de RNE.*

La búsqueda de una frase exacta resulta de especial utilidad cuando se está buscando información sobre una cita o una determinada frase, como su autor o el contexto en el que fue dicha. También resulta útil cuando se ha escuchado la letra de una canción, pero no se conoce ni su título ni su autor. Introducir parte de esa letra y buscar la frase exacta ayudará a encontrar esos detalles.

Para aquellos interesados en el mundo de la programación, no hay nada mejor que utilizar este tipo de búsqueda para localizar información sobre los mensajes de error con los que se puedan encontrar.

3.2.3. Con alguna de las palabras

Es en este tipo de búsqueda en el que notará más diferencia en los resultados obtenidos. Si sólo introduce términos de búsqueda en el tercero de los cuadros de texto, Google buscará aquellas páginas en las que aparezca al menos uno de los términos. Así, vuelva a buscar estos términos, pero en el tercer cuadro de texto:

paco de lucía

En el momento de realizar esta búsqueda, los resultados obtenidos son los que muestra la figura 3.8. Impactante.

De entre todas las páginas que Google tiene en su archivo, la más importante de las que contienen paco o lucía es la de la Universidad Complutense de Madrid. A continuación, la de la Consejería de Medio Ambiente de la Junta de Andalucía. Esta claro que ha encontrado **lucia** en el nombre del dominio de la segunda (fíjese en que aparece resaltado en negrita en la figura 3.8). No está tan clara la razón por la que se ha incluido la primera de ellas.

Universidad Complutense de Madrid
Página principal de la universidad. Órganos de gobierno, servicios centrales, centros y departamentos. Buscador y directorio.
www.ucm.es/ - 19k - En caché - Páginas similares

Web de la Junta de Andalucía
Servidor institucional del gobierno de la Comunidad Autónoma.
www.juntadeanda**lucia**.es/ - 8k - 26 Abr 2005 - En caché - Páginas similares

Consejería de Medio Ambiente - Junta de Andalucía
Centrada en al ámbito de la comunidad andaluza, ofrece además información útil de carácter general sobre aguas, clima, suelos, biodiversidad, ...
www.juntadeanda**lucia**.es/medioambiente/ - 23k - 26 Abr 2005 - En caché - Páginas similares

Figura 3.8. ¿Es esto lo que buscaba?

Utilice este tipo de búsqueda cuando necesite localizar páginas que contengan alguna de las palabras que le interesen. También resulta de utilidad cuando los términos de búsqueda son equivalentes.

Por ejemplo, podríamos estar interesados en páginas que hablen sobre agendas electrónicas, sin importarnos su sistema operativo. Resulta que sabemos que uno de estos sistemas es PalmOS y que otro es PocketPC, pero aún no tenemos decidido cuál de los dos nos interesa más. Podríamos utilizar el tercer cuadro de texto del formulario de búsqueda avanzada para introducir los términos:

palmos pocketpc

La figura 3.9 muestra el resultado que esta búsqueda devolvería. Parece que la lucha está entre dos.

Windows Mobile-based Pocket PC (Microsoft Windows Mobile, Windows ... - [Traduzca esta página]
Official information site for Windows CE Pocket PC range of products: news, tips, downloadable software, vendor list, retailer list, technical support ...
www.microsoft.com/windowsmobile/ **pocketpc**/ppc/default.mspx - 27k - 26 Abr 2005 -
En caché - Páginas similares

Windows Mobile-based Pocket PC (Microsoft Windows Mobile, Windows ... - [Traduzca esta página]
Find out what's new for Windows Mobile-based Pocket PCs, including new downloads and special offers.
www.microsoft.com/windowsmobile/**pocketpc**/default.mspx - 27k -
En caché - Páginas similares

Palm Software and Palm OS: Download 20000 Software Programs - [Traduzca esta página]
Maker of Palm OS, the operating system used on many PDAs.
www.palmsource.com/ - 23k - En caché - Páginas similares

Figura 3.9. Buscando agenda electrónica.

3.2.4. Sin las palabras

Podríamos repetir la búsqueda que hemos realizado hasta ahora usando sólo el cuarto cuadro de texto, aunque sería algo sin demasiado sentido. ¿Buscar todas las páginas que tiene Google en las que no se incluyen unas determinadas palabras?

Mientras que el uso de los tres cuadros de texto anteriores por separado tiene sentido, el cuarto está pensado para ser utilizado de forma conjunta con alguno de los anteriores.

Durante las fechas en las que este libro se escribe, Paco de Lucía ha recibido varios Premios de la Música, igual que Bebe. En esta entrega de premios, ambos han sido los triunfadores. No es que la música de Bebe no nos guste, todo lo contrario, pero vamos a buscar aquellas páginas de Google en las que aparezcan los términos **paco de lucía** y no aparezca **bebe**. El formulario que aparece en la figura 3.10 está listo para realizar dicha búsqueda.

Figura 3.10. Paco de Lucía, pero no Bebe.

Podrá comprobar que este tipo de búsqueda devuelve bastantes menos resultados que si no se excluyese a Bebe.

> **Nota:** *Recuerde que puede utilizar los cuatro cuadros de texto de forma conjunta, indicando un conjunto de términos de búsqueda que deberán aparecer, sin importar el orden, otros en los que el orden sí importará, algunos que deben aparecer opcionalmente y por último, los que no deben aparecer.*

El formulario de búsqueda avanzada muestra, en su parte inferior, algunas listas desplegables de las que vamos a hablar a continuación.

3.2.5. Idioma

Google archiva páginas de todo tipo, almacenando datos muy variados sobre cada una de ellas.

Entre estos datos se encuentra el idioma en el que la página está escrita.

Utilizando la lista desplegable **Idioma** podrá seleccionar en qué idioma deben estar escritas las páginas que se mostrarán como resultado de la búsqueda.

Por defecto, la opción seleccionada es **cualquier idioma**. Si sabe que las páginas que busca estarán escritas en un idioma en concreto, selecciónelo entre los disponibles en la lista.

3.2.6. Formato de archivo

Como ya sabe, la araña de Google no se limita a buscar páginas en formato HTML, también entiende otros formatos.

El formulario de búsqueda avanzada nos ofrece la posibilidad de seleccionar en qué formato se encuentra la información que buscamos.

Para seleccionar el formato de los archivos en los que se debe realizar la búsqueda se nos proporcionan dos listas desplegables. La primera de ellas permite indicar si el formato que seleccionaremos será o no aceptado entre los resultados. La segunda, el formato en sí. Por omisión, se busca en cualquier formato existente en la base de datos de Google.

Si desea que Google sólo busque en páginas en formato PDF, debe seleccionar **Solamente** en la primera lista desplegable y **Adobe Acrobat PDF (.pdf)** en la segunda. La figura 3.11 muestra el resultado obtenido al realizar una búsqueda exacta usando estas opciones de formato de archivo y los términos **paco de lucía**. Como puede comprobar, aunque el formato de los resultados es PDF, se le ofrece la posibilidad de consultar una versión en formato HTML haciendo clic en el enlace **Versión en HTML**, sobre el que está el puntero del ratón.

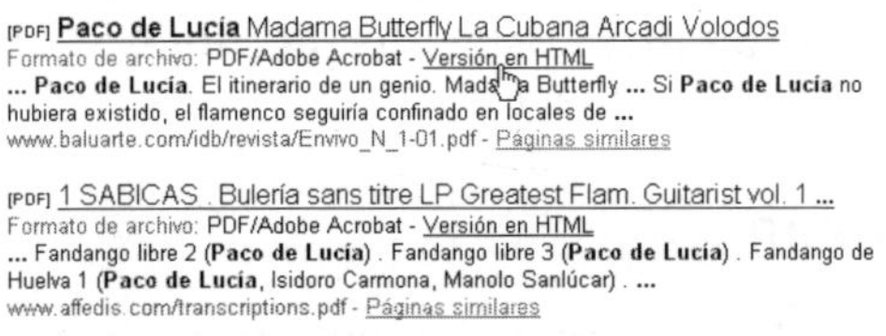

Figura 3.11. Formato de archivo PDF.

Por otra parte, si no quiere que aparezca ningún resultado obtenido de un documento en formato enriquecido, debería seleccionar **No** en la primera lista desplegable y **Formato Texto Enriquecido (.rtf)** en la segunda.

3.2.7. Fecha

La araña de Google visita una página en concreto cada cierto tiempo. Es decir, no comprueba constantemente el contenido de las páginas. El intervalo entre visitas depende de varios factores, entre ellos la importancia de la página.

Si la búsqueda que estamos realizando se refiere a información *volátil* (por llamarla de alguna forma), es posible que le interese restringir el resultado a aquellas páginas actualizadas más recientemente. Sigamos con el caso de Paco de Lucía.

Suponga que está buscando detalles de la entrega de los Premios de la Música en la que se premió a Paco de Lucía, entregados en las mismas fechas en las que se escriben estas páginas. En ese caso, lo más seguro es que sólo esté interesado en aquellas páginas que hayan sido modificadas recientemente.

El formulario de búsqueda avanzada le ofrece varias opciones relativas a la fecha: **en cualquier momento**, **en los últimos 3 meses**, **en los últimos 6 meses** y **en el último año**. La primera es la opción predeterminada, que elimina esta comprobación.

Si selecciona la opción **en los últimos 3 meses**, las páginas presentadas en el resultado de la búsqueda serán aquellas cuyo contenido haya sido alterado en ese periodo de tiempo.

3.2.8. Presencia

Como ya sabe, las palabras clave que busque utilizando Google aparecen en las páginas que devuelve como resultado. En ocasiones, tan importante como que aparezcan es dónde aparecen.

De forma predeterminada, no importa el lugar en el que aparezcan, ya que la opción seleccionada es **en cualquier parte de la página**. Pero también existen otras opciones, como **en el título de la página, en el contenido de la página, en la dirección de la página** o **en los vínculos hacia esta página**.

Seleccione la opción que más le interese dependiendo de las circunstancias. Por lo general, seleccionar cualquiera de estas opciones reducirá el resultado de las búsquedas.

3.2.9. Dominios

La última de las opciones de esta parte del formulario de búsqueda avanzada permite restringir las búsquedas a un determinado sitio Web o, por el contrario, eliminar los resultados de una determinada Web que se pudiesen obtener.

Si quiere que sólo se muestren los resultados obtenidos en una determinada Web debe seleccionar la opción **Solamente** de la lista desplegable correspondiente. Si lo que quiere es que se omitan los resultados de esa Web, seleccione **No**. El nombre del sitio Web debe introducirse en el cuadro de texto correspondiente. Pongamos un ejemplo muy sencillo, busquemos en la Web de Google una determinada palabra. Por ejemplo, **encubrimiento**. La figura 3.12 muestra el formulario de búsqueda.

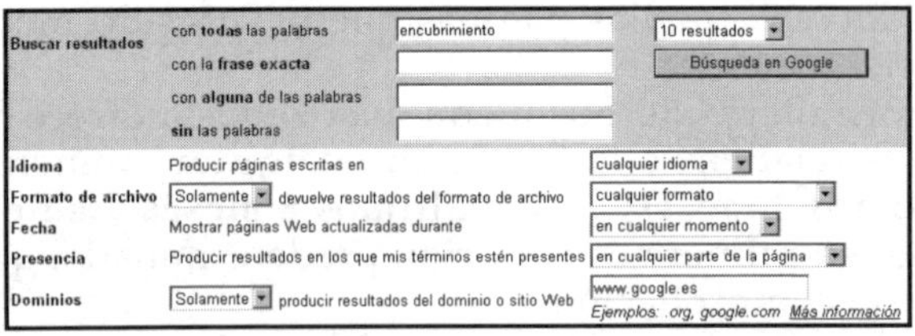

Figura 3.12. Búsqueda en un sitio Web.

3.2.10. Búsqueda relativa a una página

En la figura 3.2 vimos el aspecto del formulario de búsqueda avanzada. ¿Todo? No. La figura 3.13 muestra la parte inferior del mismo, que la 3.2 no mostraba.

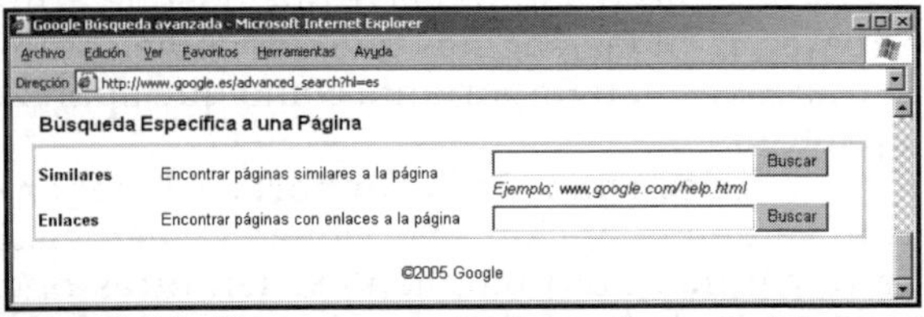

Figura 3.13. Más acerca del formulario de búsqueda.

¿Para que sirve cada uno de estos cuadros de texto?

Similares

¿Le gusta mucho una determinada página? ¿Quiere encontrar páginas similares con las que regocijarse? Utilice para ello este cuadro de texto.

Por ejemplo, ¿quiere encontrar otros buscadores de los disponibles en Internet? Busque páginas similares a www.google.com introduciendo esa URL en este cuadro de texto y haciendo clic en el botón **Buscar**. El resultado incluirá a Yahoo, AltaVista, Lycos o Excite, entre otros.

Esto es aplicable a cualquier otra Web que despierte su interés: páginas de música, cine, noticias, etcétera.

Enlaces

Quizá le interese conocer cuántas páginas Web contienen un enlace a la suya. Precisamente ésta es la función del cuadro de texto **Enlaces**. Escriba la dirección de esa Web en el cuadro de texto y haga clic en el botón **Buscar**. Por ejemplo, puede ser interesante ver cuántas páginas apuntan a la Web de Google España. Para ello, introduzca la URL www.google.es en este cuadro de texto. Mientras se escriben estas líneas, casi tres millones y medio de páginas apuntan a ella.

3.3. Modificadores

En las secciones anteriores hemos visto cómo utilizar el formulario para búsquedas avanzadas de Google. A medida que haga uso de él encontrará algunas funciones que le gustarán más que otras. Incluso habrá algunas que no utilice en absoluto.

Aunque puede hacer que este formulario sea la página predeterminada de su cliente Web, esto no es necesario para utilizar las posibilidades avanzadas de búsqueda de Google: es posible usarlas desde su página principal e incluso desde las páginas de resultados de las búsquedas.

Vamos a ver, de nuevo, las mismas operaciones de búsqueda que se vieron en la sección anterior, con la salvedad de que se realizarán utilizando modificadores en los términos de búsqueda en lugar del formulario de búsqueda avanzada.

3.3.1. Con todas las palabras

Se trata de la búsqueda clásica, la de toda la vida. Basta con introducir los términos que queremos buscar en el cuadro de texto del formulario de búsqueda y hacer clic en el botón adecuado.

No es necesario que profundicemos más en ello, puesto que el capítulo anterior ha cubierto en detalle todos los aspectos relacionados.

3.3.2. Con la frase exacta

Si quiere realizar una búsqueda en la que los términos que incluya estén presentes tal y como sean introducidos, no tiene más que escribirlos entrecomillados.

Reproduciendo el ejemplo que vimos anteriormente, suponga que quiere buscar aquellas páginas en las que aparezca la frase exacta "paco de lucía". Deberá entonces escribir lo mismo que se ve en la figura 3.14.

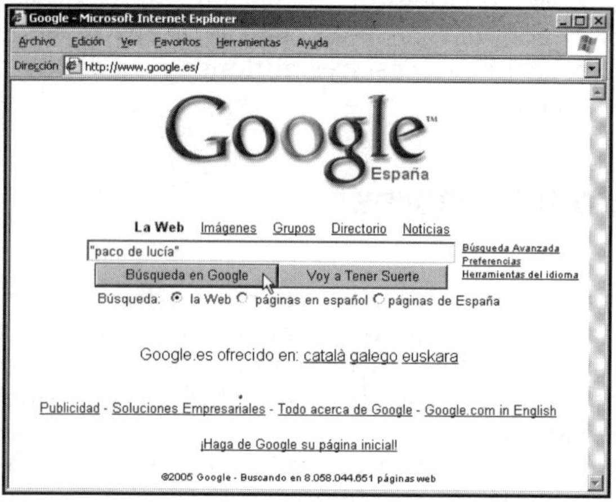

Figura 3.14. Frase exacta, con comillas.

3.3.3. Con alguna de las palabras

Si quiere realizar una búsqueda en la que aparezca alguno de los términos empleados, sin que necesariamente aparezcan todos, deberá utilizar el operador **OR**. Traducido al castellano, OR significa o, ni más ni menos.

Debemos decirle a Google que queremos encontrar las páginas que contengan un término, u otro, u otro, etcétera. Para ello, separaremos cada término con el operador OR. De nuevo repita la búsqueda que se vio en la sección anterior correspondiente, pero utilizando este operador. Deberá escribir algo parecido a lo que muestra la figura 3.15.

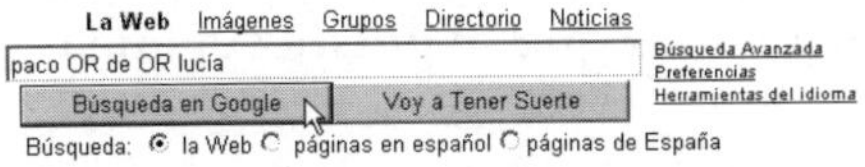

Figura 3.15. Alguna de las palabras.

3.3.4. Sin las palabras

En la sección anterior correspondiente a ésta utilizamos el formulario de búsqueda avanzada para localizar aquellas páginas en las que apareciese la frase exacta **paco de lucía**, pero no la palabra **bebe**. Para conseguir el mismo resultado utilizando el formulario de búsqueda de la página principal hemos de anteponer un guión a la palabra que queramos excluir de los resultados. O lo que es lo mismo, *restar* esa palabra. La figura 3.16 muestra cómo debería escribir los términos de esta búsqueda. Fíjese en el uso conjunto de las comillas y el guión.

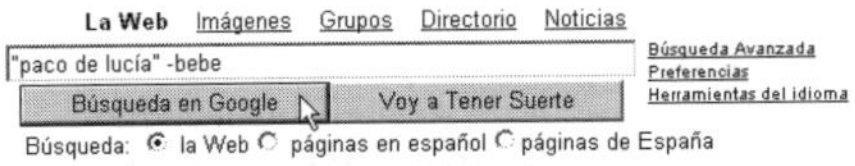

Figura 3.16. Sin las palabras.

Truco: *De igual forma, si desea hacer obligatoria la existencia de un término en concreto en su búsqueda, utilice el signo de suma (+). Por ejemplo, si quisiese realizar la búsqueda anterior haciendo obligatoria la presencia de la preposición* ***de****, debería escribir en el cuadro de texto de búsqueda* ***paco +de lucía -bebe****. Fíjese en que hemos dejado de exigir que el orden de las palabras sea el mismo.*

3.3.5. Presencia

El formulario de búsqueda avanzada le permite seleccionar en qué parte de las páginas resultantes estarán las palabras clave que busque. Idénticos resultados pueden lograrse utilizando los siguientes modificadores:

- **En cualquier parte de la página:** No utilice ningún modificador para ello.
- **En el título de la página:** Utilice el modificador **allintittle**. Para buscar páginas en cuyo título aparezca la palabra **google** escriba en el cuadro de texto de búsqueda lo que se puede ver en la figura 3.17.

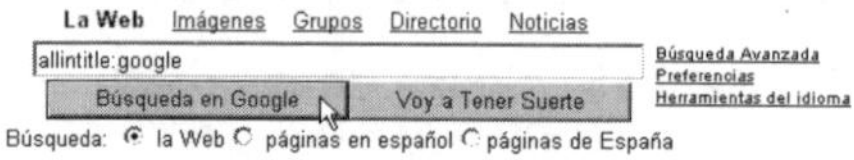

Figura 3.17. En el título.

- **En el contenido de la página:** De forma similar a lo que hicimos con la búsqueda en el título, el modificador que ha de utilizar para localizar el término seleccionado en el cuerpo de la página es **allintext**.
- **En la dirección de la página:** Para que los términos de búsqueda que utilicemos estén presentes en la dirección de la página debe utilizar el modificador **allinurl**.
- **En los vínculos hacia esta página:** Por último, si quiere realizar la búsqueda en los vínculos que apuntan a una página, utilice el modificador **allinanchor**.

3.3.6. Dominios

En ocasiones puede resultar útil realizar búsquedas sólo en las páginas de un determinado sitio Web cuando sabemos que lo que necesitamos sólo puede estar allí. Aunque también puede servir para saciar nuestra curiosidad. ¿Quiere saber cuántas veces aparece la palabra Google en las páginas de Microsoft? Tenga en cuenta que ahora son competidores.

> **Nota:** *Que Microsoft mencione en más de cinco mil páginas a Google no es del todo sorprendente, ya que la mayoría de las aplicaciones que Google ha desarrollado sólo están disponibles para sus sistemas operativos. Dejando a un lado sus aplicaciones Web, claro está.*

La figura 3.18 muestra cómo utilizar el modificador **site** para realizar esta búsqueda, así como el número de resultados obtenidos.

Figura 3.18. Google en Microsoft.

3.3.7. Búsqueda relativa a una página

En la sección homónima que vimos anteriormente aprendimos a buscar páginas relacionadas con otras, ya fuese porque sus contenidos fuesen similares o porque la una contenía enlaces a la otra. Podemos utilizar modificadores para obtener el mismo resultado:

- **Páginas similares:** Anteponga el modificador **related** a la dirección de la página en el cuadro de texto de búsqueda. La figura 3.19 muestra cómo encontrar páginas parecidas a la de Google.

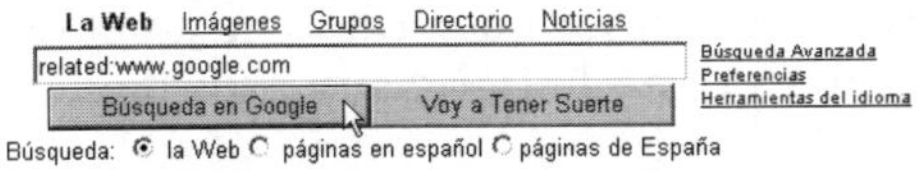

Figura 3.19. Páginas similares.

- **Enlaces:** De forma muy parecida a la anterior, para localizar qué páginas contienen enlaces a una en concreto, utilice el modificador **link**. Un ejemplo de ello, en la figura 3.20.

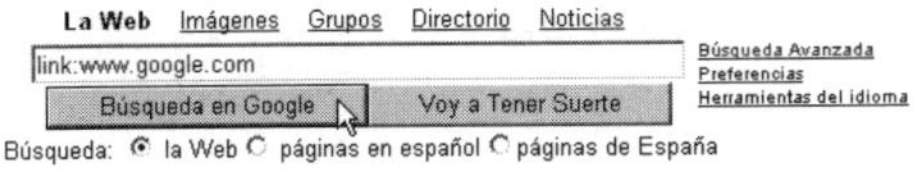

Figura 3.20. Enlaces.

3.4. Futuro o presente

No nos gustaría terminar este capítulo sin mencionar dos características muy interesantes de Google que aún no están disponibles en todas sus páginas Web, de ahí que hagamos mención al futuro en el título de la sección. Aunque, dada la celeridad con la que Google introduce nuevas características en su buscador, quizá sea presente cuando usted lea estas líneas.

3.4.1. Historial de búsquedas

El historial de búsquedas aún no está disponible en la versión española de Google, aunque seguramente lo esté en breve. De hecho, la versión disponible está en fase de pruebas, en beta. Gracias a esta nueva funcionalidad podrá consultar el historial de búsquedas que haya realizado desde la activación del sistema.

En la figura 3.21 puede ver cómo recuerda Google las búsquedas que hemos realizado. En la parte de la izquierda, las palabras clave empleadas en la búsqueda y las páginas en las que hicimos clic. En la de la derecha, el número de búsquedas realizadas y su distribución mensual. Lo que para algunos puede ser una característica muy interesante, para otros no será más que una nueva posibilidad de intromisión en su intimidad. Por eso es posible detener el funcionamiento del historial haciendo clic en el enlace **Pause** (pausa) que aparece en la parte superior de la página.

Figura 3.21. Historial de la búsqueda.

3.4.2. Búsquedas tuteladas

Como ya sabe, una cosa es Google y otra Google España. Por lo general, Google está en la dirección:

http://www.google.com/

Aunque todo depende de qué opciones haya introducido en la página de preferencias de Google. Por otra parte, Google España estará en la dirección:

http://www.google.es/

Ahora mismo vamos a centrarnos en Google, en inglés. En esa Web, la página de preferencias muestra lo que puede ver en la figura 3.22.

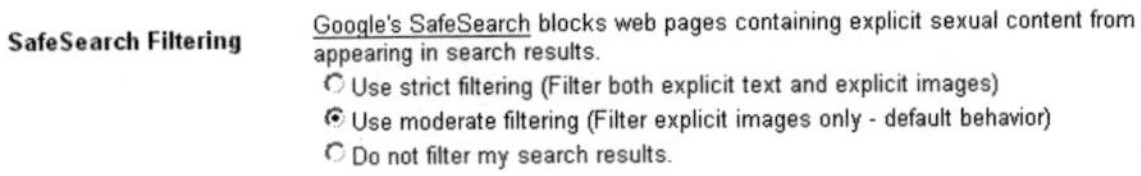

Figura 3.22. Búsquedas tuteladas.

Pensado para no herir la sensibilidad de sus usuarios, el comportamiento predeterminado de esta herramienta bloquea aquellas imágenes que considera demasiado explícitas. Si lo desea, puede desactivar este bloqueo o incluso endurecerlo.

3.5. Conclusión

En este capítulo ha podido comprobar que, a veces, tras un aspecto sencillo se esconden características de gran potencia. El uso de las diferentes opciones de búsqueda avanzada permite localizar las páginas que necesite con un gran nivel de control, restringiendo o aumentando el número de resultados a su antojo.

Además de utilizar esas funciones a través de un formulario creado a tal fin, hemos visto cómo realizar esas mismas búsquedas utilizando modificadores que aplicar a los términos de búsqueda en el formulario estándar de búsqueda.

La mayoría de lo visto en este capítulo es aplicable a los otros buscadores de Google, como los disponibles para grupos de noticias, imágenes o noticias. Desde aquí le recomendamos que juegue todo lo que pueda con lo que ha aprendido en este capítulo hasta que tenga bajo control su funcionamiento.

4

Otras formas de buscar

A lo largo de los tres primeros capítulos hemos visto qué son los buscadores, qué es Google, y cómo podemos realizar búsquedas utilizando su potencia. Pero Google no sólo permite buscar texto en el contenido de las páginas Web, también ofrece otros tipos de búsqueda de información que esté presente en Internet.

Comenzaremos viendo uno de sus buscadores más útiles, Google Imágenes, que le permitirá localizar cualquier tipo de imagen que esté presente en la Web. A continuación echaremos un vistazo al directorio de Google, donde se organiza de forma temática los contenidos de la Web. Junto con este directorio también mencionaremos el proyecto dmoz, que pretende construir el directorio Web más grande de Internet, con la misma filosofía que el movimiento de código abierto. Después del directorio le toca el turno al servicio de noticias, Google Noticias. Veremos cómo funciona y cómo puede darse de alta en su servicio de alertas.

Google también tiene algo que decir en el mundo empresarial. Presentaremos sus productos de búsqueda para facilitar la labor de localizar documentos entre los miles que genera una empresa. Y finalmente veremos cuáles son las herramientas más interesantes que están en fase de pruebas. Entre éstas hay buscadores como Froogle, que localiza tiendas en Internet, Google Suggest, que nos sugiere las búsquedas más utilizadas, Google Local, que le permite localizar una tienda en su ciudad, o Google Blog, que le permite conocer las inquietudes de los propios trabajadores de Google.

De todo esto y mucho más hablaremos a lo largo de este capítulo. Esperamos que le resulte interesante.

4.1. Qué más nos ofrece Google

Google no sólo es un buscador de texto, algo que a lo largo de este libro comprobará. Entre otras cosas, Google busca información para organizarla y poderla utilizar de una forma más cómoda. Pero no solo de la palabra escrita vive la Web. Internet está poblado por muchos otros tipos de servicios, de utilidades, de información que no tienen porque estar compuestos de palabras. Y es ahí donde Google da un paso más e intenta seguir poniendo orden en la red.

4.1.1. Otros buscadores marca Google

Seguramente haya reparado en los enlaces que muestra la parte superior de la página principal de Google, que puede encontrar en:

http://www.google.es/

Estos enlaces, que puede ver en la figura 4.1, le permiten acceder a varios servicios de búsqueda alternativos de Google.

Figura 4.1. Las otras búsquedas de Google.

> *Nota: En la figura 4.1 habrá podido observar que el logotipo de Google aparece algo cambiado. En ocasiones señaladas este logo se modifica para hacer alusión a una fecha concreta, como Año Nuevo o a la llegada de la primavera. En este caso, la figura 4.1 conmemora el Día de la Tierra, celebrado el 22 de abril.*

Se trata de: **Imágenes**, **Grupos**, **Directorio** y **Noticias** y son los principales servicios que Google ofrece en su Web en español, pero en la actualidad está preparando otros tan interesantes como estos.

En este capítulo veremos las características principales del buscador de imágenes, del directorio de Google y de las noticias de Google. Los grupos de Google se explicarán con más detalle en el capítulo siguiente.

4.1.2. Los idiomas en Google

Aunque el idioma oficioso de Internet sea el inglés, muchos de sus usuarios prefieren utilizar su propia lengua para expresarse, algo a lo que contribuye Google, que posee sedes en varios países y versiones de su propio buscador en varios idiomas.

Google ofrece a sus usuarios realizar búsquedas en más de 35 idiomas. Además, su interfaz de búsqueda está traducida a más de 100 idiomas distintos para facilitar el acceso a más usuarios. Este es el caso de la Web de Google España (http://www.google.es/). Las búsquedas se realizan en castellano, pero Google permite utilizar su interfaz también en catalán, gallego y eusquera. La figura 4.2 muestra el puntero del ratón sobre el enlace del gallego, para acceder a la interfaz en esta lengua.

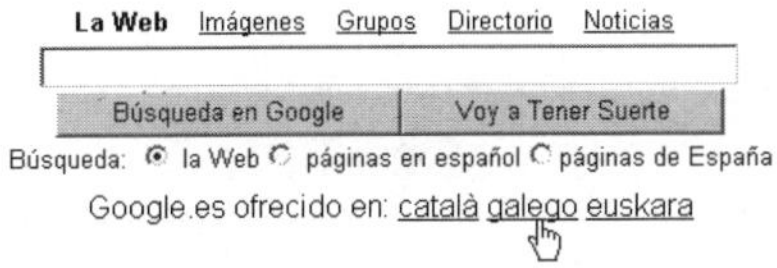

Figura 4.2. Google.es en gallego.

4.1.3. Empresas y más

Pero Google sigue y sigue, sin que se le acaben las pilas. Desde su propio laboratorio de investigación sigue indagando e ideando nuevas formas de vida

http://labs.google.com/

De ahí han salido soluciones orientadas a las empresas, además de otras herramientas que todavía están en fase de prueba, o en proceso de traducción a otros idiomas. De todas estas nuevas soluciones y utilidades hablaremos también al final de este capítulo. Comencemos.

4.2. Google Imágenes

Se trata de una herramienta de búsqueda ideada por los creadores de Google para localizar imágenes en la Web de forma sencilla. La página principal de este buscador se encuentra en la dirección:

http://images.google.es/

Su potencia y funcionamiento son similares a las ofrecidas por el buscador estándar de Google. Apreciará que los resultados de las búsquedas de Google Imágenes se presentan de forma diferente, pero sigue siendo igual de fácil moverse entre ellos.

Para explicar con más detalle las funciones básicas de Google Imágenes vamos a realizar una búsqueda de ejemplo. En concreto buscaremos imágenes relacionadas con la distribución Gentoo de Linux.

El primer paso a dar consiste en escribir los términos de búsqueda en el cuadro de búsqueda que hay en la Web de Google Imágenes. Escriba **gentoo**. Haga clic en el botón **Búsqueda en Google** para que empiece la función. La figura 4.3 muestra la situación en la que nos encontramos antes de hacer clic en dicho botón, puede ver que el puntero del ratón ya está sobre dicho botón.

Figura 4.3. Búsqueda de imágenes.

Tras pulsar el botón **Búsqueda en Google** el buscador comienza su trabajo y nos devuelve las imágenes encontradas en un listado. El resultado obtenido en nuestra búsqueda de ejemplo se muestra en la figura 4.4.

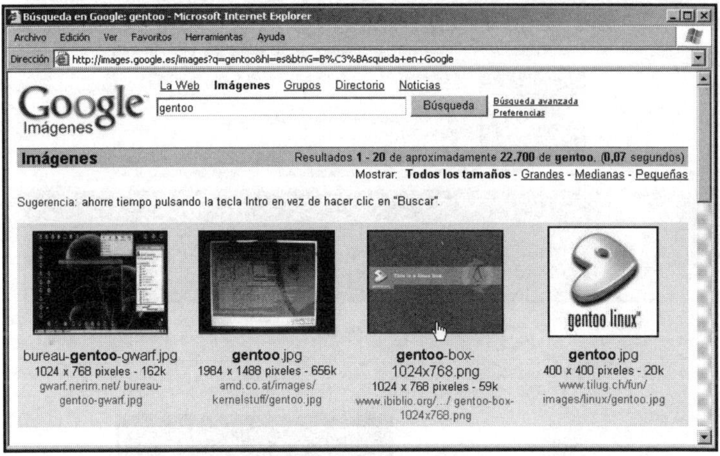

Figuras 4.4. Imágenes encontradas.

> ***Nota:*** *La araña de Google también indexa las imágenes que va encontrando por la Web. Analiza el contenido de la página donde está la imagen junto con otros factores para determinar el contenido de la misma. En caso de encontrar imágenes duplicadas siempre presenta en primer lugar la de mayor calidad.*

En la figura 4.4 puede ver el puntero del ratón situado sobre una de las imágenes encontradas. Si hacemos clic sobre esta imagen (llamada gentoo-box-1024x768.png), Google Imágenes nos mostrará la página original donde estaba incluida, como puede ver en la figura 4.5.

Google incluye en la parte superior de dicha página una serie de detalles muy interesantes sobre la imagen que nos ha llevado a ella.

En la parte superior de la figura 4.5 puede ver el puntero del ratón sobre el enlace **Ver imagen en tamaño completo**. Si hace clic sobre este enlace, el cliente Web le mostrará únicamente la imagen que hemos encontrado. Si quiere guardar esa imagen sólo tiene que hacer clic con el botón derecho del ratón sobre la propia imagen y seleccionar la opción **Guardar imagen como** en el menú contextual que aparecerá.

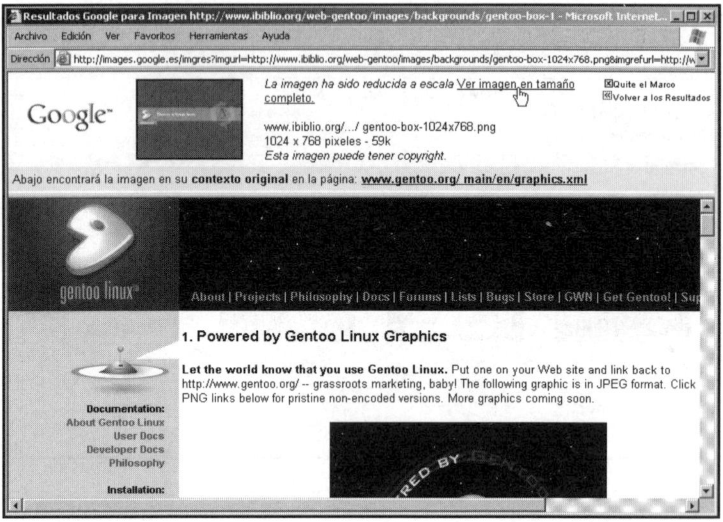

Figura 4.5. La página Web de la imagen encontrada.

Si desea deshacerse de la información que Google muestra en la parte superior de la página sólo tiene que hacer clic sobre el enlace que aparece en la página resultado de la figura 4.5. Puede ver este enlace en la figura 4.6.

Figura 4.6. La URL que contiene la imagen.

Nota: *Existe un pasatiempo a través de Internet llamado Guess the Google, construido en Flash. Este juego pone a prueba nuestra imaginación para adivinar cuál es la búsqueda en Google Imágenes que obtiene como resultado las imágenes que nos muestra. Puede encontrarlo en la dirección http://www.weavedigital.com/guess-the-google/.*

Google advierte de la posibilidad de que las imágenes encontradas a través de sus búsquedas puedan estar protegidas por derechos de autor. En ese caso no podrían utilizarse para ningún fin sin el permiso adecuado del autor. Para obtener más información a este respecto consulte la página:

http://images.google.es/intl/es/help/faq_images.html

4.3. Google Directorio

4.3.1. Qué es este directorio

Tal y como aparece en su página principal: "La Web organizada por temas en categorías". Y de eso se trata, de clasificar las páginas Web por temas, dividiendo cada tema a su vez en otras categorías más específicas. Cada una de estas categorías contendrá a su vez enlaces a páginas con la temática de la categoría concreta. La página principal del directorio Google está en la siguiente dirección:

http://directory.google.es/

Puede verlo en la figura 4.7.

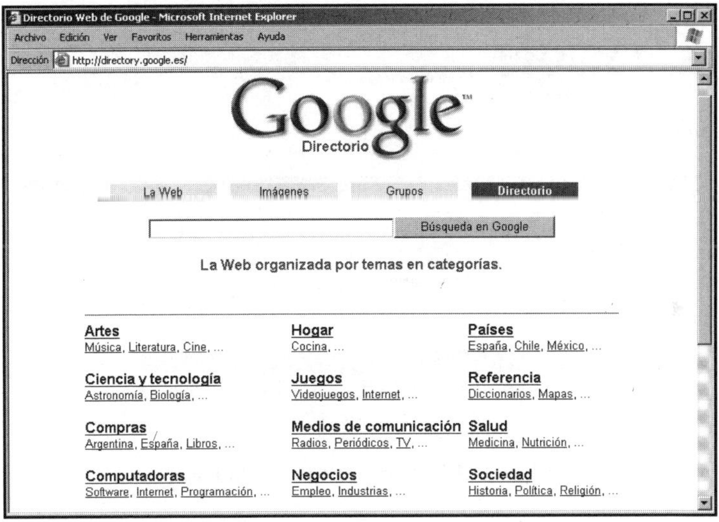

Figura 4.7. Directorio Google.

Las categorías principales del directorio son arte, hogar, países, ciencia y tecnología, juegos, salud, computadoras, sociedad, etcétera. Estas categorías son las que Google considera más importantes, por eso aparece en letra más grande y en negrita. Debajo de cada una de estas categorías aparecen sus principales subdivisiones, en tamaño menor. Éstas a su vez también están subdivididas y así sucesivamente.

4.3.2. Un ejemplo de búsqueda

Lo mejor que podemos hacer para explicar el funcionamiento de este directorio es realizar una búsqueda sencilla, a modo de ejemplo. Vamos a intentar localizar alguna página Web que nos hable de un grupo de *heavy metal* español llamado Avalanch.

El primer paso consiste en entrar en la página Web del directorio de Google. A continuación ha de dirigir sus pesquisas hacia la música: haga clic con el ratón sobre el enlace **Música**, que se encuentra justamente debajo del primer tema del directorio, **Artes**. Se encontrará dentro de la categoría **Música** y podrá ver las distintas subcategorías que ésta contiene en su interior, que puede ver en la figura 4.8.

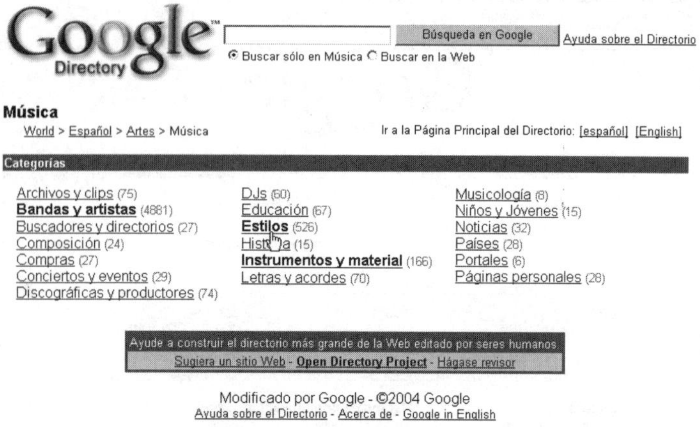

Figura 4.8. Categorías de Música.

Si en alguna ocasión se despista y no recuerda en que subcategoría, categoría, o tema se encuentra navegando, mire en la parte superior de la página, justamente debajo del cuadro de búsquedas de Google. En su parte izquierda se puede ver el título de la categoría actual, **Música**, en negrita y con un tamaño de letra mayor. Justo debajo aparece el recorrido completo que ha seguido hasta llegar a la categoría actual, como puede ver en la figura 4.9. Puede acceder a cada una de las categorías superiores haciendo clic sobre ellas.

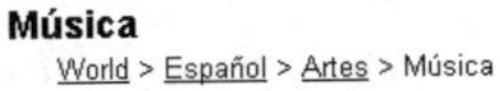

Figura 4.9. La categoría actual: Música.

Pero sigamos con nuestro ejemplo. En la anterior figura 4.8 pudo ver que el puntero del ratón está sobre el enlace **Estilos**. Al hacer clic sobre él accederá a la categoría **Estilos**. Continúe con la categoría **Heavy Metal**, dentro a **Bandas y Artistas**, finalmente llegará a la categoría **Avalanch**. Por fin localizamos las Web buscadas. La figura 4.10 nos muestra los resultados encontrados.

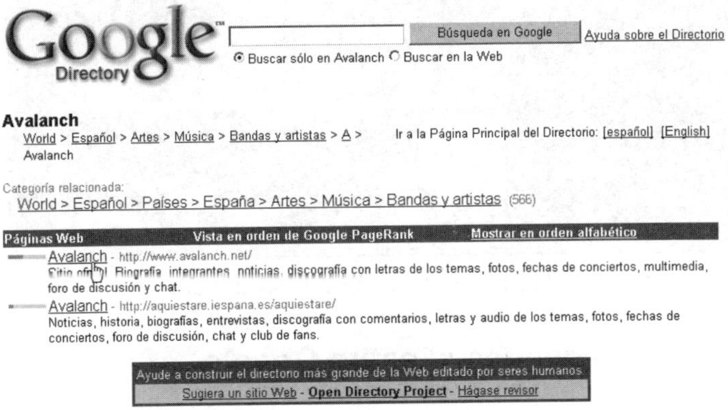

Figura 4.10. Páginas Web encontradas.

El primero de los sitios encontrados aparece en la figura 4.11.

Mientras nos vamos desplazando por el directorio, Google va buscando las páginas que correspondan a la categoría en la que nos encontremos en cada instante. Si esa categoría contiene algún resultado, lo mostrará en la parte inferior de la página, ordenando siempre los resultados según su Page Rank. Así es como aparecen en la figura 4.10 los dos sitios Web relacionados con el grupo Avalanch.

Nota: El recorrido que hemos seguido por las distintas categorías del directorio hasta llegar a Avalanch es distinto al que muestra la figura 4.10. Esto se debe a que se puede llegar a los mismos lugares del directorio atravesando categorías diferentes, pero como éstas están relacionadas entre sí, al final se produce el mismo resultado.

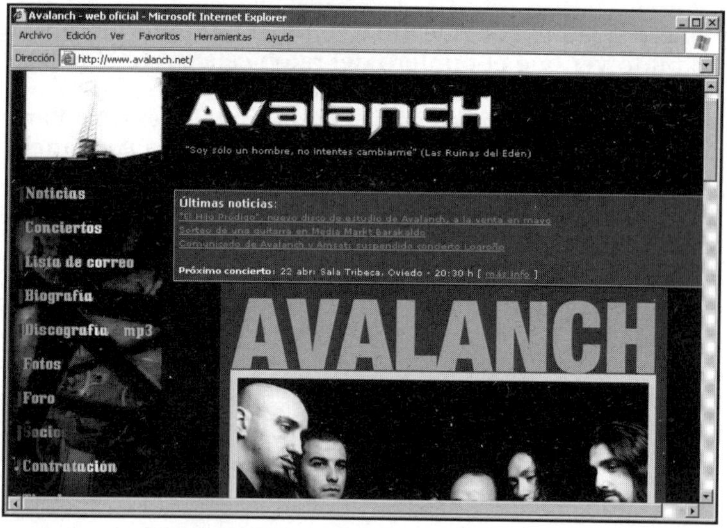

Figura 4.11. El grupo Avalanch.

4.3.3. Búsquedas al estilo Google

El directorio se complementa con un cuadro de búsqueda que puede verse en la parte superior de la figura 4.7. Utilizando este cuadro de texto podrá acceder más rápidamente al contenido de las categorías del directorio. En realidad se trata de la combinación de las capacidades de búsqueda del directorio con la potencia del motor de búsqueda de Google.

Actualmente la gran mayoría de los directorios Web contienen un buscador para localizar con mayor rapidez la información deseada.

4.3.4. El proyecto del directorio abierto

Open Directory Project, su nombre en inglés, es una iniciativa que pretende construir el mayor directorio de la Web editado por humanos, con la contribución desinteresada de cualquier persona que desee participar. Este proyecto fue fundado siguiendo la filosofía del movimiento de software de código abierto, siendo cien por cien libre para todo aquel que quiera utilizarlo o colaborar en su construcción. Este proyecto, conocido también como **dmoz**, puede encontrarse en la dirección:

http://dmoz.org/

Puede ver su aspecto en la figura 4.12.

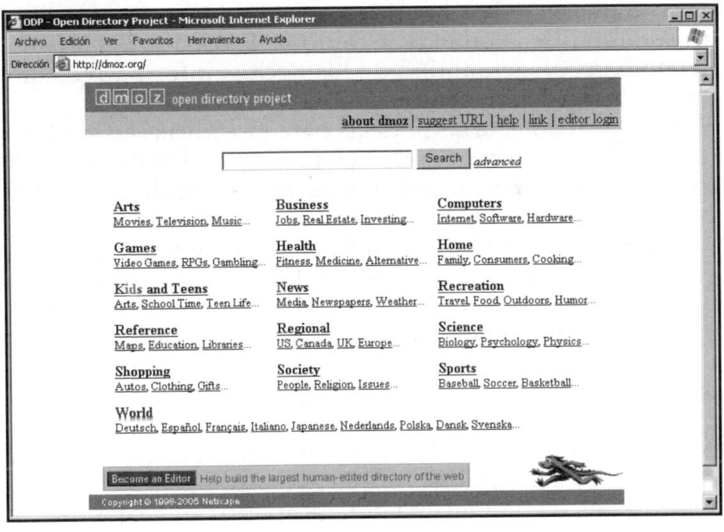

Figura 4.12. dmoz.org.

También está disponible en otros idiomas, y se aceptan las contribuciones y sugerencias de sus usuarios con el propósito de mejorar su traducción.

> ***Nota:*** *El directorio de Google está apoyando el proyecto de dmoz de forma activa, y si no, fíjese en la parte inferior de la figura 4.10. Google le anima desde su directorio a participar en este proyecto, haciéndose revisor de dmoz.*

Habrá podido comprobar que este directorio es muy similar al directorio de Google, pero con la diferencia de que Google sí utiliza publicidad en los resultados que muestra. De hecho, el directorio de Google basa sus resultados en los ofrecidos por dmoz.

4.4. Google Noticias

4.4.1. Qué es Google Noticias

Como ya hemos mencionado en el capítulo primero, Google utiliza dos arañas para recolectar la información dispersa por toda la red. La araña llamada *Freshbot* es la encargada de visitar los sitios que contienen información que se modifica con mayor rapidez. Esos sitios contienen las noticias de actualidad de los hechos informativos que van ocurriendo en el mundo.

Google recolecta las noticias para mostrarlas en sus Web de noticias. Recorre más de 700 fuentes de información de todo el mundo, en varios idiomas, actualizando cada quince minutos todos los contenidos de sus noticias.

La particularidad de las noticias de Google (*Google News*, en inglés) está en la forma en que las obtiene y en la manera de mostrarla. Si una misma noticia aparece en varios medios simultáneamente y se trata de medios contrastados, Google la mostrará en su Web de noticias, ordenándolas por importancia según sus propios criterios. No se produce intervención humana alguna en el proceso de recolección ni presentación de las noticias, por lo que no se tiene en cuenta opiniones políticas o ideologías. Así se conseguirá que de una misma noticia aparezcan varios artículos, cada uno de ellos con un enfoque, según la fuente que los publicó en Internet. Para acceder a las noticias de Google simplemente acceda a la siguiente dirección:

http://news.google.es/

La figura 4.13 muestra la Web de Google Noticias, con las noticias más relevantes de nuestro país. El contenido de la Web de noticias está estructurado de una forma clara y sencilla. En la columna de la izquierda se muestra una clasificación de las noticias: internacional, España, economía, etcétera. En la parte central aparecen las noticias más destacadas del momento, con un pequeño resumen de su contenido, las fuentes donde también aparece esa noticia y un enlace al sitio Web original de donde procede. Si hace clic sobre una noticia, Google le redirigirá a la Web fuente de la noticia, donde podrá leer íntegramente su contenido. Realmente lo que hace Google Noticias es componer un periódico con las noticias frescas que encuentra en la Web, mostrando sólo el encabezado de las mismas para que sea el lector quien acceda a su contenido si le interesa.

Figura 4.13. Google Noticias España.

4.4.2. Buscando noticias

Google Noticias nos ofrece la posibilidad de realizar búsquedas sobre las noticias que recolecta de Internet. Introduzca los términos de búsqueda de la noticia en el cuadro de texto que aparece al principio de la página y haga clic sobre el botón **Buscar en Noticias**. Siguiendo con nuestro ejemplo, busque las últimas noticias relativas al guitarrista Paco de Lucía. El paso previo a esta búsqueda se ve en la figura 4.14, donde aparece escrito "Paco de Lucía" en el cuadro de búsqueda. Haga clic en el botón **Buscar en Noticias** para que comience a realizarse la búsqueda. Como resultado se nos mostrarán las noticias encontradas, tal y como puede verse en la figura 4.15.

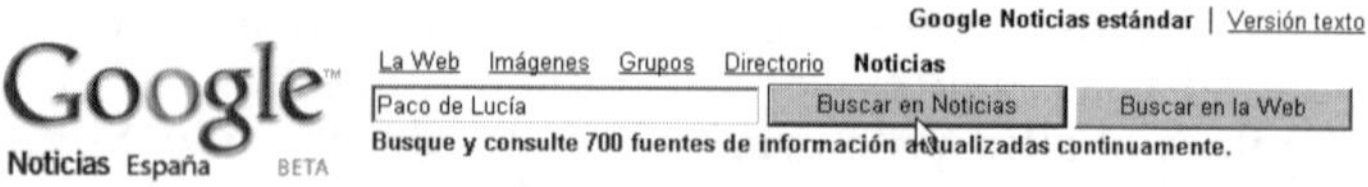

Figura 4.14. Buscamos noticias.

Figura 4.15. Noticias encontradas.

Obtenemos como resultado las últimas noticias sobre el guitarrista gaditano, donde podemos leer que ha sido uno de los grandes triunfadores de los IX Premios de la Música. ¡Felicidades, Paco!

4.4.3. Alertas de Google

Es el sistema de alertas de Google, que le avisa de los eventos que más le interesen a través de su correo electrónico. De esta forma podrá estar al día de las noticias según se vayan produciendo.

Actualmente está en fase de pruebas (beta) en su versión en castellano, aunque esto no implica que no se pueda suscribir a sus servicios. Para acceder a su página Web visite la dirección:

http://www.google.es/alerts

En esta página Web encontrará un enlace de ayuda sobre las alertas, otro sobre los términos de uso y otro sobre la política de privacidad de este servicio. Haciendo clic en ellos podrá comprender mejor el funcionamiento y la política de uso de las alertas de Google.

En la figura 4.16 puede ver el formulario de alta de estas alertas de noticias.

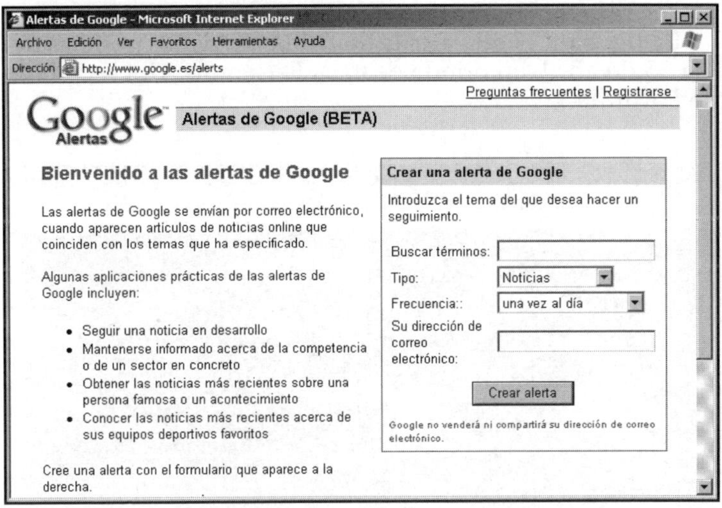

Figura 4.16. Alertas de Google.

Para suscribirse sólo tiene que facilitar los términos de la búsqueda de las noticias que le interesen, el tipo de evento (noticias, Web o noticias y Web), la frecuencia (una vez al día, una vez a la semana o cuando se produzca) y su dirección de correo electrónico. Podrá crear tantas alertas como desee. Si desea administrar sus propias alertas, añadiendo otras nuevas, modificar las existentes o simplemente eliminar las que ya no le interesen, identifíquese utilizando su dirección de correo electrónico.

4.4.4. Una curiosidad

Existe una página Web que muestra la importancia de las noticias de Google de una forma muy original. Se trata de la Web *In The News*, que puede visitar en la dirección:

http://news.stamen.com/

Su creador, utilizando animaciones Flash, muestra mediante un gráfico con zonas coloreadas la importancia de las noticias de Google, según el número de visitas acumuladas de cada noticia.

Presenta un gráfico lineal por cada día de la semana, estando cada una de estas líneas dividida en rectángulos de varios colores para diferenciarlos. El tamaño de cada rectángulo depende del número de visitas de la noticia a la que se refiera. Veamos un ejemplo.

La figura 4.17 muestra la distribución de las noticias del día 25 de abril, en donde destaca Fernando Alonso, piloto de Fórmula 1.

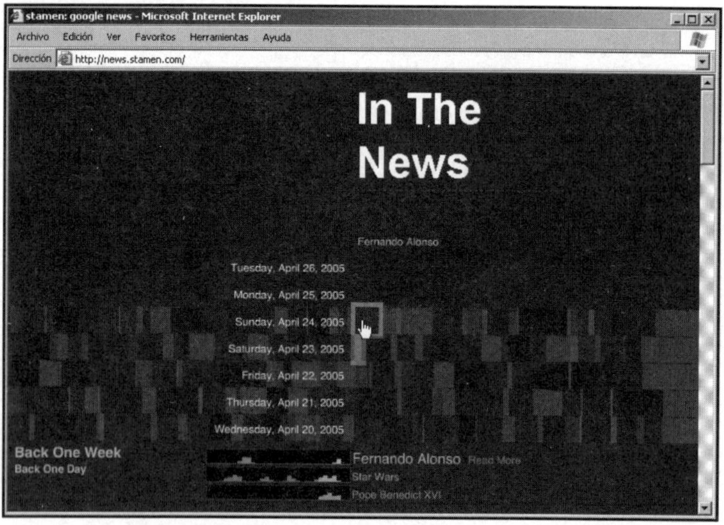

Figura 4.17. Las noticias con otro aspecto.

Si hace clic sobre las zonas coloreadas, se le redirigirá a Google Noticias. De forma automática, se buscarán las noticias relacionadas con el nombre asociado a la zona del gráfico seleccionada.

Otro proyecto interesante sobre presentación de noticias de Google es **Newsmap**. Esta Web le muestra de vistazo una instantánea de los principales titulares de Google. Lo puede encontrar en la dirección:

http://marumushi.com/apps/newsmap/newsmap.cfm

4.5. Zeitgeist de Google

Se trata de un servicio englobado dentro del Centro de Prensa de Google. Es una muestra de las tendencias y pautas de las búsquedas de los usuarios de Google. No deja de ser una instantánea de las inquietudes de los usuarios de la Web, con resultados a veces sorprendentes. Puede encontrarlo en la dirección:

http://www.google.es/intl/es/press/zeitgeist.html

Para conseguir este listado de tendencias de sus usuarios, Google analiza los millones de consultas que recibe cada mes, los evalúa estadísticamente y los clasifica según su peculiaridad o la época del año, pero siempre buscando las tendencias más simpáticas. Por ejemplo, en el mes de febrero aparece una categoría dedicada exclusivamente a San Valentín: cosas del marketing. La figura 4.18 muestra las consultas más populares de febrero de 2005.

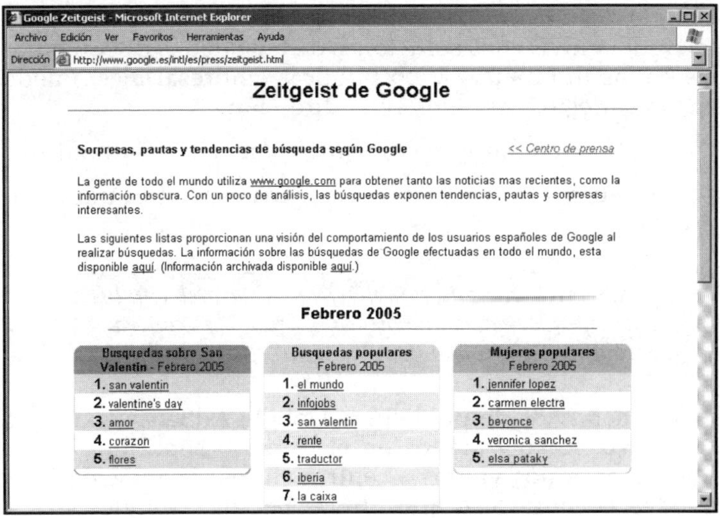

Figura 4.18. Zeitgeist de Goolge España.

Este servicio de Google muestra un listado con las búsquedas más solicitadas, clasificadas en varias categorías, dependiendo de cada mes. En cada una de estas categorías aparecen las búsquedas ordenadas por el número de peticiones, como si de un ranking se tratase. Si hace clic en el enlace correspondiente a una búsqueda, Google le mostrará los resultados que obtuvo para dicha búsqueda. Puede encontrar la versión internacional de Zeitgeist, en inglés, en la dirección:

http://www.google.com/press/zeitgeist.html.

Actualmente Zeigeist sólo muestra las búsquedas más populares de los últimos dos meses, pero también ofrece un enlace para acceder a la información archivada de estas búsquedas de meses anteriores. Lo puede encontrar en la dirección:

http://www.google.com/press/zeitgeist/archive.html

4.6. Soluciones para empresas

Google también ofrece sus servicios a las empresas. Desde la página Web de soluciones empresariales puede acceder a los servicios de publicidad, el servicio de búsqueda Google desde su página Web, las soluciones Google para telefonía móvil y las soluciones de búsquedas documentales en las intranets y Web públicas empresariales. Puede encontrar estos servicios en la dirección:

http://www.google.com/intl/es/services/index.html

La figura 4.19 muestra esta página específica para empresas.

> ***Nota:*** *Google España también tiene una Web con los servicios empresariales que ofrece. La puede encontrar en la dirección: http://www.google.es/enterprise/*

Los servicios de publicidad Google AdSense y Google AdWords serán tratados en el capítulo séptimo de este libro. Ahora nos vamos a centrar en los sistemas de búsquedas corporativas que ofrece Google: Google Search Appliance y Google Mini.

4.6.1. Google Search Appliance

Es la solución definitiva para los problemas de búsqueda de los documentos de una empresa. Google Search

Appliance es un producto hardware y software que integra la potencia de las búsquedas de Google dentro de su corporación.

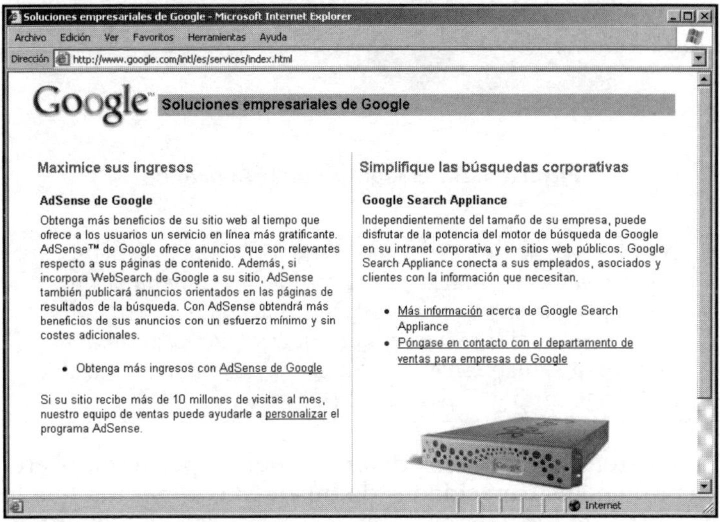

Figura 4.19. Soluciones empresariales.

Le permite realizar búsquedas entre los documentos y las Web de su negocio con la misma potencia y sencillez de Google. Para conocer de primera mano las características de este sistema de búsqueda no dude en acudir a la Web de Google Business Solutions, o a la propia página de Google Search Appliance. Esta última la puede encontrar en la dirección:

http://www.google.com/enterprise/gsa/index.html

La figura 4.20 muestra una unidad *rack* de Google Search Appliance. Es capaz de indexar los sitios Web de su intranet empresarial, sus sistemas de archivos, incluso el contenido de sus bases de datos. Accede al contenido de más de doscientos veinte formatos de archivos: texto, documentos Office, PDF, páginas HTML y un sinfín de tipos distintos. También cuenta con un sistema de seguridad integrado, para que sólo los usuarios autorizados puedan realizar búsquedas y que nadie más sea capaz de acceder a los datos indexados por el propio Google Search Appliance.

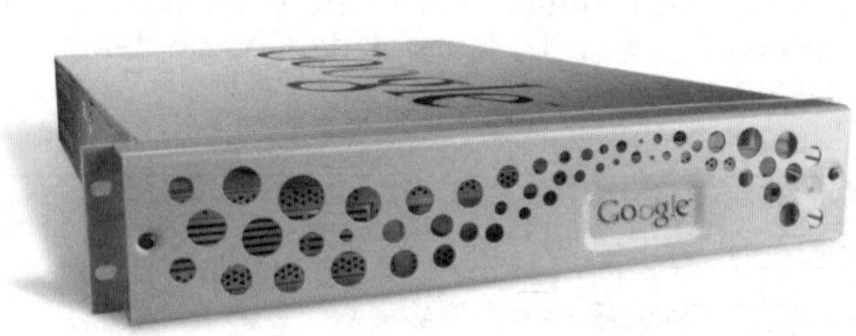

Figura 4.20. Google Search Appliance.

> *Nota: Un* rack *es un armario que contiene ordenadores organizados en bandejas. Esta colocación en bandejas permite aprovechar mejor el espacio. Así se pueden instalar, por ejemplo, diez servidores en un espacio muy reducido. Se utiliza principalmente para ubicar servidores de archivos, servidores de bases de datos o servidores Web.*

Existen tres modelos distintos, que le permiten ir creciendo en sus capacidades de búsqueda, a medida que la cantidad de los documentos de su empresa va aumentando. Los modelos que presenta Google Search Appliance son: GB-1001, GB-5005 y GB-8008. El primero está formado por una única unidad, preparada para ser empotrada en el *rack* de su empresa. Los dos últimos modelos son soluciones compuestas por varias unidades. La diferencia entre los modelos está en el número máximo de documentos que indexan, un millón y medio el modelo GB-1001 hasta los quince millones de documentos indexados por el modelo más potente, GB-8008. La figura 4.21 nos muestra el modelo GB-8008, una preciosidad.

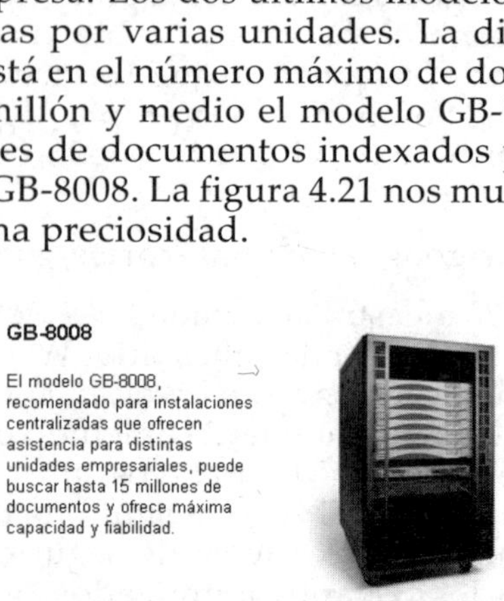

Figura 4.21. Rack del modelo GB-8008.

4.6.2. Google Mini

Se trata de la versión reducida de Google Search Appliance, enfocada para las pequeñas y medianas empresas, ya que su coste es mucho más asequible. También es un producto integrado de hardware y software, muy sencillo de utilizar. Puede ver el aspecto de esta solución de búsqueda empresarial en la figura 4.22.

Figura 4.22. Google Mini.

Toda la información disponible sobre este producto está en la dirección:

http://www.google.com/enterprise/mini/index.html

> ***Nota:** Este producto no está incluido en las soluciones para empresas de Google España. Sólo aparece en la Web principal de Google, en su sección empresarial Google Business Solutions.*

Este producto está específicamente diseñado para empresas con un volumen pequeño o mediano de documentos tanto en su intranet como en su sitio Web. Es muy fácil de instalar y apenas requiere tareas de administración. Es capaz de indexar hasta cien mil documentos y trabaja con más de doscientos formatos de archivos diferentes, entre los que se encuentran los archivos típicos de ofimática y de la Web.

4.7. Más servicios

Pero Google no se queda aquí. Tiene mucho que ofrecer y continúa elucubrando nuevas formas de búsqueda. Como muestra de lo que está preparando para su Web en inglés, vamos a realizar un pequeño itinerario por las nuevas herramientas que todavía están en fase beta (fase de pruebas). Es más que probable que estos nuevos servicios se vayan traduciendo a otros idiomas con el tiempo, además de pasar a la fase estable.

4.7.1. Froogle

Se trata de un buscador de Google especializado en ir de tiendas por Internet o, como reza en su propia página, "froo-gle: compras inteligentes con Google". La figura 4.23 muestra su página principal. Lo puede encontrar en la dirección:

http://froogle.google.com/

Figura 4.23. Google Froogle.

Este buscador le permite buscar sitos Web dedicados a la venta de productos por Internet. Para ello sólo tiene que escribir el objeto que desea comprar en el cuadro de búsquedas y Froogle se encargará de buscar por usted los sitios que mejor presenten el producto buscado.

La página de resultados de una búsqueda presenta una división en tres columnas. La columna de la izquierda nos permite modificar la presentación de los resultados, su ordenación, restringir el rango de precios, buscar en el interior de las categorías asociadas los productos o buscarlos por almacenes.

> ***Nota:*** *Froogle también nos presenta en su página principal de búsqueda algunos de los elementos que recientemente ha encontrado, como si de un pequeño muestrario se tratara. En concreto, el listado de productos que aparece en la parte final de la figura 4.23.*

Por otro lado, la columna central nos muestra los resultados de la búsqueda, donde puede ver una imagen del producto, su nombre, un enlace a la tienda donde se vende, su precio y otras características interesantes. Para finalizar, la columna de la derecha sólo nos muestra los enlaces patrocinados que tienen relación con los términos de la búsqueda. Puede verlo en la figura 4.24, que muestra el resultado de una búsqueda de tarjetas de memoria tipo *Secure Digital* (SD), utilizadas en cámaras de fotografía digital.

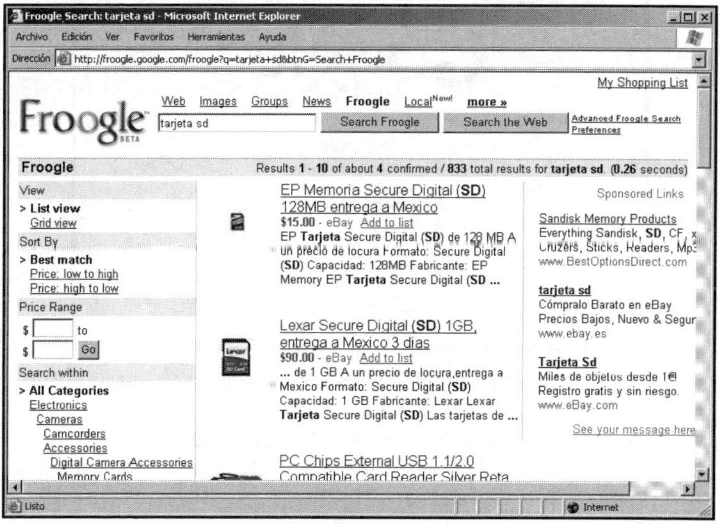

Figura 4.24. Tarjetas SD encontradas.

Quisiéramos dejar muy claro una cosa: Froogle no realiza ningún tipo de venta. Sólo se trata de un buscador especializado en tiendas de venta a través de Internet. Además, los resultados de sus búsquedas se presentan en función de su importancia y concordancia con los términos de la búsqueda, y nunca recibe ni recibirá aportación económica alguna por situarlos en los lugares preferentes. Sí acepta enlaces patrocinados en su sección publicitaria a través de su sistema Google AdWords, pero siempre indicando que se trata de publicidad, no de resultados de la búsqueda.

4.7.2. Google Local

Este otro buscador de Google se especializa en localizar servicios y negocios locales, en una zona geográfica concreta o en una ciudad determinada. Este buscador lo puede encontrar en esta dirección:

http://local.google.com/

La Web de Google Local puede verse en la figura 4.25.

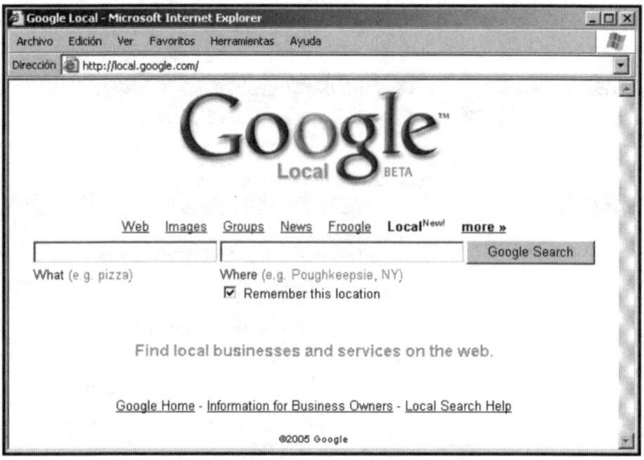

Figura 4.25. Google Local.

Como podrá observar, el formulario de búsqueda presenta una variación: contiene un cuadro de búsqueda adicional, para determinar dónde tiene que buscar Google.

El proceso para localizar un negocio o una calle en una población es muy sencillo. Vamos a explicarlo con un sencillo ejemplo. Supongamos que mi amigo Geli quiere buscar una pastelería en Don Benito en la que pueda encargar una tarta de chocolate. Para localizar una pastelería escribiremos el término **pastelería** en el cuadro de búsqueda **What** (qué buscamos) y a continuación escribiremos **Don Benito** en el cuadro de búsqueda **Where** (dónde lo buscamos). En cuanto hagamos clic en el botón **Google Search** se pondrá en marcha la maquinaria de Google y nos mostrará un listado con las pastelerías encontradas. Entre ellas debería aparecer Casa Silva, que hace unos pasteles y tartas muy ricas, por cierto. Misión cumplida: mi amigo encarga la tarta y todos nos vamos de cumpleaños esta tarde.

> ***Nota:*** *Este servicio de Google está todavía en fase de prueba en su versión anglosajona y sólo permite búsquedas en Estados Unidos, Canadá y Reino Unido. Pero tiempo al tiempo, que si Google se empeña conseguirá que esté disponible en su país.*

Un servicio similar a éste es Google Maps. Se trata de un buscador de mapas que proporciona información sobre planos de situación, carreteras y localización de empresas. También está en fase de pruebas (beta). Sólo están disponibles los mapas de Estados Unidos, Canadá y Reino Unido. Puede encontrarlo en la dirección:

http://maps.google.com/

4.7.3. Google Suggest

En esta ocasión se trata del mismo buscador de Google, la única diferencia está en que el cuadro de búsqueda intenta adivinar los términos de nuestra búsqueda, llegando a sugerírnoslo. De ahí su nombre *suggest* (sugerencia). Su dirección Web es:

http://www.google.com/webhp?complete=1&hl=en

Para conseguir esto Google Suggest que se comunica mediante Java con el servidor de Google Suggest y busca rápidamente los términos de búsquedas anteriores a la suya, para mostrárselos en una lista desplegable conforme los va escribiendo.

Para ilustrar esto, vamos a utilizar como ejemplo de búsqueda la distribución Gentoo de Linux. En el cuadro de búsqueda comenzaremos a escribir el término "**gentoo**", y conforme vayamos escribiendo las letras del término la lista de sugerencias irá pareciéndose cada vez a nuestro término. Tras escribir las letras g, e, n, t y o el listado de sugerencias será similar al que muestra la figura 4.26.

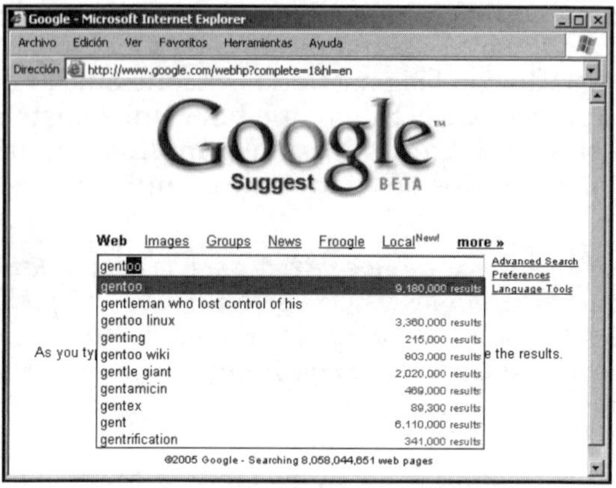

Figura 4.26. Google Suggest.

Como puede ver en la figura 4.26, en el listado de sugerencias aparecen los términos que Google nos ofrece y a su derecha muestra también el número de resultados obtenidos al realizar una búsqueda en Google.

> ***Nota:*** *Google Suggest no utiliza su historial Web o sus búsquedas anteriores para realizar sus sugerencias. Utiliza un algoritmo que emplea una amplia variedad de información como las búsquedas más populares o las palabras más comunes, por ejemplo.*

La utilidad que Google da a este nuevo servicio viene de la mano de la eficacia de las búsquedas. Las sugerencias de Google Suggest le proporcionan al usuario de Google unos términos de búsquedas más exactos, sin tener que escribirlos, logrando que las búsquedas sean más acertadas y refinadas. Con esto se consigue que el usuario no tenga que realizar distintas búsquedas, si no que en la primera realizada encuentre la información deseada.

4.7.4. Google Blog

Como no podía ser de otra forma, Google también tiene su propio *blog* donde expone sus noticias, curiosidades y su forma particular de ver las cosas. Todo para que las personas que están detrás del mayor buscador de Internet puedan expresar sus inquietudes y compartirlas con el resto del mundo mundial. Su página principal se encuentra en la dirección:

http://www.google.com/googleblog/

Puede verla en la figura 4.27.

Figura 4.27. El blog de Google.

> ***Nota:*** *Este blog también incluye un buscador y una sección de elementos almacenados (archives) donde también podrá consultar las curiosidades que ya han sido archivadas de años anteriores.*

4.7.5. Google More, more, more

Con todos los servicios y herramientas que Google pone a nuestra disposición, a veces podemos liarnos con sus funciones o se nos puede olvidar cómo llegar hasta él. Por eso Google ha organizado en una misma página, para su versión anglosajona, todos sus servicios y herramientas. De esta forma nos será más fácil acceder a sus búsquedas especializadas o a la descarga de las herramientas que va desarrollando. Se trata de Google More, more, more, que se podría traducir como Más, más y más Google. Puede encontrarla en la dirección:

http://www.google.com/intl/en/options/index.html

> *Nota: En el instante de la elaboración de este capítulo se desconoce si Google ofrecerá un servicio similar traducido a los demás idiomas que utiliza en su buscador. Pero es muy posible que con el tiempo esto se realice. Paciencia, tendrá que esperar un poco.*

Si siente un poco de curiosidad y ya ha visitado esta Web, habrá comprobado que en ella aparecen los mismos servicios que hemos mencionado a lo largo de este capítulo junto con otros más. Este capítulo sería interminable si los mencionásemos a todos. Le dejamos a usted vía libre para que los investigue. Verá como también le resultan de utilidad, aunque aparezcan en inglés. En la figura 4.28 muestra la página Web de la que le hablamos.

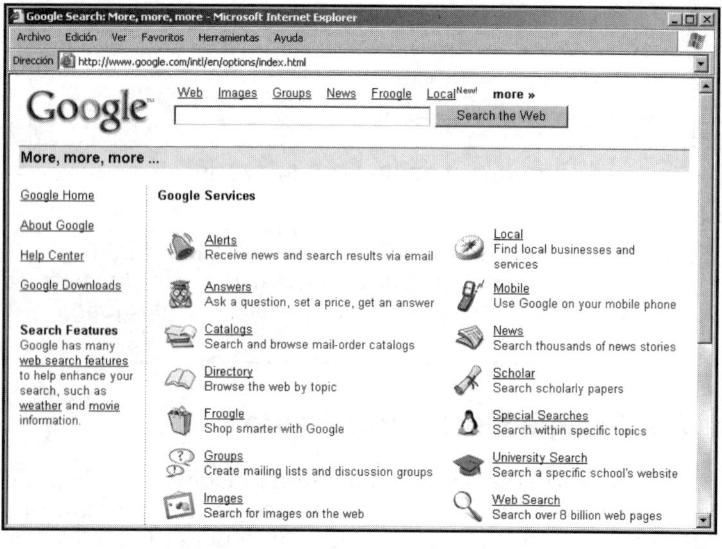

Figura 4.28. Más y más Google.

En la figura 4.28 aparece el enlace **Google Downloads**. Haciendo clic sobre él accederá a la zona de descargas de todas las herramientas que Google ha ido desarrollando. De esta forma también centraliza las descargas de sus aplicaciones para PC, así que no tendrá que estar buscándolas por las distintas páginas de Google.

4.8. Conclusión

Como habrá podido comprobar a lo largo de este capítulo, Google es mucho más que uno de los mejores buscadores de Internet. En su afán de facilitar su utilización ha ido desarrollando una serie de servicios y de herramientas de gran utilidad, como su buscador de imágenes, su directorio de información, su servicio de noticias y de alertas, además de las soluciones que ofrece a las empresas para que puedan localizar mejor sus documentos.

Lo terrible del asunto es su avance imparable. Google sigue preparando más herramientas desde su laboratorio de investigación. Alguno de sus nuevos inventos están casi finalizados, otros están todavía en fase de prueba y algunos sólo disponibles en su versión en inglés. Pero seguro que si Google sigue siendo coherente con su filosofía de empresa, seguirá sorprendiéndonos con sus nuevas ocurrencias, seguro que sí.

5

Grupos Google

Si hay una empresa que haya apostado fuerte a favor del software libre, esa es Google. Aunque los detalles técnicos detrás de sus servicios se mantienen en el más absoluto de los secretos, es posible comprobar que utilizan Python para el sistema de ayuda de AdWords y AdSense. Y sólo estamos mencionando un ejemplo de los muchos existentes. Sin embargo, hay quienes piensan que Google se aprovecha de las aportaciones de los demás sin dar nada a cambio. Es más, obtiene un provecho económico. Por ejemplo, a través de la publicidad en los resultados de las búsquedas.

Para responder a dichas críticas, Google lanzó un sitio Web en las que hacer públicas algunas de las herramientas que utilizan. Puede encontrarlo en la dirección:

http://code.google.com/

Aunque se trata de una aportación interesante, mi opinión personal es que no era necesaria, ya que Google ofrece a la comunidad una herramienta imprescindible por muchas razones: el archivo de grupos de noticias de los foros de discusión Usenet.

Más conocido ahora como Grupos Google, este archivo es impresionante. Contiene millones de mensajes (cerca del billón en el momento de escribir estás líneas) de diversa índole.

Durante este capítulo verá qué es este archivo, su evolución a lo largo de los años y cómo poder sacar partido de él de diversas formas, tanto a través de clientes específicos como mediante la interfaz Web que Google proporciona. Incluso aprenderá a hacer sus propias aportaciones.

5.1. Introducción

¿Cuál es el servicio con más solera de Internet, de entre todos los que utilizamos ahora? ¿El correo electrónico, la Web? Pues no. Por sus características, los grupos de noticias, en cualquiera de sus formas (grupos de usuarios, foros, etcétera) llevan con nosotros mucho más tiempo.

5.1.1. Antecedentes

Aquí es donde deberíamos hablar sobre el origen de los grupos de noticias y explicar cómo han evolucionado hasta llegar a ser lo que hoy conocemos. Google y los grupos de noticias tienen esto en común: su historia no es sencilla.

En un caso como éste es mejor ser breve que riguroso. Citando la definición que Google hace de los grupos de noticias, "Usenet hace referencia al sistema distribuido de mensajes que la universidad Duke comenzó en 1979. Los usuarios de Usenet pueden contribuir a los grupos de noticias. Cualquiera con acceso a Internet y un cliente adecuado puede consultar dichas noticias o crear las suyas propias. Con el paso de los años, el número de grupos de noticias ha crecido hasta alcanzar varios miles, hospedados por todo el mundo, tratando cualquier tema imaginable.". Puede encontrar esta definición y más información sobre los grupos de noticias en la dirección:

http://www.google.com/googlegroups/about.html

Pero le aseguramos que la historia completa es mucho más interesante. Si quiere conocerla con detalle (y tiene conocimientos de inglés), visite la página:

http://www.vrx.net/usenet/history/

Política, amor, traiciones, intereses económicos, poder. Una historia poco común y totalmente apasionante.

5.1.2. DejaNews

La aparición de DejaNews supuso un alivio tanto para usuarios como para administradores de sistemas.

Para los primeros significaba que ya no era necesario utilizar un cliente de grupos de noticias, aunque aquellos que quisiesen podrían seguir utilizándolo. Además, proporcionaba un sistema homogéneo para la localización de mensajes relacionados con un determinado tema, algo que no era sencillo antes de su aparición.

Además, suponía la solución a un problema preocupante: los mensajes caducaban pasado un tiempo, tras el que eran eliminados del servidor sin dejar rastro. Por fortuna existían usuarios preocupados por mantener archivos de los grupos de noticias que más les interesaban. Gracias a esta pasión se conservan mensajes como el más antiguo de ellos, fechado en el once de mayo de 1981.

> ***Nota:*** *El nombre de DejaNews tiene su origen en la expresión francesa* déjà vu, *cuya traducción literal significa ya visto. Y, precisamente, es lo que se intentaba transmitir con el nombre, ya que la empresa mantenía un archivo con todos los mensajes ya vistos en los grupos de noticias.*

Este archivo también suponía un alivio para los administradores de sistemas. El protocolo NNTP (*Network News Transference Protocol*, que podría traducirse como protocolo para la transferencia de noticias por la red) sobre el que se construyeron los grupos de noticias daba quebraderos de cabeza a más de uno.

Por una parte, cada usuario de grupos de noticias consumía un ancho de banda potencialmente superior a cualquier otro protocolo, dada la naturaleza de la información con la que trabajaban. Cada grupo de noticias suscrito puede tener una gran cantidad de mensajes. Además, si se dispone de un servidor de noticias propio, el administrador debe proporcionarle el espacio necesario para almacenar todos los mensajes durante un cierto tiempo.

DejaNews evitaba estos problemas archivando en sus servidores los mensajes y proporcionando una interfaz muy sencilla con la que poder sacar partido a toda la información que los grupos de noticias podían proporcionar. La figura 5.1 muestra el aspecto de una de las primeras versiones de Deja que se han mantenido en el archivo de Internet. Puede consultar este archivo en la dirección:

http://www.archive.org/

La venta del archivo de Usenet era un hecho desde mucho antes de esta compra, y sus usuarios estaban muy preocupados por el hecho de que una herramienta tan útil pudiese pasar a manos de alguien que pretendiese convertirla en un servicio de pago.

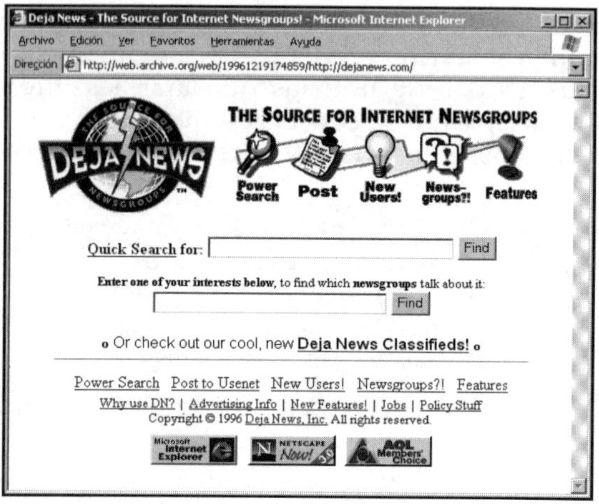

Figura 5.1. Qué recuerdos.

Nota: *Los más veteranos se habrán fijado en las imágenes de la parte inferior de la figura 5.1. Las primeras versiones de Internet Explorer, la versión 3.0 de Netscape. No hace tanto de ello, ni diez años, pero parece que haya pasado un siglo.*

Nota: *El rumor de convertir el archivo de noticias en un servicio de pago ha ido apareciendo de cuando en cuando, cual serpiente de verano. A algunos se nos sigue frunciendo el ceño cada vez que esto ocurre porque seguimos pensando que sería parecido a que el cielo cayese sobre nuestras cabezas. Sin embargo, ante tal eventualidad y gracias a la naturaleza fluida de Internet, muchos anuncian la aparición de un archivo alternativo que supliría su función. Esperemos que no se tenga que dar el caso.*

La discusión estaba servida, porque por una parte sus usuarios pensaban, no sin razón, que los grupos de noticias existían gracias a ellos, tanto a los lectores como a los editores. Sin nadie que escribiese mensajes, sin nadie que los contestase, sin nadie que los leyese, los grupos de noticias dejarían de tener sentido. Pero tampoco andaban faltas de razón las empresas que pretendían adquirir el archivo de Deja: mantener el archivo de mensajes y proporcionar sistemas para realizar consultas al mismo tiempo era una tarea que debía ser compensada de alguna forma.

Al final, Google compró Deja, archivo de Usenet incluido. Y muchos pudimos respirar tranquilos.

5.1.3. Línea de tiempo

Y es que el archivo de Usenet no ha hecho otra cosa que mejorar desde que Google se hizo con él. Quizá la más interesante de estas mejoras fue la ampliación del archivo original de Deja, cuyo mensaje más antiguo estaba fechado en 1995. Google se encargó de que el archivo incluyese mensajes tan antiguos como el que se puede ver en la figura 5.2, del once de mayo de 1981.

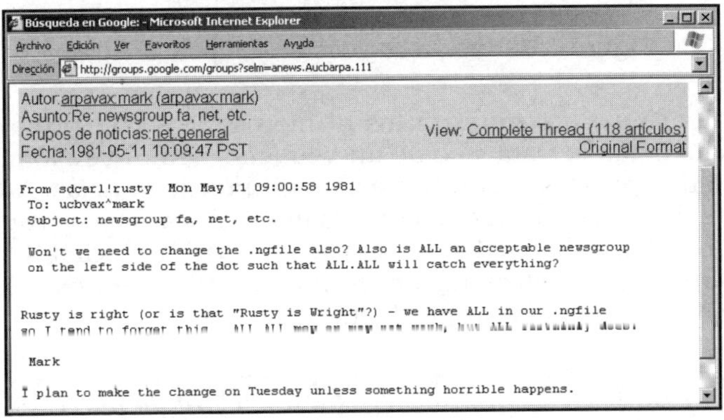

Figura 5.2. Veterano donde los haya.

Google ha hecho muchas otras aportaciones al sistema de clasificación y búsqueda del archivo de noticias, que veremos en las secciones posteriores, todas muy útiles. Y algunas, hasta divertidas, como la de los sucesos ocurridos a lo largo de los años que los grupos de noticias han ido reflejando, como por ejemplo:

- El mensaje más antiguo archivado, que acabamos de ver en la figura 5.2.

- La primera vez que se mencionó Microsoft.
- La primera vez que se mencionaron los productos de Apple.
- El mensaje que, con el tiempo, desembocó en el nacimiento de Linux.

Estos y muchos más hitos como los que pueden verse en la figura 5.3, se encuentran recogidos en la dirección:

http://groups.google.com/googlegroups/archive_announce_20.html

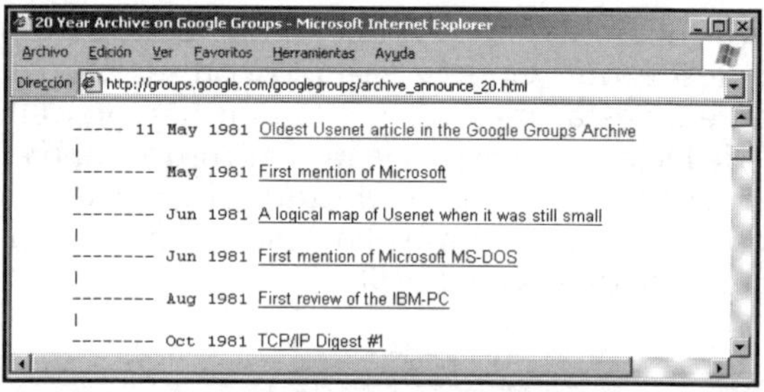

Figura 5.3. Hitos recogidos en Grupos Google.

La figura 5.3 muestra los primeros hitos recogidos en dicha lista. Se trata sólo de un pequeño ejemplo de lo mucho que puede encontrarse en los grupos de noticias. Además de temas relacionados con la informática, en los grupos de noticias se habla de cine, música, televisión, cocina, sexo, política, ética, etcétera. En definitiva, de cualquier tema que se le pueda pasar por la imaginación.

> **Nota:** *Lamentablemente, el* spam *también ha llegado a los grupos de noticias y son muchos los que intentan anunciarse en ellos, introduciendo ruido en lo que antaño era una comunidad muy tranquila, en la que sólo participaban personas. Aunque existen iniciativas para intentar evitar la introducción de basura en los grupos de noticias, los malos de la película no son siempre los tontos y, al final, logran que su basura nos manche. Al menos, por el momento.*

En las siguientes secciones del libro veremos cómo hacer uso de un lector de grupos de noticias como Outlook

Express para, posteriormente, compararlo con la interfaz Web Grupos Google.

5.2. Clientes para grupos de noticias

Antes de la llegada de DejaNews, antes de que Google se hiciese con sus archivos de Usenet, sólo era posible acceder a los grupos de noticias utilizando programas diseñados a tal fin. Hasta es posible utilizarlos hoy en día. De hecho, la mayoría de los clientes de correo actuales son capaces de acceder a los grupos de noticias.

5.2.1. Servidores

Elementos de vital importancia, los servidores de noticias son la puerta de entrada (y de salida) a los grupos de noticias. Seguramente ya tenga acceso a uno de estos servidores a través de su proveedor de acceso a Internet. Por ejemplo, Ya.com lo ofrece a través de news.ya.com.

Si, por la razón que sea, su proveedor no le ofrece este servicio, puede utilizar cualquiera de los servidores públicos existentes. Le recomendamos los de **ecol** (siglas del grupo de noticias **es.comp.os.linux**, más sobre los nombres de los grupos en breve). Puede encontrar información sobre cómo hacer empleo de sus servidores en la página:

http://www.escomposlinux.org/servicios/news/

El primer paso para poder utilizar estos servidores consiste en hacer una solicitud a la dirección de correo electrónico **newsmaster@escomposlinux.com**, indicando el nombre de usuario que quiere utilizar. En breve recibirá un mensaje con los datos que necesita.

> **Nota:** *Aunque ahora necesita un servidor que le dé acceso a todos los grupos de noticias, existen servidores específicos de un determinado conjunto. Por ejemplo, el servidor msnews.microsoft.com sólo proporciona acceso a los grupos de noticias de Microsoft.*

Si ya tiene acceso a un servidor de noticias, está listo para configurar el cliente.

5.2.2. Clientes

Existe una gran variedad de programas para acceder a los grupos de noticias para casi todos los sistemas operativos que podamos utilizar. Estamos seguros de que no todos los lectores de este libro utilizarán software de Microsoft.

Sin embargo, para intentar poner las cosas fáciles a la mayor cantidad de personas estamos utilizando sus productos. Por lo tanto, configuraremos en Outlook Express la cuenta que utilizaremos durante esta sección. Los pasos necesarios son los siguientes:

1. Ejecute Outlook Express. Seguramente pueda acceder a él a través de la carpeta de programas del menú **Inicio**.
2. Seleccione la opción Cuentas del menú Herramientas. Aparecerá un cuadro de diálogo con botones en la parte derecha. Cuando haga clic sobre el botón **Agregar** se desplegará un menú del que debe seleccionar la opción Noticias. Con esta acción logrará que comience el asistente para la conexión a Internet.
3. Introduzca su nombre en el cuadro de texto **Nombre para mostrar**. Lo que escriba aquí aparecerá como remitente de los mensajes que usted envíe a los grupos de noticias. Es decisión suya utilizar su nombre verdadero o un seudónimo. Haga clic en el botón **Siguiente**.
4. Introduzca su dirección de correo electrónico en el cuadro de texto del mismo nombre. Los *spammers* (aquellos que se dedican a enviar *spam* o correo basura) rastrean los grupos de noticias en busca de víctimas. Se ha convertido en costumbre disfrazar las direcciones para evitar este problema. Por ejemplo, la dirección correle@gmail.com pasaría a ser correle_arroba_gmail_punto_com. Si introduce una dirección disfrazada y hace clic en el botón **Siguiente**, Outlook Express le mostrará una advertencia como la que aparece en la figura 5.4. Haga clic en el botón **Sí** para continuar.
5. Indique el nombre del servidor de noticias que desea utilizar en el cuadro de texto **Servidor de noticias (NNTP)** y haga en el botón **Siguiente**. Si el servidor necesita que se identifique de alguna forma, marque la casilla de verificación que aparece bajo el cuadro de texto, puede ver dicha casilla en la figura 5.5.

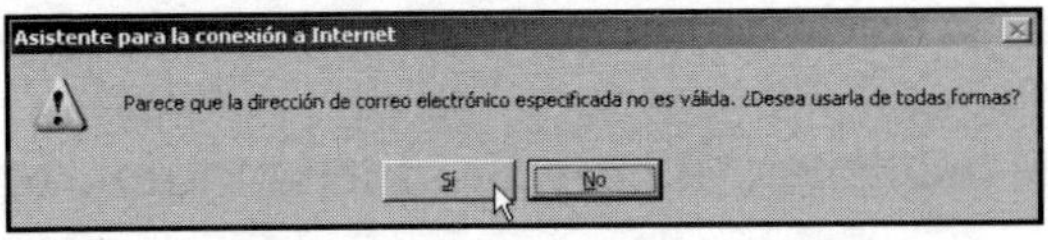

Figura 5.4. Dirección de correo camuflada.

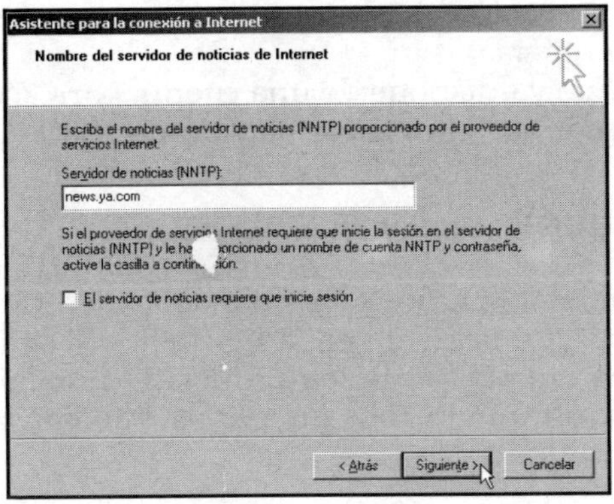

Figura 5.5. Servidor de noticias.

6. Termine el proceso de creación de la cuenta haciendo clic en el botón **Finalizar**, con lo que volverá a ver el cuadro de diálogo **Cuentas de Internet**, cuyo aspecto debe ser similar a lo que puede verse en la figura 5.6. Haga clic en el botón **Cerrar**.

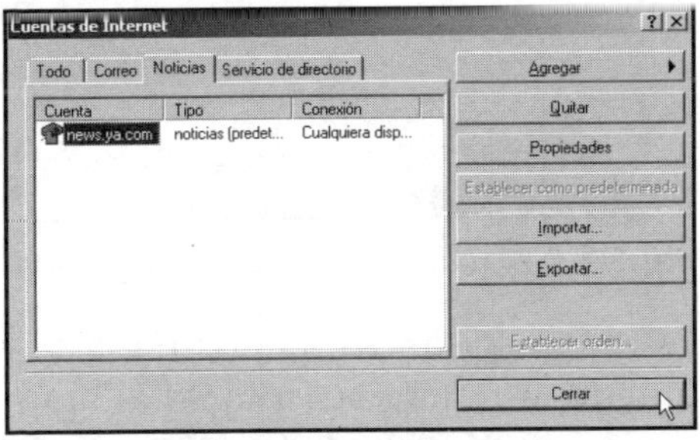

Figura 5.6. Cuenta creada.

Para los que no les guste utilizar programas de Microsoft (o simplemente no puedan), le recomendamos **Thunderbird**, el cliente de correo de Mozilla, disponible para Windows,

Linux y Mac en varios idiomas. Lo puede descargar desde la dirección:

http://www.mozilla.org/products/thunderbird/

Las opciones de configuración son tan similares a lo que hemos visto para configurar Outlook Express que no debería tener el menor problema. En cualquier caso, acuda a la documentación del programa para conocer si existe alguna diferencia.

Ahora que ya dispone de una cuenta para acceder a los grupos de noticias toca sacar partido de ella.

5.2.3. Grupos

Ahora mismo, Outlook Express debe mostrar un aspecto similar al que presenta en la figura 5.7, si sólo ha configurado una cuenta, la de los grupos de noticias. Si no le indicamos con qué grupos queremos trabajar no va a ser de mucha utilidad.

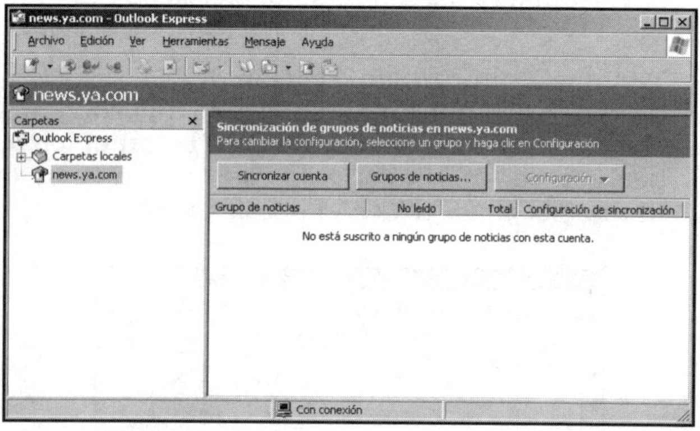

Figura 5.7. Outlook Express sin grupos.

Aunque lo más seguro es que Outlook Express ya le haya preguntado si quiere suscribirse a algún grupo de noticias, vamos a indicárselo nosotros de forma explícita. Para ello, haga clic en el botón **Grupos de noticias**. Puede verlo en el panel de la derecha, en la figura 5.7. Esta acción hará aparecer un cuadro de diálogo titulado **Suscribirse a grupos de noticias**, que mostrará una lista de los grupos disponibles.

¿Cómo saber qué grupos son interesantes? La tarea no es sencilla, pero un punto de partida puede ser el nombre del grupo. Por ejemplo, si está buscando gente con la que compartir sus inquietudes musicales, escriba "musica" (sin acento) en el cuadro de texto de la parte superior del cuadro de diálogo, como en la figura 5.8.

A medida que escriba las letras de la palabra, el número de elementos en la lista de grupos disponibles irá disminuyendo, hasta que sólo aparezcan aquellos cuyo nombre contenga la palabra que haya escrito.

> ***Nota:** Si desea abrir aún más el conjunto de grupos obtenido como resultado de la operación de búsqueda, haga clic en la casilla* ***Buscar también en descripciones****. Tenga presente, sin embargo, que esta operación requiere que se descarguen dichas descripciones, lo que puede llevar algún tiempo si no dispone de una conexión rápida a Internet.*

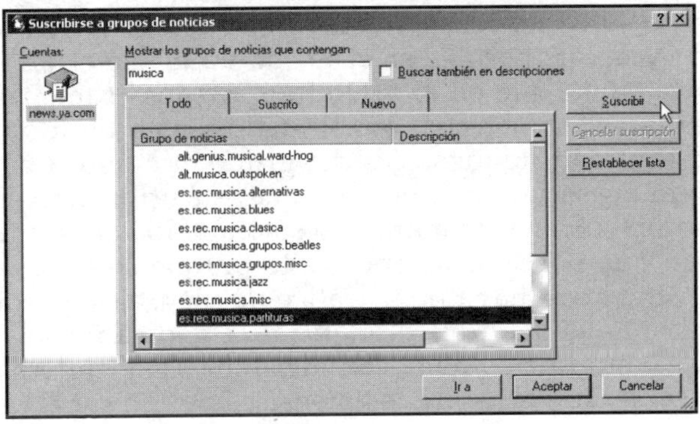

Figura 5.8. Grupos de música.

Jerarquías

Vamos a suscribirnos al grupo es.rec.musica.partituras. ¿Por qué? Porque queremos conseguir los acordes para guitarra de las canciones de Silvio Rodríguez y parece que, por su nombre, se trata del grupo adecuado.

Su nombre nos da información suficiente sobre el grupo. Los nombres de estos grupos están compuestos por letras separadas por puntos. Las primeras letras indican que se trata de un grupo en español ("es"), el segundo que el grupo está dedicado a temas de entretenimiento ("rec", de *recreation and entretainment*, recreo y entretenimiento). No es necesario que expliquemos qué quieren decir "musica" y "partituras".

Existen ocho categorías principales en la jerarquía de grupos de noticias:

- **comp:** Ordenadores.
- **misc:** Temas variados.
- **news:** Noticias.
- **rec:** Entretenimiento.
- **sci:** Ciencia.
- **soc:** Sociología.
- **talk:** Charla sobre temas controvertidos, como religión o política.
- **humanities:** Humanidades (literatura, filosofía).

Anteponiendo el prefijo del idioma se indica que en ese grupo se habla ese idioma. Existen grupos fuera de esta jerarquía, los que utilizan el prefijo "alt".

Haga clic en el botón **Suscribir** para hacer lo propio con el grupo seleccionado en la lista y, a continuación, en el botón **Aceptar**. Podrá ver el grupo en el panel de la izquierda. Haga clic en él y Outlook Express comenzará a descargarse los mensajes almacenados en el servidor.

La cantidad de mensajes del grupo que podrá ver dependerá del servidor de noticias que esté utilizando. En mi caso concreto, en este momento sólo puedo ver un mensaje, algo que puede estar motivado porque se trate de un grupo en el que haya poco tráfico de mensajes, porque el espacio que el servidor de noticias le dedica no sea muy grande o por una combinación de ambas. Dependerá de la fecha en la que consulte los mensajes del grupo al que se ha suscrito.

Aquí es donde llega el problema: ¿cómo localizar un mensaje antiguo, que el servidor haya eliminado de su archivo? Por lo general, cada grupo mantiene su propio archivo con una interfaz Web, pero es necesario conocer la dirección del mismo.

Ésta es la razón por la que hemos preferido comenzar el capítulo mostrándole cómo se trabajaba con los grupos antes de la llegada de DejaNews y, posteriormente, de Grupos Google: un sistema mucho más simple para trabajar con los grupos de noticias. Pero no queremos decir que el uso de los clientes como Outlook Express para acceder a los grupos de noticias ya no sea necesario. Cada forma de acceso tiene su propósito, sus ventajas y sus inconvenientes. Veamos, pues, cómo utilizar Grupos Google.

5.3. Grupos Google

La página principal de Grupos Google está disponible desde varias direcciones. Quizá por nostalgia sigo entrando a ella desde:

http://deja.com/

También porque es más corto y más fácil de recordar. Independientemente de la dirección que utilice se le enviará a:

http://groups.google.com/

Esta página tiene el aspecto que puede ver en la figura 5.9.

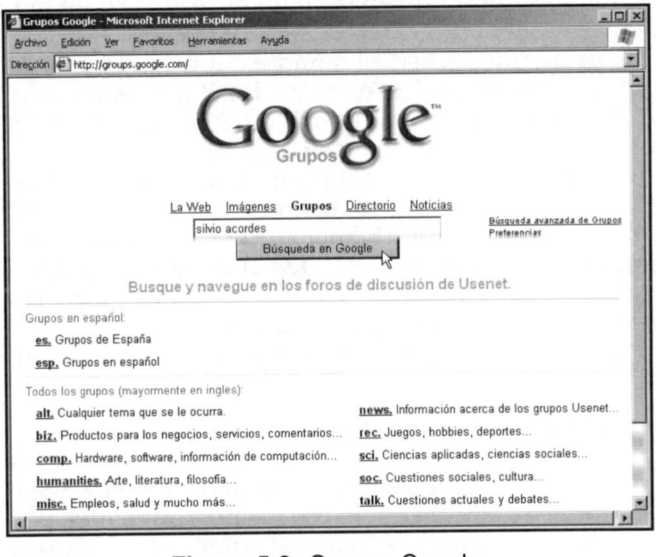

Figura 5.9. Grupos Google.

Como puede comprobar, su aspecto es muy similar al del buscador de páginas Web que conocemos tan bien. La principal diferencia está en el logotipo que corona la página y en la lista de grupos que pueden verse en la parte inferior de la misma.

Vamos a intentar encontrar en los grupos de noticias los acordes para guitarra de las canciones de Silvio Rodríguez. Escriba en el cuadro de texto los términos de búsqueda "**silvio acordes**" y haga clic en el botón **Búsqueda en Google**. La figura 5.10 muestra el primer resultado obtenido, así como el encabezado de la página.

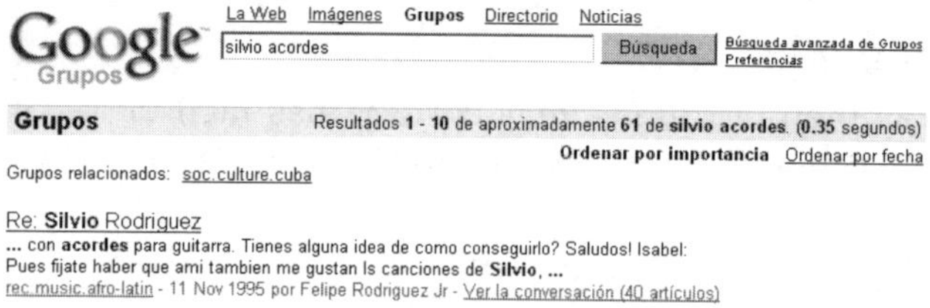

Figura 5.10. Resultado de una búsqueda.

Cada elemento que aparece en el resultado de la búsqueda presenta unas características similares.

En primer lugar, está el nombre del mensaje tal y como se envió a los grupos de noticias. En el que estamos viendo, el título es "Re: Silvio Rodriguez". Si hace clic sobre el título verá el mensaje en cuestión.

Bajo su título se muestra un fragmento del mensaje, lo suficiente para tener el contexto en el que se encuentran los términos por los que hemos realizado la búsqueda. Por ejemplo, en la figura 5.10 puede ver en negrita primero el término "acordes" y luego "Silvio". También ocurre lo mismo con el título del mensaje, si se fija.

Por último, en el pie de cada resultado se muestran detalles del mismo:

- **Grupo:** Nombre del grupo en el que el mensaje fue publicado. Si hace clic sobre él, Grupos Google le mostrará la página que del mismo mantiene. Así verá todos los mensajes de ese grupo, ordenados por fecha de forma descendente, primero los más recientes.
- **Fecha:** ¿Cuándo fue publicado el mensaje? Este dato puede darle una idea de la vigencia del mismo. Aunque en este caso en concreto las canciones no pasan

de moda, si estuviésemos buscando algo relacionado con un tema más perecedero, como moda o política, la fecha le permitiría discernir qué mensajes son más interesantes que otros.

- **Autor:** Nombre de la persona que envió el mensaje. No se trata de un identificador totalmente fiable ya que puede seleccionar el que prefiera y no tiene por qué ser el auténtico. Sin embargo, aquellas personas que se involucran verdaderamente en los grupos de noticias suelen utilizar siempre el mismo nombre. Con el tiempo, encontrar un mensaje de esa persona puede llevarnos hasta lecturas más interesantes.
- **Conversación:** Si al hacer clic sobre el título del mensaje podía verlo al completo, al hacer clic sobre este enlace podrá verlo en su contexto, rodeado de la conversación a la que pertenece. En ocasiones esto es mucho más interesante.

> ***Truco:*** *Si se fija en el enlace de la conversación podrá comprobar que se indica cuántos mensajes los componen. Los grupos de noticias se caracterizan por la posibilidad que las personas tienen para hablar entre ellas e intercambiar conocimientos. Por lo general, los mensajes que más respuestas tienen suelen ser más importantes que los demás.*

El encabezado de la página que muestra los resultados de la búsqueda ofrece el número de resultados obtenidos, el tiempo empleado en realizar la consulta y, además, un enlace que nos permite cambiar la forma en la que los resultados están ordenados.

De forma predeterminada, Google los ordena por importancia, de mayor a menor, según considera mejor. Si en su búsqueda la fecha del mensaje determina su importancia, haga clic en el enlace **Ordenar por fecha**. La figura 5.11 muestra el primer resultado de la búsqueda al cambiar el criterio de ordenación.

Haga clic en el enlace **Ver la conversación** del primer resultado que haya obtenido que tenga más de un artículo. Podrá ver algo parecido a lo que se muestra en la figura 5.12.

La página está dividida en dos partes. A la izquierda, los distintos mensajes que componen la conversación, accesibles de forma muy sencilla y directa. También existen enlaces para volver al mensaje anterior, para hacer desaparecer esa parte de la ventana y trabajar sólo con los artículos y para cambiar el orden de los mensajes.

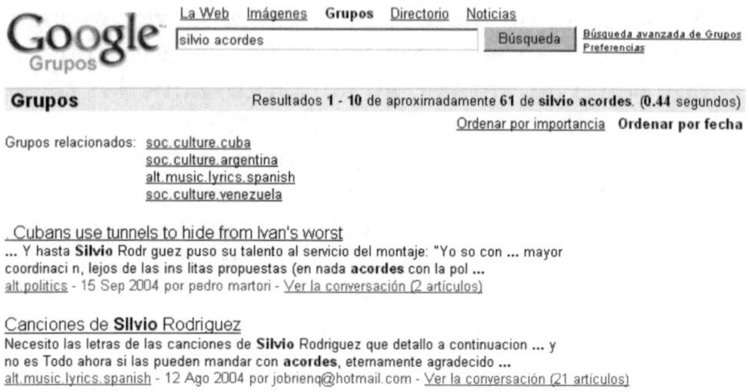

Figura 5.11. Ordenado por fecha.

Si lo desea, también puede acceder al grupo de discusión del que forma parte esa conversación bajo el epígrafe **Grupo de discusión**.

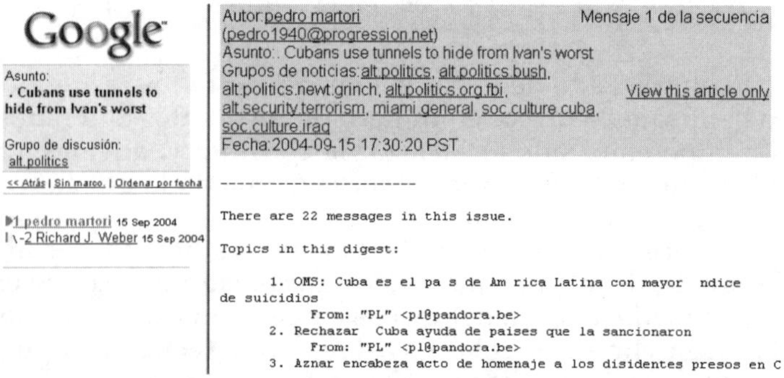

Figura 5.12. Artículos de una conversación.

En la parte derecha de la página está la conversación en sí misma. Observe que, en la parte superior derecha, se proporciona información sobre la posición del mensaje en la conversación. También hay un enlace que permite ver un determinado artículo independientemente de la conversación. Mientras se escriben estas líneas dicho enlace no está traducido del inglés, pudiéndose leer **View this artible only**, algo que seguro será subsanado.

Fíjese en la facilidad con la que puede cambiar de tema si no se concentra en lo que está haciendo: comenzamos buscando los acordes para guitarra de las canciones de Silvio y terminamos leyendo noticias sobre cómo Cuba se enfrento a Iván. Y encima, en inglés. Esta versatilidad, esta movilidad, resulta impensable si utilizase un cliente para grupos de noticias como Outlook Express, con el que estaría limitado a los grupos a los que se haya suscrito.

Sin embargo, esos clientes siguen siendo necesarios si quiere participar en los grupos de noticias, ya que la versión actual de Grupos Google sólo se puede utilizar para realizar búsquedas.

5.3.1. Preferencias

El funcionamiento predeterminado de Grupos Google puede modificarse para ajustarse más a sus necesidades. Si quiere cambiar este comportamiento, haga clic en el enlace **Preferencias** que aparece en la parte superior derecha de sus páginas, justo a la derecha del cuadro de texto de búsqueda. Puede personalizar las siguientes opciones:

- **Idioma de la Interfaz:** ¿En qué idioma quiere que esté la interfaz de Grupos Google? Seleccione el que prefiera de la lista desplegable.
- **Idioma de Búsqueda:** ¿En qué idioma tienen que estar escritos los mensajes que quiere buscar? La opción predeterminada y recomendada por Google no impone ninguna limitación en cuanto al idioma. Puede marcar todas las casillas de verificación que desee, seleccionando así todos los idiomas correspondientes.
- **Número de Resultados:** Como ya sabe, Google dosifica el resultado de una búsqueda en varias páginas. De forma predeterminada se muestran diez resultados en cada una de ellas. Si lo desea, puede seleccionar otros valores, como 20, 30, 50 ó 100.
- **Ventana de Resultados:** Si marca esta casilla de verificación, el funcionamiento de Grupos Google variará ligeramente. Al realizar la búsqueda, seguirá viendo el resultado de la misma como hasta ahora. Sin embargo, cuando haga clic sobre alguno de los

resultados obtenidos se abrirá una nueva página para mostrar el mensaje o la conversación. De esa forma, siempre conservará en una ventana el resultado de la búsqueda.

Cuando termine de configurar las opciones a su gusto, haga clic en el botón **Guardar Preferencias**. Un cuadro de diálogo le informará de que la operación ha tenido éxito y volverá a ver la página en la que se encontraba cuando hizo clic en el enlace **Preferencias**.

5.3.2. Búsqueda avanzada

Las opciones de búsqueda avanzada de Grupos Google están disponibles al hacer clic en el enlace **Búsqueda avanzada de Grupos**, que se encuentra sobre el anterior, **Preferencias**. Las opciones de este tipo de búsqueda pueden verse en la figura 5.13.

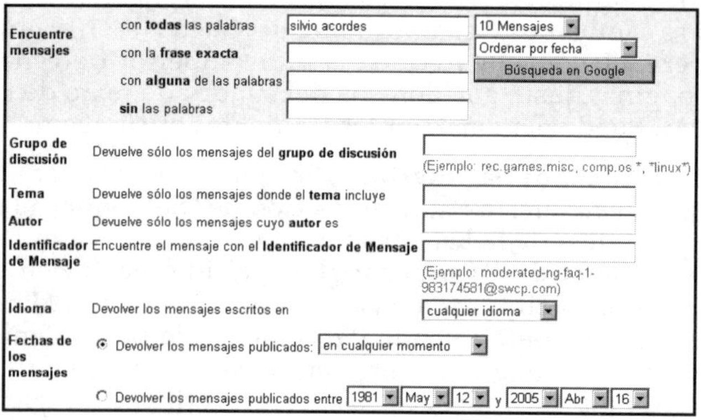

Figura 5.13. Búsqueda avanzada.

Seguramente los cuatro primeros cuadros de texto le serán conocidos:

- **Con todas las palabras:** Todas las palabras, que estarán separadas con espacios, que incluya en el cuadro de texto, deberán estar en los artículos resultantes de la búsqueda.
- **Con la frase exacta:** En este caso, todas las palabras tal y como las escriba, en el mismo orden, deberán aparecer en los artículos resultantes de la búsqueda.

La diferencia con la búsqueda anterior es que en ella no se exigía que la coincidencia en orden fuese exacta.

- **Con alguna de las palabras:** Al menos una de las palabras que incluya en el cuadro de texto debe estar en los artículos resultantes de la búsqueda.
- **Sin las palabras:** Ninguna de las palabras que escriba en el cuadro de texto debe aparecer en los artículos resultantes.

Las otras opciones que aparecen en esta página complementan a las primeras. Por ejemplo, si escribe en el primer cuadro de texto (**con todas las palabras**) los términos de búsqueda "silvio" y "acordes" y hace clic en el botón **Búsqueda en Google**, obtendrá un listado con todos los artículos en los que esos dos términos aparecen.

Sin embargo, si en el cuadro de texto **Grupo de discusión** escribe es.rec.musica.partituras, en la lista de artículos sólo verá los que formen parte de ese grupo de noticias y cumplan los criterios de búsqueda seleccionados.

El resto de elementos del formulario de búsqueda avanzada funcionan del mismo modo, acotando el conjunto de artículos potenciales en los que se buscarán los términos.

Truco: *Aproveche estas funciones si está buscando algo en concreto en los grupos de noticias y obtiene tantos resultados que no sabe dónde comenzar a mirar. A veces es útil comenzar con un gran conjunto de resultados e ir reduciéndolo.*

5.4. Grupos Google beta

La versión beta de un programa aún no es definitiva. En ella, se suelen hacer pruebas sobre su funcionamiento, buscando fallos que poder subsanar antes de lanzarla al mercado. La página principal de Grupos Google beta es la siguiente:

http://groups-beta.google.com/

Entre otras características mejorables, la ausencia de una traducción al castellano de la interfaz de usuario. Sin embargo, dado que ya hemos hablado sobre el funcionamiento de la versión estable, seguro que le será muy sencillo utilizar la versión beta.

5.4.1. Diferencias

La primera diferencia entre versión beta y estable puede verse en la figura 5.14.

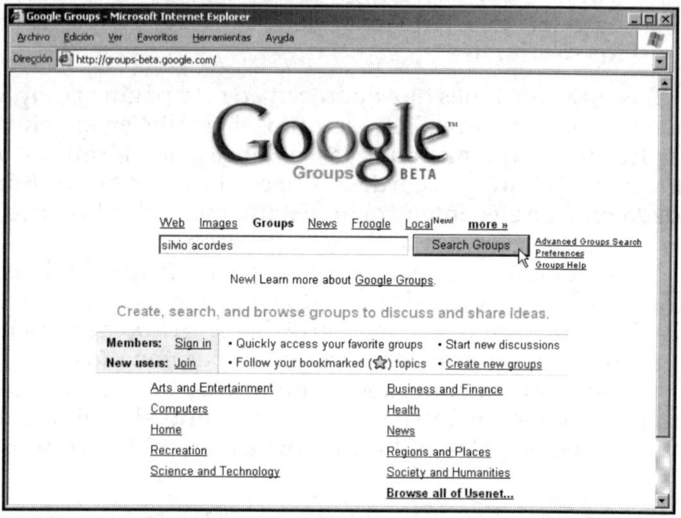

Figura 5.14. Grupos Google beta.

Lo más importante está en el centro de la página, en letras doradas: *Create, search, and browse groups to discuss and share ideas* (cree, busque y explore en los grupos para discutir y compartir sus ideas). Es decir, se nos permite tomar parte activa en los grupos de noticias.

Sigamos con las diferencias. Si busca por los términos que hemos venido utilizando hasta ahora ("silvio" y "acordes"), podrá comprobar que el resultado de la búsqueda es diferente al que se obtiene en la otra versión que hemos visto. La figura 5.15 muestra el primero de esos resultados, igual que anteriormente la figura 5.10.

Fíjese en que ahora, el título del resultado no incluye el prefijo "Re:", que hacía referencia a que el mensaje respondía a otro.

Tampoco vemos un enlace a la conversación completa en la parte inferior de cada resultado, en su lugar se nos informa de que la conversación se compone de ocho mensajes de cinco autores diferentes.

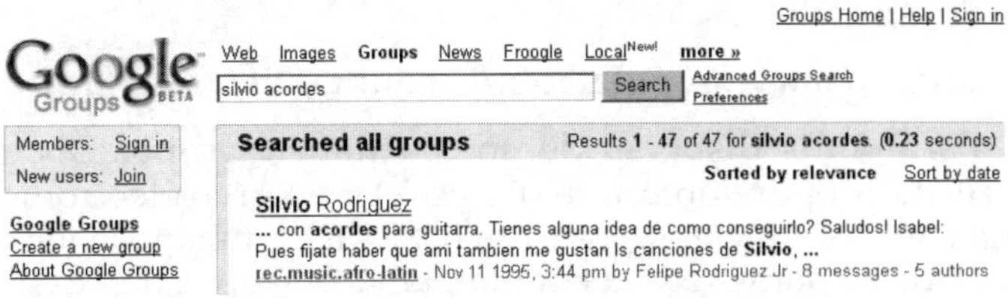

Figura 5.15. Resultado en la versión beta.

Si hace clic en el título del mensaje podrá ver la conversación completa, otra diferencia: antes sólo se veía el mensaje en el que se han encontrado las palabras que se buscan. Eso sí, Google nos llevará justo al mensaje en cuestión en la página resultante. En la figura 5.16 podemos ver un fragmento de esa página.

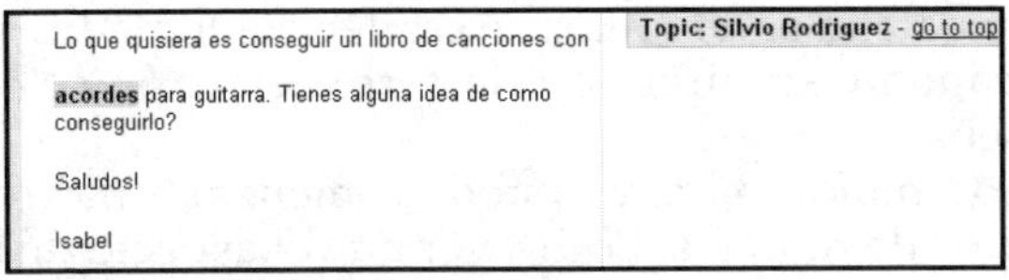

Figura 5.16. Parte de una conversación.

Fíjese en la esquina superior derecha. La etiqueta que puede ver le recuerda el título de la conversación, un detalle que puede no quedar claro cuando está compuesta por muchos mensajes. Esta etiqueta le acompaña en la misma posición a medida que va desplazándose por la conversación.

5.4.2. Participación

Como ya hemos comentado, la novedad más interesante de la versión beta de Grupos Google. El primer paso para tomar parte en los grupos de noticias a través de Grupos Google es disponer de una cuenta adecuada.

En cualquier página que muestre el resultado de una búsqueda localice el enlace **Sign in** en la parte superior derecha. Aquellos que dispongan de una cuenta Gmail podrán utilizarla, junto con su contraseña, para identificarse. Los que no, pueden hacer clic en el enlace **Sign up now** que aparece en esa misma página.

Su dirección es:

https://www.google.com/accounts/NewAccount

Para poder disponer de una cuenta en Grupos Google necesita proporcionar una dirección de correo electrónico, una contraseña y un apodo. Se trata de los mismos valores que utilizó para crear la cuenta para los grupos de noticias cuando utilizó Outlook Express.

Google también le pide que identifique una serie de caracteres que están deformados para que sólo los seres humanos sean capaces de reconocerlos. Así intenta evitar que programas automáticos hagan uso de Grupos Google.

Cuando haya introducido todos los datos, haga clic en el botón **He leído y aceptado los Términos de uso. Crear mi cuenta**. Google enviará a su cuenta de correo electrónico un mensaje para confirmar el proceso de creación de la cuenta. Siga los pasos que en él se describan. Cuando termine, haga clic en el enlace **Acceder**. Se le pedirá que introduzca tanto su dirección de correo electrónico como su contraseña.

Si todo ha ido bien, ya puede comenzar a participar en los grupos de noticias. Podrá ver que el aspecto de la página principal de Grupos Google ha cambiado. Además, su dirección de correo electrónico aparece en la parte superior derecha de cada página.

Por el simple hecho de identificarse en Grupos Google ya dispone de varias ventajas. Por ejemplo, en la parte izquierda de las páginas podrá ver una lista de los grupos de noticias a los que ha tenido acceso recientemente, algo que puede ser de mucha utilidad si necesita recordar por dónde ha ido pasando.

¿Cómo participar en los grupos de noticias? Si es Google, es fácil. Fíjese en la figura 5.17. Cada mensaje de una conversación contiene un encabezado similar al que se puede ver en dicha figura.

Figura 5.17. Encabezado de los mensajes.

Haga clic en el enlace **show options**. El aspecto de la página Web cambiará para ofrecernos otras opciones como las que puede ver en la figura 5.18.

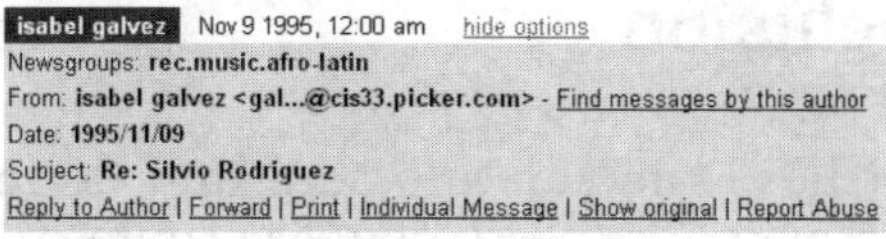

Figura 5.18. Participación de los grupos.

La parte inferior de este encabezado nos proporciona las opciones que necesitamos. La primera de ellas, **Reply to Author**, permite publicar una respuesta en los grupos de noticias. Haga clic sobre él para que aparezca el formulario de respuesta, que puede ver en la figura 5.19.

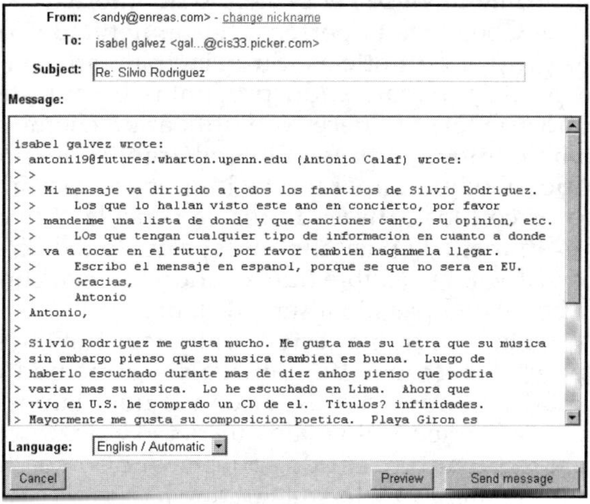

Figura 5.19. Respuesta a un artículo.

Seleccione el idioma en el que está escribiendo la respuesta dentro de los disponibles en la lista desplegable **Language**. Cuando termine de escribir su respuesta, haga clic en **Preview** para asegurarse de que se ha expresado en términos adecuados. Aproveche para repasar la ortografía y la sintaxis de lo escrito. Cuando termine, haga clic en el botón **Send message**. Otra de las novedades de Grupos Google beta es la mejora en la publicación de los mensajes. Sus respuestas aparecerán sólo diez segundos después de ser publicadas. Además, en sólo diez minutos, estarán indexadas en el buscador, con lo que formarán parte de los resultados de las búsquedas.

5.5. Conclusión

Para muchos, este capítulo será uno de los que más provecho saquen. Grupos Google permite extraer información interesante y útil de todos los datos contenidos en el archivo de foros de discusión de Usenet. Se trata de un valor añadido al archivo, difícil de obtener con otras herramientas.

Además de recorrer la historia de los grupos de noticias, desde su concepción hasta la fecha, hemos aprendido a utilizar herramientas específicamente concebidas para interactuar con ellos. Estas herramientas han sido utilizadas prácticamente desde el principio de Internet.

Grupos Google es la perfecta herramienta de consulta para los grupos de noticias. Su principal carencia: no es posible participar realizando preguntas o contestando a ellas. Para esta tarea es necesario utilizar un cliente específico, como Outlook Express. Sin embargo, la versión beta de Grupos Google supera esta limitación, permitiendo interactuar con los grupos de forma sencilla. Aunque no hemos examinado la posibilidad, sepa que puede crear sus propios grupos. Es posible que, cuando lea estas líneas, la versión beta haya pasado a ser la estable.

No queremos terminar este capítulo sin animarle a que participe en los grupos de noticias en la medida de sus posibilidades. Somos sus usuarios los que damos a esta herramienta lo bueno y lo malo que tiene, y sin nosotros su existencia no tendría sentido, puesto que somos los que aportamos contenido y lo consultamos.

6

La barra Google

Las búsquedas en Google pueden realizarse de una forma más cómoda utilizando su barra. Se trata de una herramienta muy interesante que proporciona un mejor acceso al sistema de búsquedas. Se integra perfectamente con Internet Explorer y le permite tener toda la potencia de Google a un clic de ratón, de una forma sencilla y muy intuitiva. Además, posee características avanzadas, como un historial de las búsquedas realizadas o el bloqueo de ventanas emergentes (*pop-ups*) mientras se visitan páginas Web.

Comenzaremos este capítulo explicando el proceso de la instalación de la barra Google, para el que es necesario descargar el programa de instalación desde la Web de Google. A continuación le echaremos un vistazo a las opciones de configuración, para poder personalizarla y adecuarla a nuestros gustos y necesidades. En el siguiente apartado explicaremos, siguiendo un ejemplo muy sencillo, las capacidades de búsqueda de la barra Google y veremos las funciones adicionales que nos proporciona esta herramienta. También comentaremos qué es el índice PageRank que aparece en la barra y su significado. Para finalizar el capítulo veremos otras herramientas similares a la barra Google que han ido surgiendo a la vista del éxito de Google.

Le recomendamos que preste atención a este capítulo porque lo que le expliquemos aquí le ayudará a sacar más partido a los capítulos de posicionamiento. Utilizando la barra Google podremos ver si lo que estamos haciendo para posicionar nuestras páginas está siendo efectivo y nuestra página Web mejora su índice PageRank. Pero no adelantemos acontecimientos: primero, la barra Google.

6.1. Una herramienta interesante

Una vez que ya conoce Google más a fondo y sabe cómo realizar búsquedas en páginas Web, grupos de noticias, imágenes y otras fuentes de información, veamos cómo aplicar estos conocimientos más cómodamente.

Esta comodidad viene dada por la forma de acceso al formulario de búsqueda de Google. En lugar de tener que utilizar su pagina Web escribiendo la URL en la barra de direcciones del cliente Web y después escribir los términos por los que queremos buscar, sería fabuloso poder realizar la búsqueda directamente, escribiendo esos mismos términos de búsqueda en la barra de direcciones o en un cuadro de diálogo dedicado a tal fin.

Existe una herramienta que le permite a Internet Explorer utilizar toda la potencia de búsqueda de Google de esta forma. La figura 6.1 nos muestra el sitio Web de esta herramienta: la barra Google.

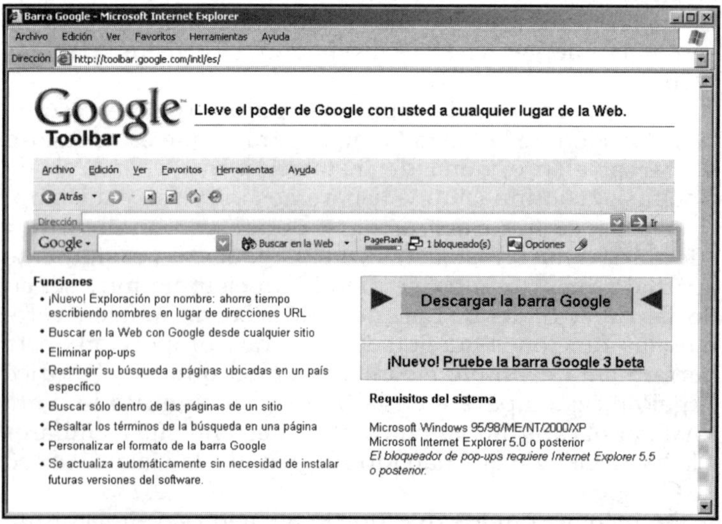

Figura 6.1. La página Web de la barra Google.

Esta herramienta es la barra Google. No se trata de una aplicación compleja ni un acceso directo a la Web de Google. Se trata de una barra de herramientas adicional que puede instalarse en Internet Explorer para facilitarle el acceso a toda la información que Google pone a su disposición. Pero no hay nada mejor que acudir a su propia Web para obtener información de primera mano sobre esta barra de herramientas. La página Web de la barra Google es:

http://toolbar.google.com/

En dicha página podrá conocer las características principales de la barra Google de la mano de sus propios creadores, así como el aspecto que tendrá una vez instalada en su ordenador.

> **Nota:** *Para acceder al sitio Web de la barra Google en castellano tendrá que utilizar, en lugar de la anterior, la dirección http://toolbar.google.com/intl/es/.*

Ahora que conocemos qué es la barra Google, pasemos al siguiente apartado, en el que veremos cómo obtenerla e instalarla.

6.2. Instalación

La instalación de la barra Google es muy sencilla y rápida: sólo es necesario descargar el programa de instalación desde su página, ejecutarlo y seguir los pasos que nos va indicando.

Pero antes de explicar cómo se realiza la instalación tenemos que prestar atención a los requisitos previos de esta herramienta. Para que funcione correctamente es necesario utilizar alguna de las versiones del sistema operativo Microsoft Windows: Windows 95, Windows NT, Windows 98 o Windows Millenium. También funciona en las versiones más recientes: Windows 2000 y Windows XP.

Por lo que respecta al cliente que utilicemos para ver las páginas Web, es necesario utilizar Microsoft Internet Explorer 5.0 o posterior. Esto se debe a que la barra Google está diseñada específicamente para aprovechar las características de este programa.

> **Nota:** *Es necesaria utilizar la versión 5.5 o posterior de Internet Explorer para que funcione el bloqueador de ventanas emergentes (pop-ups).*

Una vez comprobados los requisitos mínimos de nuestro ordenador, sólo resta realizar la instalación. Para ello, el primer paso es acudir a la página Web de instalación de la barra Google:

http://toolbar.google.com/intl/es/install/

En esta página Web, que puede verse en la figura 6.2, sólo hemos de hacer clic en el botón **Acepto los términos de uso -Instalar la barra de herramientas de Google**.

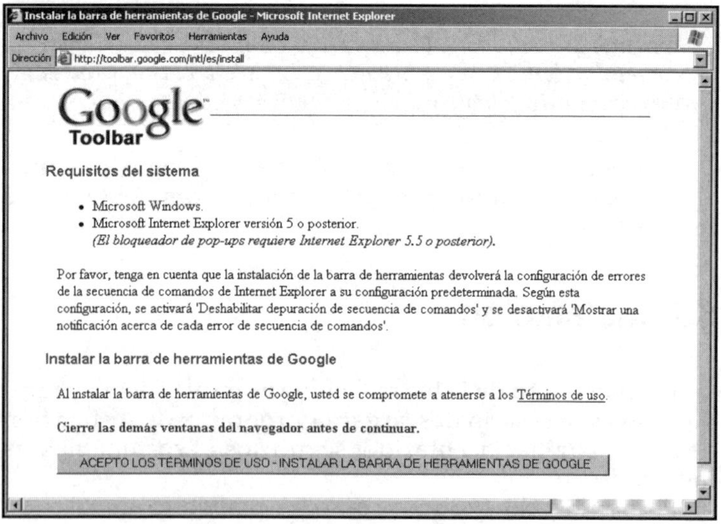

Figura 6.2. Instalar la barra Google.

Tras aceptar los términos de uso le llevará a otra página Web en la que podrá elegir la configuración de la barra de herramientas que desea instalar. Esta ventana es la misma que muestra la figura 6.3. Si se desplaza hasta el final de la ventana de configuración de la instalación podrá ver dos botones. Si hace clic en el primero de ellos, **Instalar con funciones avanzadas,** se procederá a la instalación completa de la barra Google.

El segundo botón, **Instalar sin funciones avanzadas**, instalará la barra preservando nuestra privacidad, ya que no se enviará información alguna a la Web de Google sobre las páginas que queramos visitar. La contrapartida: no podremos obtener el valor PageRank de las páginas que visitemos.

Puede ver estos dos botones en la figura 6.4.

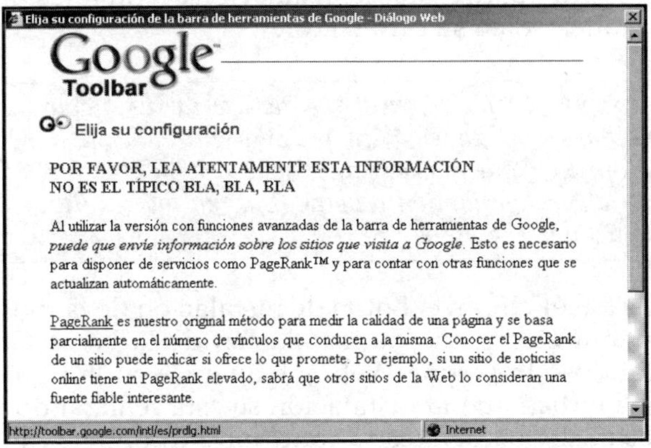

Figura 6.3. Configuración de la barra Google.

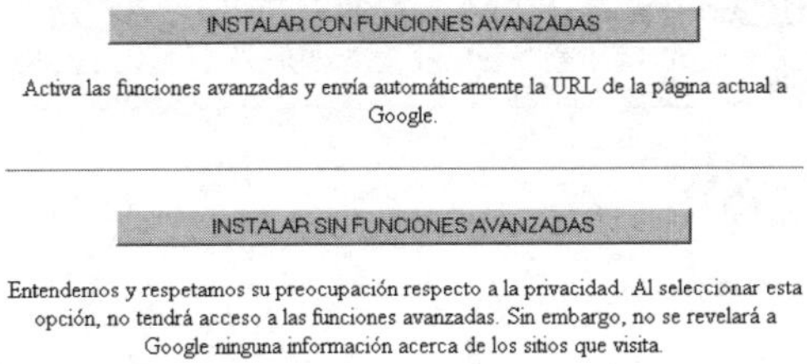

Figura 6.4. Los dos tipos de instalación de la barra.

Cuando seleccione el tipo de instalación que desea, comenzará el proceso de descarga de la barra Google. Aparecerá un cuadro de diálogo similar al que muestra la figura 6.5 para pedirle la confirmación de la instalación del software.

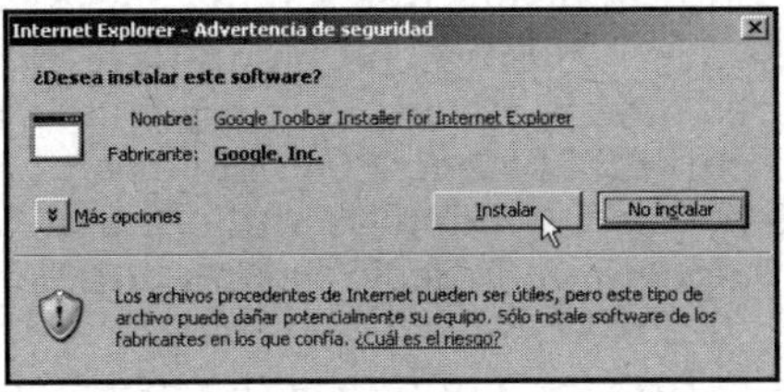

Figura 6.5. Confirmación de la instalación.

Este cuadro de diálogo no es otra cosa que una advertencia de seguridad del navegador Internet Explorer bajo Windows XP, para evitar la instalación automática de software malicioso en su ordenador.

Nota: *Le recomendamos que realice la instalación con funciones avanzadas para poder seguir adecuadamente los capítulos que más adelante aparecen en este libro relativos al posicionamiento de páginas en los resultados de las búsquedas en Google.*

Tras hacer clic en el botón de instalación de la figura 6.5 comenzará el proceso de instalación de la barra Google, mostrándose la página Web que aparece en la figura 6.6, que nos indica que la instalación se está realizando y que seamos pacientes si nuestra conexión a Internet es un poco lenta.

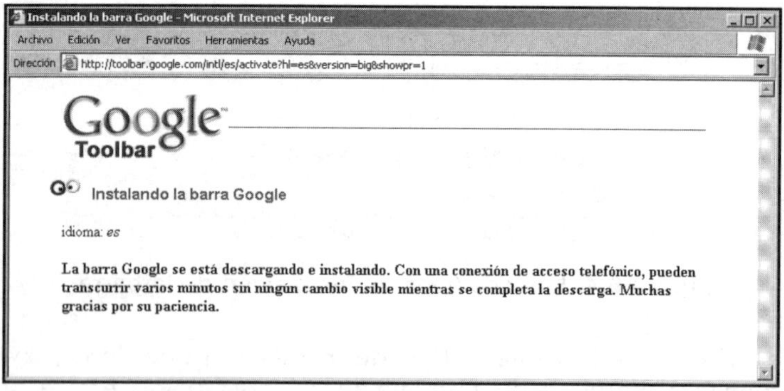

Figura 6.6. Instalación de la barra, en curso.

Cuando el proceso de instalación haya finalizado correctamente podremos ver una página como la que se presenta en la figura 6.7. En dicha página podrá ver algunos consejos sobre cómo realizar nuestra primera búsqueda.

¡Misión cumplida! La barra Google ha sido instalada en nuestro ordenador y podemos utilizarla desde Internet Explorer. El aspecto de la recién estrenada barra es el que muestra la figura 6.8.

Además del proceso antes descrito existe otra forma de instalar esta herramienta. El primer paso consiste en descargar el programa de instalación y ejecutarlo a continuación. La descarga del programa la podemos realizar desde la dirección mencionada con anterioridad.

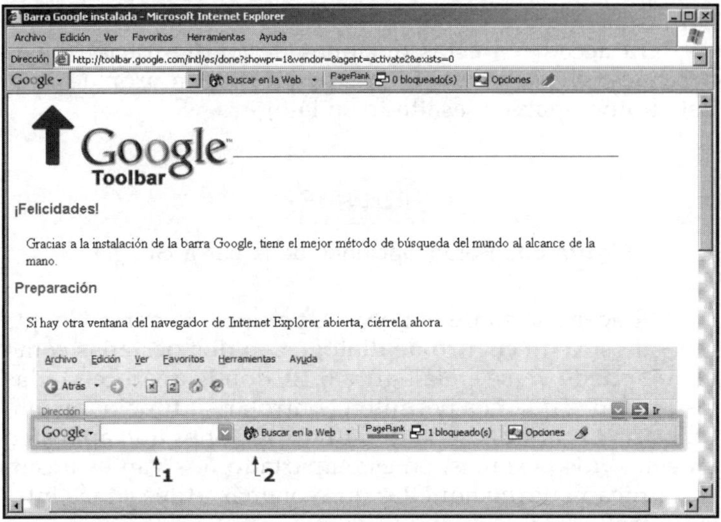

Figura 6.7. Instalación de la barra completada.

Figura 6.8. La barra Google.

Sólo tenemos que hacer clic en el botón **Descargar la barra Google**, que aparece en la parte derecha de la página. Al ejecutarlo, el programa de instalación nos hará las mismas preguntas que en el proceso de instalación descrito anteriormente, por lo que no debería existir problema alguno para instalarla de esta forma.

En cualquier caso, lea detenidamente todos los mensajes que le vaya mostrando el asistente para aclarar todas sus dudas.

Sólo nos queda por mencionar el proceso de actualización de la barra instalada.

No tenemos que hacer absolutamente nada, la barra se actualiza de forma automática a través de Internet cada vez que detecta que existe una nueva versión disponible.

6.3. Configuración

La barra Google tiene varias opciones de configuración que nos permiten determinar su comportamiento al realizar las búsquedas.

Para acceder a estas opciones de configuración basta con hacer clic sobre el botón **Opciones** de la propia barra. Este botón aparece resaltado en la figura 6.9.

Figura 6.9. Botón Opciones de la barra Google.

Al hacer clic sobre el botón **Opciones**, la barra Google nos muestra un cuadro de diálogo con dos pestañas como el que puede verse en la figura 6.10, donde aparecen todas las opciones que nos permiten controlar su funcionamiento. Dada la cantidad y variedad de opciones que aparecen en estas dos pestañas, en este apartado nos vamos a centrar únicamente en aquellas que son más útiles y más interesantes.

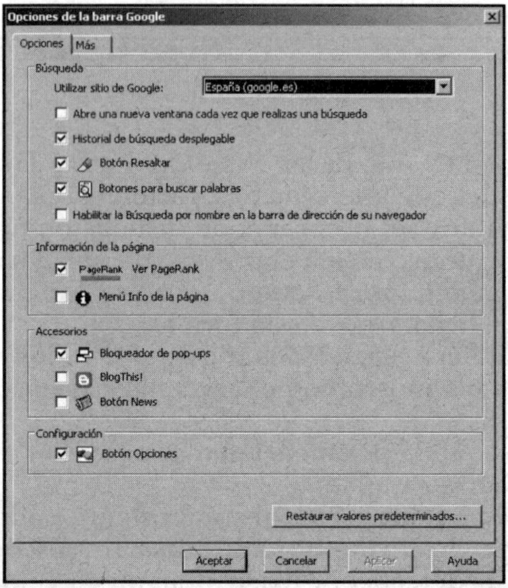

Figura 6.10. Opciones de la barra Google.

Si desea que los cambios que realice sobre cualquiera de las opciones tenga efecto, tendrá que guardar los cambios, como ya sabrá. Para ello sólo tiene que hacer clic en el botón **Aceptar** que aparece en la parte inferior del cuadro de diálogo de opciones. Por el contrario, si quiere descartar las modificaciones que haya realizado, bastará con hacer clic en el botón **Cancelar**.

6.3.1. Opciones básicas

Comencemos por los elementos que aparecen en la pestaña **Opciones** que se pudieron ver en la figura 6.10, ya que se trata de las opciones principales de la barra Google. Esta pestaña está dividida en cuatro secciones, agrupando cada una de ellas en varias de las opciones configurables de la barra.

Siguiendo el orden de aparición, comencemos con la sección **Búsquedas**, que tiene el aspecto que muestra la figura 6.11.

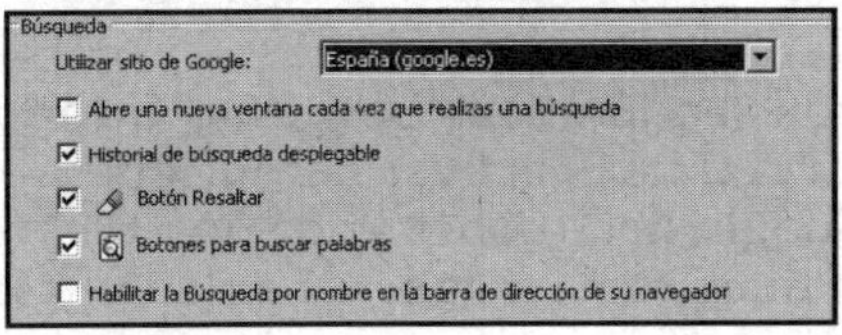

Figura 6.11. Configurar la sección Búsqueda.

Veamos cuáles son las opciones de configuración más interesantes y qué ocurre al activarlas:

- **Utilizar sitio de Google:** Determina qué sitio Web se utilizará para las búsquedas. Google dispone de varios sitios Web repartidos a lo largo de todo el globo terráqueo. Para realizar nuestras búsquedas a través de uno concreto tenemos que seleccionarlo de entre los disponibles en esta lista desplegable. Una vez elegido uno, éste aparecerá dentro del botón desplegable **Buscar en la Web** de la barra Google. Se trata de algo muy útil para determinar el idioma de las páginas Web sobre las que se realizará la búsqueda que queramos realizar. En nuestro caso, le recomendamos que utilice el sitio Google que está en

España, http://www.google.es/. Más adelante, en la figura 6.30, puede ver el botón **Buscar en la Web** desplegado, con la opción **Buscar en España**, tras haber elegido el sitio de Google en España.

- **Botón Resaltar:** Al activar esta opción, el botón **Resaltar** estará disponible en la barra Google y podremos utilizarlo para que los términos de la búsqueda realizada en la página de resultados que hayamos obtenido sean marcados.
- **Botones para buscar palabras**: Esta opción provoca que en la barra Google, una vez realizada una búsqueda, aparezca un botón por cada palabra que hayamos utilizado para realizar la búsqueda. Pulsando esos botones, podremos buscar la palabra concreta dentro de los resultados de la búsqueda que Google nos devuelva.

> ***Nota**: La opción **Habilitar la búsqueda por nombre en la barra de direcciones** será tratada en el capítulo dedicado a trucos y otras opciones de Google. Acuda a él si siente curiosidad y no puede esperar más.*

La segunda sección tiene por título **Información de la página**. Aquí podemos activar las opciones relativas a los datos que Google tiene sobre la página Web que estemos visitando en nuestro navegador. La figura 6.12 nos muestra esta sección.

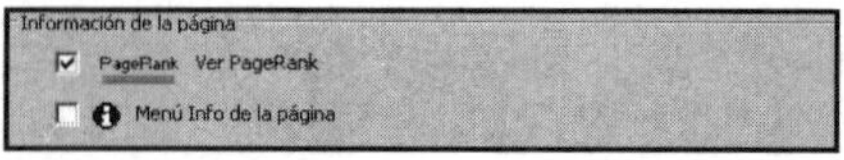

Figura 6.12. La sección Información de la página.

Las opciones configurables de esta sección de información son las siguientes:

- **Ver PageRank:** Si activamos esta opción, la barra Google nos mostrará un indicador relativo a la puntuación que Google asigna a la página Web que estamos visualizando en cada momento.
- **Menú Info de la página:** Su activación nos permite acceder a información que Google guarda sobre la página Web que estamos visitando. Para acceder a

esta información sólo tenemos que hacer clic sobre el icono que aparece en la barra Google tras activar esta opción, por supuesto.

En el momento que activemos la visualización del valor de PageRank de las páginas Web se nos mostrará una advertencia sobre nuestra privacidad, ya que para que esta característica pueda funcionar la barra Google enviará a Google datos sobre la página Web que estamos visualizando en nuestro navegador. La figura 6.13 muestra esta advertencia.

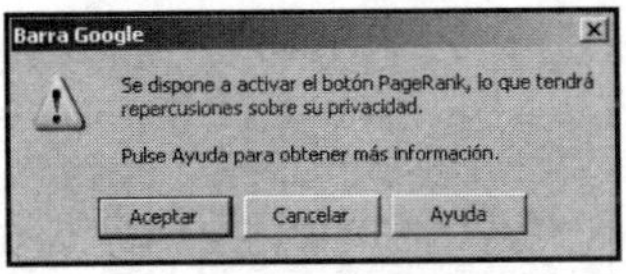

Figura 6.13. Advertencia de privacidad.

Nota: *La barra Google no envía información sobre el ordenador o el usuario que está accediendo a las páginas Web. Sólo hace una petición de información sobre la página que se está visitando, pero para ello tendrá que indicarse qué página estamos visitando en cada momento, nada más.*

La siguiente sección de opciones de configuración, que es la tercera, se denomina **Accesorios**, tal y como puede verse en la figura 6.14.

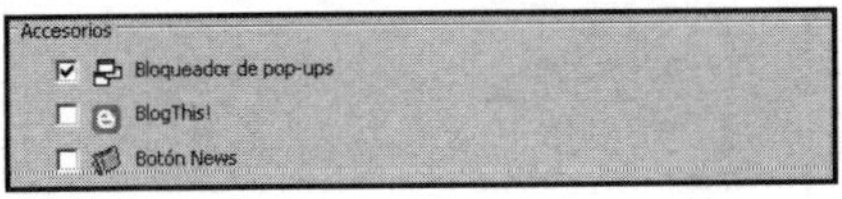

Figura 6.14. Ventanas emergentes bloqueadas.

La opción más importante de esta sección es la llamada **Bloqueador de pop-ups** o bloqueador de ventanas emergentes, dicho en castellano. Esta opción nos bloqueará las molestas ventanas de publicidad que se abren de forma automática al acceder a determinadas páginas Web. Activando esta opción, la barra Google bloqueará estas ventanas para que no nos molesten.

Por último sólo nos queda hablar de la sección **Configuración**, que puede verse en la figura 6.15, dónde podremos indicarle a la barra Google que muestre o no el botón **Opciones**, lo que le permitirá acceder de una forma más rápida a las opciones de configuración.

Figura 6.15. Activación del botón Opciones.

6.3.2. Más opciones

Ya hemos visto las opciones de configuración más comunes. Pero además de éstas existen otras que nos permiten añadir nuevos detalles a nuestra barra Google o modelar el comportamiento del historial de las búsquedas, por ejemplo. Dicho de otra forma, las opciones que aparecen en la pestaña **Más** del cuadro de diálogo de las **Opciones de la barra de Google** complementan las opciones principales, aumentando la eficacia de las búsquedas realizadas utilizando la barra Google. La figura 6.16 nos muestra estas opciones de configuración avanzadas.

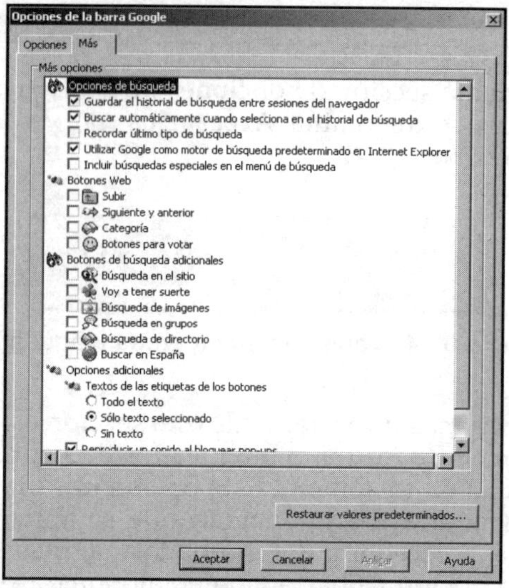

Figura 6.16. Más opciones de la barra.

Podemos agrupar estas opciones adicionales en tres grandes grupos, aunque en la figura 6.16 aparezcan cuatro. La primera de ellas, **Opciones de búsqueda,** nos permite afinar aún más el comportamiento de las búsquedas de nuestra barra Google.

Vamos a destacar sólo una de las opciones de este grupo: la utilización de Google como buscador predeterminado. Para esto tenemos que activar la casilla **Utilizar Google como motor de búsqueda predeterminado en Internet Explorer**. De esta forma, cada vez que realice una búsqueda de cualquier tipo desde el navegador será Google el encargado de realizarlas. La figura 6.17 muestra esta opción activada.

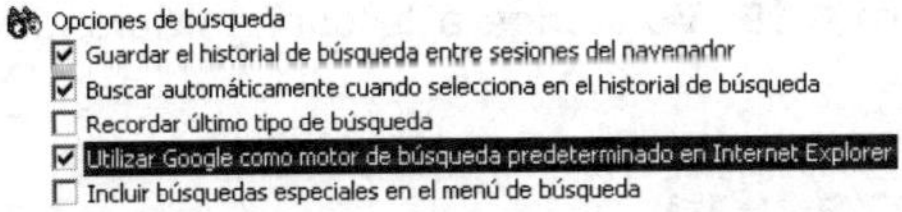

Figura 6.17. Google, nuestro buscador preferido.

El segundo grupo de las opciones avanzadas abarca los **Botones Web** y los **Botones de búsqueda adicionales**, que pueden verse en la figura 6.18. Según las casillas que activemos, así aparecerán los botones correspondientes a dichas casillas. Podemos destacar la opción **Voy a tener suerte** y **Buscar en España**. El primero de estos botones nos permite acceder directamente al primer resultado obtenido en la búsqueda. El segundo limita el resultado de las búsquedas a los sitios Web que están ubicados en España. Se trata de unos botones muy interesantes, actívelos y pruébelos. Le sorprenderán.

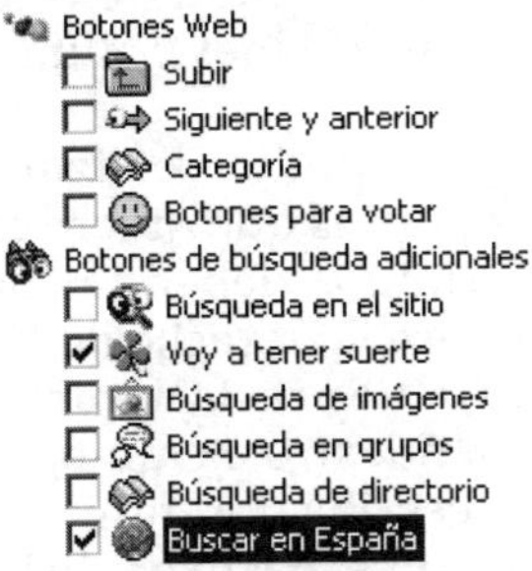

Figura 6.18. Botones adicionales.

En el último grupo, **Opciones adicionales**, podemos establecer cómo se presentarán las etiquetas de los botones que tengamos en nuestra barra Google, así como ocultar el contador del número de ventanas emergentes bloqueadas.

Si por algún motivo quiere descartar todos los ajustes que haya realizado en la configuración de la barra y volver a la configuración original de Google, sólo tiene que hacer clic en el botón **Restaurar valores predeterminados** que aparece al final del cuadro de diálogo de las opciones de la barra. Puede ver dicho botón en la figura 6.19.

Figura 6.19. Volvemos a la configuración inicial.

6.4. Utilización

Ya hemos visto cómo instalar y configurar la barra Google, pero lo mejor que podemos hacer con ella es utilizarla. Es precisamente lo que vamos a ver en este apartado.

6.4.1. Búsquedas

La principal misión de Google es organizar la información que hay disponible en Internet. Por eso, la función principal de la barra Google es esa misma: encontrar información relativa a unos términos de búsqueda a lo largo y ancho de Internet.

Como ejemplo ilustrativo en este apartado vamos a buscar información sobre la facultad de veterinaria de la Universidad de Extremadura (Unex), situada en la ciudad de Cáceres.

El primer paso para poder realizar una búsqueda es escribir los términos por los que quiere que Google busque en Internet. Estos términos deben introducirse en el cuadro de texto que aparece la derecha del botón **Google** de la barra Google, como muestra la figura 6.20. Para buscar sitios Web relativos a nuestro ejemplo, la facultad de veterinaria de Cáceres, escriba los términos "veterinaria" y "unex" separados por un espacio en dicho cuadro de texto. ¡A ver qué sale!

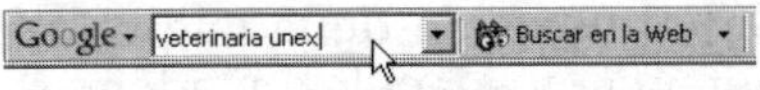

Figura 6.20. Escribir los términos de búsqueda.

Para que la búsqueda tenga lugar debe hacer clic sobre el botón **Buscar en la Web**, que es el que muestra la figura 6.21 o pulsar la tecla **Intro**.

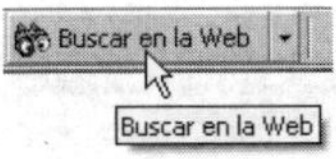

Figura 6.21. Realizando la búsqueda.

En ese instante la barra Google se comunicará con Google para que éste devuelva los resultados encontrados. En concreto, los de nuestro ejemplo pueden verse en la figura 6.22. De hecho, se trata de una búsqueda realizada desde la propia Web de Google. En esta ocasión se han encontrado 479 sitios Web que hacen referencia a los términos de nuestra búsqueda.

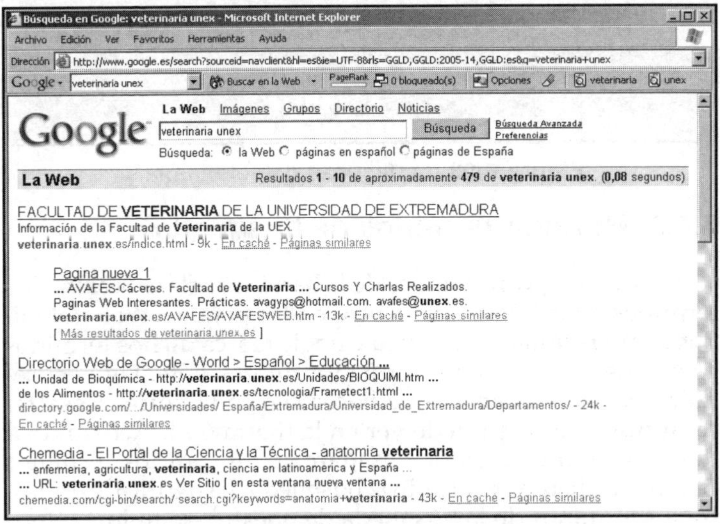

Figura 6.22. Resultados de la búsqueda.

Ha sido muy sencillo. En resumidas cuentas, el cuadro de búsqueda de la barra Google funciona exactamente igual que el cuadro de búsqueda de la página Web de Google, con toda su potencia y sencillez, y además con la ventaja de no tener que entrar en la Web de Google para iniciar la búsqueda. Por cierto, si tiene curiosidad por conocer cómo es la página Web de la Facultad de Veterinaria de Cáceres, podrá comprobar que al hacer clic sobre el primer resultado de la búsqueda se nos muestra la misma página Web que aparece en la figura 6.23.

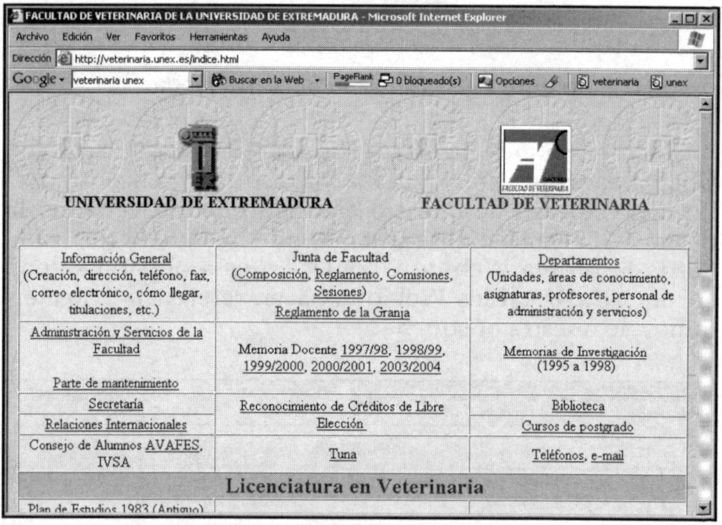

Figura 6.23. La facultad de veterinaria.

6.4.2. Resaltar términos de búsqueda

Otra de las posibilidades de la barra Google es resaltar los términos de la búsqueda dentro de las páginas Web obtenidas como resultado. La barra Google marca dichos términos como si se tratara de un rotulador fluorescente. Para conseguir esto sólo tenemos que hacer clic en el botón **Resaltar términos**, como se puede ver en la figura 6.24. Activando o desactivando este botón resaltaremos (o no) los términos por los que hemos realizado la búsqueda. La figura 6.25 muestra los términos de la búsqueda de nuestro ejemplo, "veterinaria" y "unex", resaltados. El primero de ellos, "veterinaria" en color amarillo y el segundo, "unex", en azul. Si hubiéramos utilizado algún término más, éste aparecería resaltado con un color distinto, para diferenciar unos términos de otros.

Figura 6.24. Botón Resaltar términos.

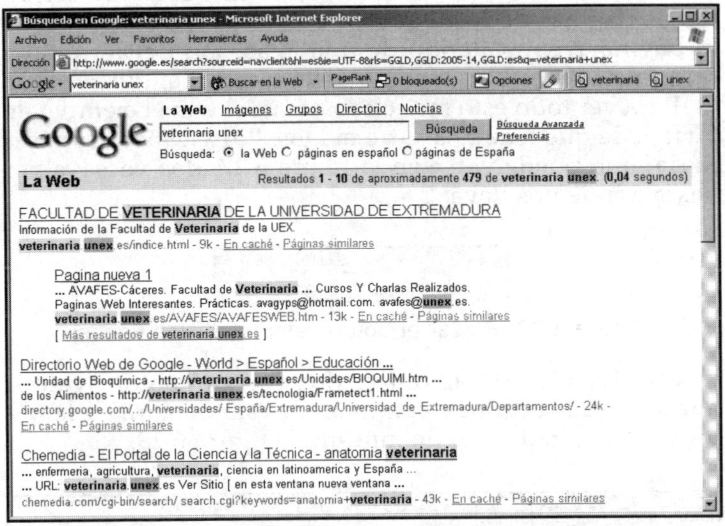

Figura 6.25. Términos de la búsqueda resaltados.

De esta forma podemos distinguir de un simple vistazo los términos de la búsqueda en la página de resultados que nos devuelve Google, algo que nos ahorrará mucho tiempo.

6.4.3. Términos de búsqueda en resultado

Sigamos con nuestro ejemplo. Podrá comprobar que, tras realizar la búsqueda, aparecen dos nuevos botones en la barra: **veterinaria** y **unex**. Puede verlo en la figura 6.26.

Estos botones son creados por la barra Google cada vez que realice una búsqueda utilizándola. Se crearán tantos botones como términos de búsqueda se hayan escrito. En el ejemplo hemos utilizado los términos "veterinaria" y "unex" para definir la búsqueda, y son estos mismos los nombres de los botones que han aparecido en la barra. Si hubiéramos utilizado otros términos, los botones nuevos tendrían esos otros nombres.

Figura 6.26. Botones "veterinaria" y "unex".

La finalidad de estos botones no es otra que la de facilitarnos la localización de los términos de búsqueda dentro de las páginas de resultados. Puede desplazarse por toda la página Web, saltando de una aparición del término a otra, con sólo pulsar el botón del término elegido.

Para ver todo esto más claro, sigamos con el ejemplo de búsqueda que tenemos entre manos. Pulse el botón **veterinaria**, que puede verse en la figura 6.27, dos veces, a ver hasta dónde nos lleva.

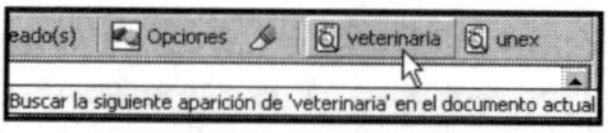

Figura 6.27. Pulsar el botón veterinaria dos veces.

Efectivamente, tras pulsar dos veces el botón "**veterinaria**" verá la segunda aparición de esta palabra en la página de resultados, como muestra la figura 6.28.

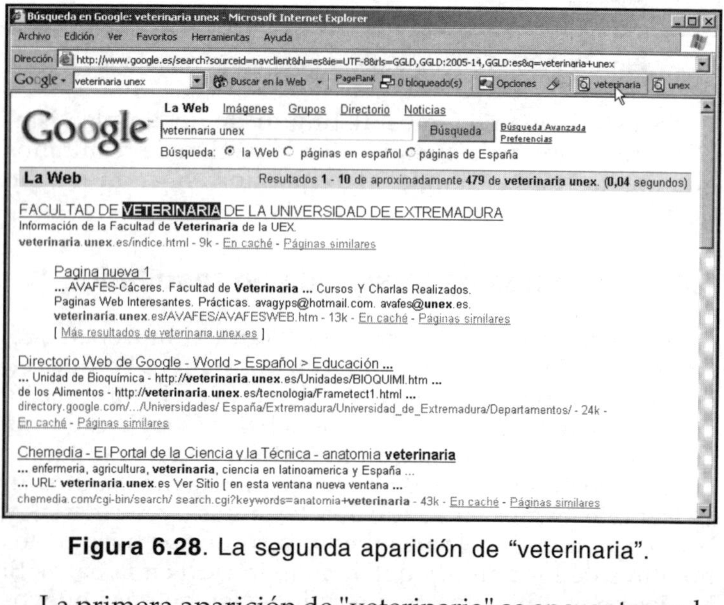

Figura 6.28. La segunda aparición de "veterinaria".

La primera aparición de "veterinaria" se encuentra en la línea superior, en la parte derecha de dicha figura. Puede utilizar estos botones junto con el botón **Resaltar términos**, del que hablamos en la sección anterior de este apartado. Si lo hace, cada uno de estos botones se mostrará con un color distinto, que será el mismo con el que se resaltará el término de búsqueda correspondiente. Fíjese en los botones **veterinaria** y **unex** que aparecen en la barra Google de la figura 6.25. Comprobará que el color del botón **veterinaria** es el amarillo, el mismo color con el que se resalta el término **veterinaria** dentro de la página Web que se muestra en esa misma figura.

6.4.4. Búsquedas sólo en España

La barra Google no se limita a proporcionar una forma diferente de buscar en la página principal de este buscador. También podemos utilizarla para limitar los resultados a un país en concreto, o a un tipo de búsqueda.

Para ello puede utilizar el botón **Buscar en la Web**, desplegando su contenido al hacer clic en la flechita que aparece a su derecha. Puede ver este botón en la figura 6.29.

Figura 6.29. Botón Buscar en la Web.

Haga clic en la flechita que aparece a la derecha del botón. Se desplegará un menú con una serie de acciones adicionales para realizar las búsquedas, tal y como muestra la figura 6.30.

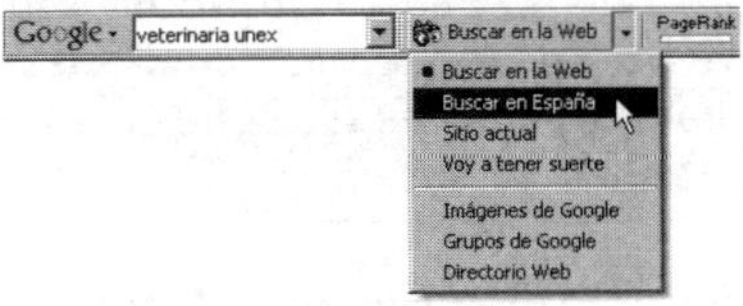

Figura 6.30. Buscamos en España.

Cambiemos ahora la búsqueda de ejemplo. En esta ocasión vamos a limitar el resultado de la búsqueda a aquellos proporcionados por sitios Web ubicados en España. Para ello, despliegue el menú y seleccione la opción Buscar en España. Los resultados de búsqueda de este ejemplo, restringido sólo a España, pueden verse en la figura 6.31. Fíjese en que se han encontrado 254 páginas en lugar de las 479 que se mostraban en la figura 6.22.

Figura 6.31. Resultados sólo en España.

Los resultados obtenidos al realizar la búsqueda de esta forma quedarán limitados al país seleccionado, en este caso España. Así podremos eliminar aquellos que estén en otros idiomas o que, por su situación geográfica, no nos interesen.

> ***Nota:*** *La figura 6.30 también nos proporciona otras opciones como* ***Sitio actual, Voy a tener suerte****, o tipos de búsqueda como* ***Imágenes de Google, Grupos de Google*** *o* ***Directorio Web****.*

Éstas son sólo algunas recomendaciones sobre la utilización de esta barra para realizar búsquedas de una forma más eficiente. Si quiere sacarle un mayor partido a esta herramienta no dude en acudir a la ayuda que Google nos ofrece sobre su propia barra de búsqueda. Para acceder a esta ayuda visite la página:

http://toolbar.google.com/intl/es/help.html

6.5. PageRank

Este es un buen momento para hablar de PageRank y de la información que este indicador de Google nos proporciona sobre las páginas Web que visitamos.

En primer lugar, PageRank es un índice, un valor numérico comprendido entre 0 y 10, que se representa en la barra Google mediante una barra de color verde. El aspecto que tiene este indicador PageRank puede verse en la figura 6.32.

Figura 6.32. PageRank en la barra Google.

Sí, es un indicador muy bonito, y hace juego con el aspecto visual de Google, pero esto no significa nada. El verdadero propósito de este valor no es el de adornar la barra Google. De hecho, se trata de la base del funcionamiento y del éxito de Google como buscador de buscadores. Vamos a intentar explicar su valor de una forma sencilla.

PageRank, como ya hemos mencionado, es un valor numérico que nos indica la importancia de la página Web que estamos visitando en este momento. O lo que es lo mismo, es el valor que Google le asigna a la página Web en función de su algoritmo de valoración de páginas.

Esta valoración de las páginas Web se utiliza, junto con otros factores, para situar o posicionar un sitio Web dentro de la página de resultados de una búsqueda. De aquí la importancia de este valor: cuanto más cerca del principio de la página de resultados esté un sitio Web, mayor será la posibilidad de que satisfaga nuestras expectativas sobre la búsqueda y mayor será la posibilidad de que accedamos a su contenido, con las implicaciones que tiene esto en cuanto a número de visitas del sitio Web o la publicidad que ese sitio pueda proporcionar a sus visitantes.

Para conocer el PageRank de una página Web sólo tiene que acceder a ella a través de Internet Explorer y observar el valor que aparece en la barra Google.

Si quiere conocer el valor exacto de este indicador sólo tiene que situar el puntero del ratón sobre el indicador PageRank y a los pocos segundos aparecerá su valor, como puede verse en la figura 6.33. En concreto, la página principal de Google España tiene un índice PageRank de 8 sobre 10.

Figura 6.33. PageRank de la Web de Google.

Los votos de una página Web a otra se utilizan para calcular su PageRank asociado. Google entiende por voto un enlace desde una página Web hacia otra. A mayor número de enlaces que apuntan a una Web concreta, mayor número de votos recibirá y su índice PageRank será mayor, ya que esa página tendrá más importancia. A fin de cuentas, millones de páginas Web no pueden estar equivocadas. Esta forma de valoración intenta ser un sistema democrático, de tal forma que la importancia de una página Web viene dada por la que le atribuyen las demás Web de Internet.

Esta forma de puntuar las páginas Web y el algoritmo de búsqueda de Google fueron ideados por Larry Page y Sergey Brin cuando todavía eran estudiantes de la Universidad de Standford. Al final se convirtieron en los fundadores y propietarios de Google, creando un nuevo enfoque de búsquedas. Esta idea se extendió rápidamente a los usuarios de todo el mundo por la eficacia de sus resultados y la rapidez con la que se realizaban las búsquedas.

Aunque hoy en día se conoce el funcionamiento básico del buscador Google y cómo poder mejorar la posición de las páginas en los resultados obtenidos, su algoritmo de búsqueda es el secreto mejor guardado de Google, utilizando una combinación de software y hardware muy avanzado y ágil.

> ***Nota:*** *Aunque nos pueda parece que un valor 3 en el índice PageRank es muy bajo, tenemos que tener en cuenta que con el número de páginas Web existentes en el mundo, este valor de puntuación significa que algunos cientos de miles de enlaces apuntan hacia esa página Web.*

La figura 6.34 muestra el valor de PageRank de un sitio Web con un valor cero (0/10). Esto indica que esa página Web apenas es referenciada desde otras páginas Web y por lo tanto no aparecerá en los primeros puestos de los resultados de búsqueda.

Figura 6.34. Sitio Web poco importante.

Otro ejemplo de la ponderación de PageRank lo muestra la figura 6.35, donde podemos ver la valoración que ostenta la Web del ejemplo de búsqueda de este capítulo. No está en tal mal lugar, por cierto (4/10).

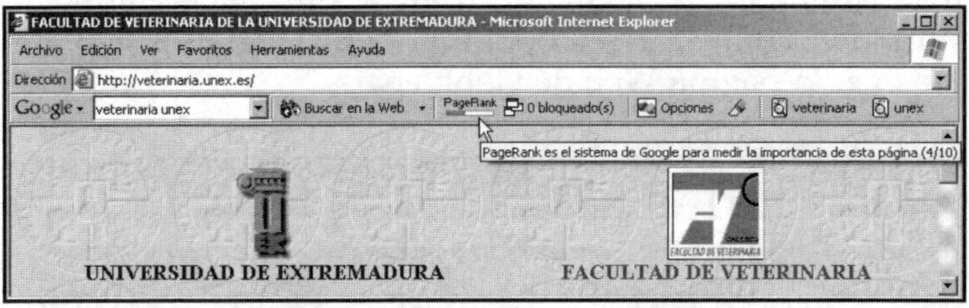

Figura 6.35. PageRank de la Web de veterinaria.

Para saber algo más de las implicaciones que tiene PageRank en los resultados de las búsquedas de Google, acuda a los capítulos finales de este libro, en los que se trata en profundidad el posicionamiento de los sitios Web dentro del buscador Google.

6.6. Otras barras de búsqueda

Como ya hemos comentado al principio de este capítulo, la barra Google sólo funciona con Internet Explorer, en sus versiones más recientes. Pero no todo está perdido. Tras el éxito de la herramienta lanzada por Google, algunos buscadores también han desarrollado sus propias barras de búsqueda, incluso existe una que funciona en otros clientes Web.

Aunque el funcionamiento de cada una de ellas es muy similar a la barra Google, algunas de ellas presentan características que no están presentes en Google y otras que las complementan. Veamos algunas de estas barras de búsqueda.

6.6.1. Googlebar

Se trata de un proyecto dentro de la comunidad de desarrolladores de Mozilla para conseguir que las funcionalidades de la barra Google puedan utilizarse en Netscape, Mozilla y FireFox. Lo podemos encontrar en la siguiente página Web:

http://googlebar.mozdev.org/

Su comportamiento es similar a la barra Google y nos permite realizar las búsquedas en Google de una forma más cómoda, sin tener que utilizar Internet Explorer ni Windows como sistema operativo. En la figura 6.36 podemos ver la página Web de Googlebar.

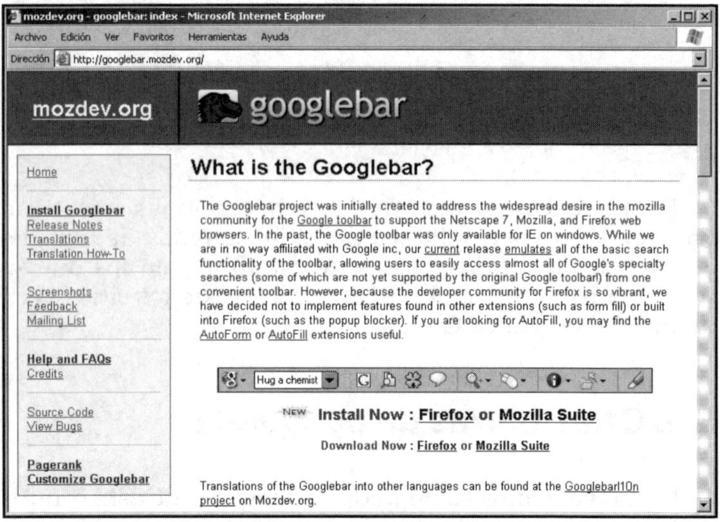

Figura 6.36. Googlebar para FireFox y Mozilla.

En la figura 6.37, podemos ver a FireFox con la barra Googlebar instalada. El funcionamiento es muy similar al de la barra Google, pero con el toque propio de FireFox.

> ***Nota:*** *Puede descargar la versión más reciente de* ***FireFox*** *en castellano e instalarlo en su propio ordenador sin necesidad de desinstalar Internet Explorer de Microsoft. Para obtenerlo tiene que acudir a la página Web de Mozilla: http://www.mozilla.org/products/firefox/.*

Figura 6.37. FireFox y Googlebar.

6.6.2. Yahoo! Companion

Es la respuesta a la barra Google por parte de Yahoo!, uno de los buscadores más veteranos. No deja de ser otra barra de herramientas para nuestro cliente Web que podemos utilizar para bloquear las ventanas emergentes (*pop-ups*), realizar búsquedas utilizando cualquier sitio Web, además de otras muchas facilidades y utilidades.

Para instalarla y poder disfrutar de ella, sólo tenemos que descargárnosla desde su página Web:

http://es.companion.yahoo.com/

Puede ver dicha página en la figura 6.38. Su instalación es muy sencilla y en pocos minutos estará perfectamente integrada en su cliente Web.

Una característica que podemos observar en esta barra, que puede ver en la figura 6.39, es la presencia de botones rápidos adicionales para acceder a los demás servicios que ofrece Yahoo!, como Correo Yahoo!, Mi Yahoo!, Noticias y acceso a contenidos clasificados por temas, como cine, deportes, juegos, etcétera. Esta característica no está presente en la barra Google.

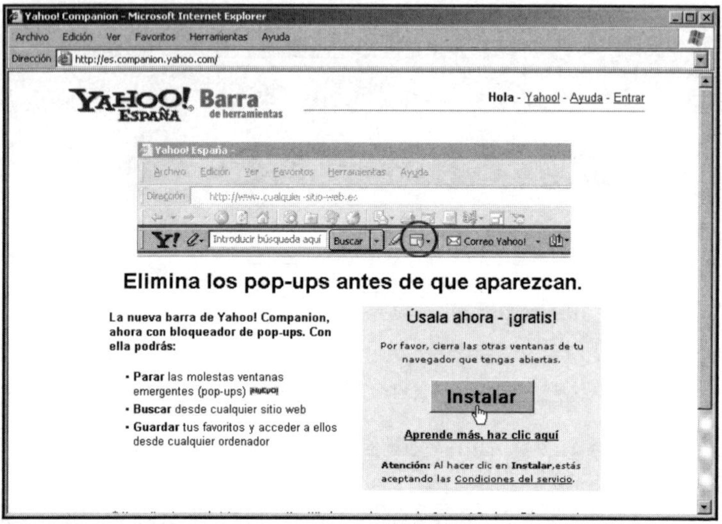

Figura 6.38. Descarga de la barra Yahoo!

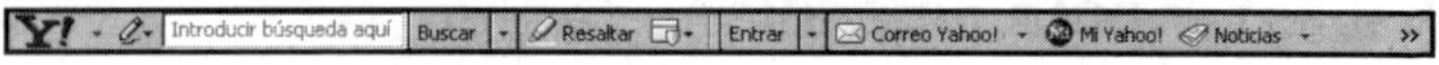

Figura 6.39. La barra Yahoo! Companion.

6.6.3. Alexa Toolbar

Por último vamos a hablar de la barra de herramientas Alexa Toolbar, desarrollada por Alexa, una compañía de Amazon.com. Esta barra de herramientas, que ya lleva seis años de rodaje, le proporciona acceso instantáneo a búsquedas en la Web, sitios relacionados con la búsqueda realizada, información del sitio y estadísticas, además de información de contacto de los sitios Web que se visitan.

La figura 6.40 muestra la página Web desde la que podemos descargar esta barra:

http://download.alexa.com/

El proceso de instalación es muy sencillo y basta con seguir los pasos por los que nos irá guiando su asistente de instalación.

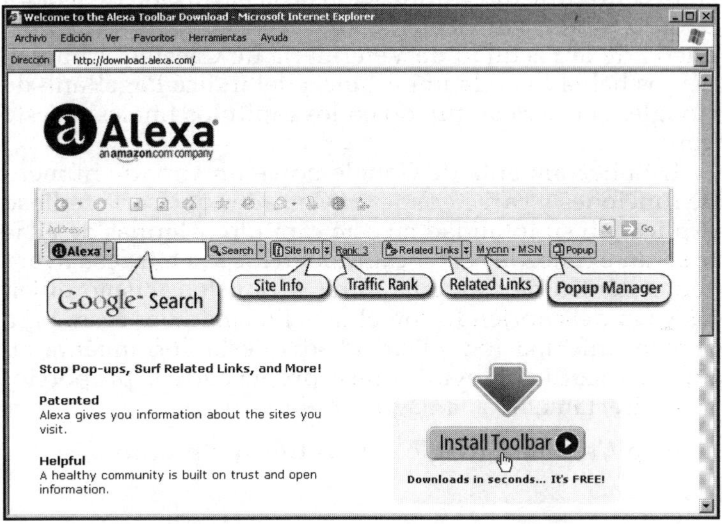

Figura 6.40. Descarga de Alexa Toolbar.

Un vez que descarguemos la barra Alexa y la instalemos en nuestro ordenador, podremos disfrutar de todo su potencial y sus características de ayuda al realizar las búsquedas en la Web.

La figura 6.41 nos muestra esta barra de búsquedas ya instalada en nuestro cliente Web.

Figura 6.41. La barra Alexa Toolbar.

> ***Nota:*** *La barra Alexa sólo está disponible, de momento, para Internet Explorer 5.0 o posterior. Pero existe una barra de búsqueda desarrollada para el navegador FireFox, llamada A9 Toolbar, que incluye las funcionalidades de la barra Alexa. Para obtener más información sobre la barra A9 visite su página Web: http://toolbar.a9.com/.*

6.7. Conclusión

En este capítulo hemos visto todo el proceso instalación, configuración y utilización de la barra Google. Habrá podido comprobar su eficacia a través del ejemplo de búsqueda de la Facultad de Veterinaria de Cáceres. También hemos hablado de la importancia del índice PageRank de Google, que será ampliado en los capítulos finales de este libro.

Esta herramienta de Google posee un variado número de funciones y características avanzadas que sería tedioso explicar en su totalidad en este capítulo. Algunas de ellas le serán explicadas en el capítulo dedicado a trucos avanzados dentro de esta guía, otras será usted mismo quien las vaya descubriendo con el uso. En cualquier caso, para obtener información adicional sobre esta herramienta no dude en acudir a la ayuda que la propia barra le proporciona o directamente a la página Web:

http://toolbar.google.com/intl/es/help.html

7

Publicidad

Google se ha convertido en una de las empresas más importantes del mundo en cuestión de años. Su salida a bolsa fue espectacular como pocas, proporcionando grandes beneficios en muy poco tiempo. Tanto es así que sus fundadores han creído oportuno rebajar su sueldo a un dólar.

¿Es capaz un buscador de hacer tanto dinero? No debería extrañarnos que así fuese, dado que su principal fuente de ingresos es la publicidad.

Google dispone en sus páginas de espacio para anunciantes. Como ya sabe, se trata del buscador más utilizado del mundo. Igual que ocurre con la televisión, las empresas quieren publicitar sus productos en los medios de más audiencia.

Quizá no haya reparado en ello, pero la publicidad está presente en los resultados de las búsquedas de dos formas: como enlaces patrocinados o como AdWords. Los primeros aparecen en la misma lista de resultados, pero diferenciados del resto, para que tengamos claro qué es publicidad y qué no.

La publicidad que aparece en forma de columna, a la derecha de los resultados, es lo que Google denomina AdWords.

Existe un tercer tipo de publicidad que, a diferencia de los dos anteriores, no está en las páginas de Google. Se trata de AdSense. Gracias a este sistema puede obtener ingresos, ya que son sus propias páginas las que pueden hacer uso de él.

Durante este capítulo verá en más detalle estos tres formatos publicitarios y cómo sacar el máximo partido de ellos.

7.1. Introducción

Si visita páginas Web con regularidad es posible que ya conozca los tres tipos de anuncios que Google utiliza: AdWords, enlaces patrocinados y AdSense.

7.1.1. AdWords

Los anunciantes pueden seleccionar con gran precisión la audiencia que buscan gracias a AdWords. Sólo es necesario decidir qué términos de búsqueda activarán la campaña publicitaria y cuánto quiere invertir. A más inversión, más veces se verá su anuncio.

En la figura 7.1 puede ver los anuncios que aparecen en Google cuando busca el término "restaurantes". Fíjese en la columna que aparece en la parte derecha de la página.

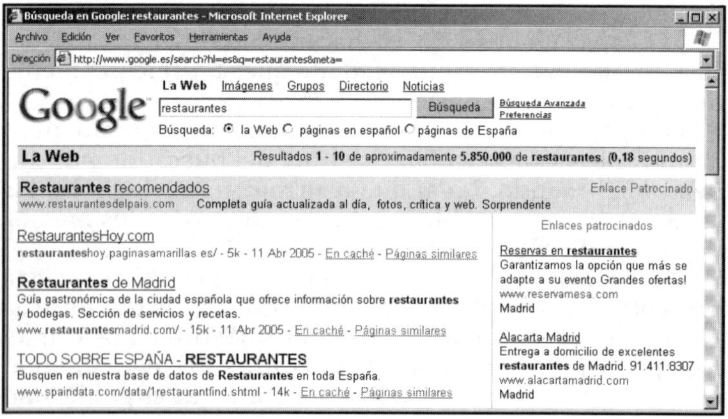

Figura 7.1. Publicidad en Google.

Todas las empresas que aparecen en la columna de la derecha han decidido que su anuncio debe aparecer cuando se realice una búsqueda utilizando el término "restaurante".

7.1.2. Enlaces patrocinados

Si se fija de nuevo en la figura 7.1 podrá comprobar que el primer resultado de la búsqueda aparece resaltado, con un formato diferente al resto de resultados. Se trata de un enlace patrocinado. La empresa que posee esa Web ha utilizado las herramientas de Google destinadas a anunciantes para aparecer en ese puesto de privilegio.

¿Se ha fijado con qué descaro consumen los protagonistas de algunas series de televisión productos de una determinada marca? Se trata de publicidad encubierta, no se avisa de que lo sea. Lo mismo ocurría con los primeros buscadores que aparecieron: a más dinero, mejor posición en el resultado de la búsqueda.

Siguiendo la filosofía de Google de no hacer el mal, aquellas Web que pagan para lograr mejorar su posición en los resultados de la búsqueda se distinguen fácilmente del resto.

7.1.3. AdSense

El tercer tipo de publicidad que veremos en este capítulo está relacionado con AdWords. Se trata de AdSense y podríamos decir que es otra vuelta de tuerca a AdWords. Con AdSense, aquellos que dispongan de presencia en Internet a través de una página Web se pueden convertir en medios de difusión con derecho a emitir anuncios. Salvando las distancias, es como si tuviesen su propia televisión.

¿Y qué anuncios emiten? Los que los anunciantes que usen AdWords quieran. Por ejemplo, en la figura 7.2 puede verse la página Web de un libro relacionado con la seguridad digital. El sistema de publicidad de Google detecta que el contenido de dicha página está relacionado con los términos con los que algunos de sus anunciantes quieren asociar sus productos y son los que muestra.

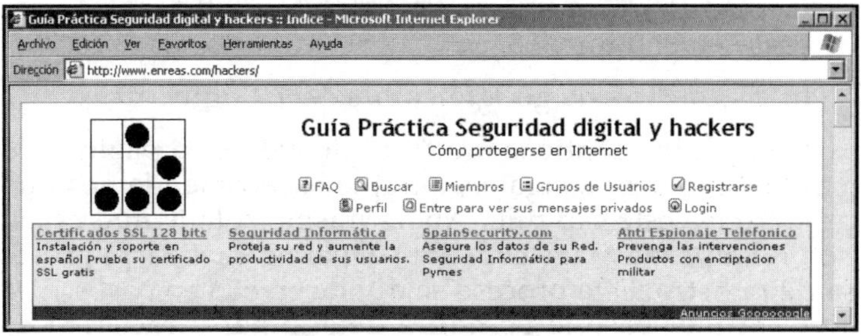

Figura 7.2. AdSense.

AdSense proporciona a los dueños de las páginas Web un sistema muy simple para incluir la publicidad: sólo son necesarias unas líneas de código.

Así que ya sabe lo que vamos a ver a partir de ahora: cómo funcionan AdWords, los enlaces patrocinados y AdSense. ¿Comenzamos?

> ***Nota:*** *Como habrá podido comprobar en la figura 7.1, Google denomina enlaces patrocinados tanto a la columna de la derecha como al primer resultado de la búsqueda. Cuando se haga referencia a un enlace patrocinado nos estaremos refiriendo precisamente a este último tipo. Así podremos diferenciar entre ambos.*

7.2. AdWords

Utilizar AdWords es muy sencillo. Si hacemos caso a la publicidad que Google hace de este servicio, en un cuarto de hora sus anuncios pueden comenzar a emitirse. El primer paso para lograrlo consiste en crear una cuenta en el servicio AdWords. Posteriormente hemos de crear las campañas de publicidad y determinar los parámetros de la misma. Por último, existe la posibilidad de comprobar si nuestra inversión obtiene los resultados esperados.

7.2.1. Audiencia esperada

Para poder comenzar a utilizar AdWords es necesario crear una cuenta de usuario en dicho servicio. Esta cuenta le identificará de forma única, lo que hará posible que exista un diálogo entre las dos partes contratantes.

La página principal de AdWords en castellano, que puede verse en la figura 7.3, es:

https://adwords.google.com/select/Login?hl=es

Esta página contiene multitud de enlaces a páginas de ayuda. Si lo desea, sígalos, aunque le recomendamos que primero lea este capítulo. Ahora mismo sólo le interesa el botón **Empezar**. Haga clic sobre él para comenzar el proceso de registro. Este proceso se divide en cuatro pasos.

El primer paso le permitirá determinar características de la audiencia potencial de sus campañas, como el idioma que habla y la ubicación en la que se encuentra. Es posible seleccionar más de un idioma e incluso seleccionarlos todos, de forma que esta variable pasaría a ser irrelevante.

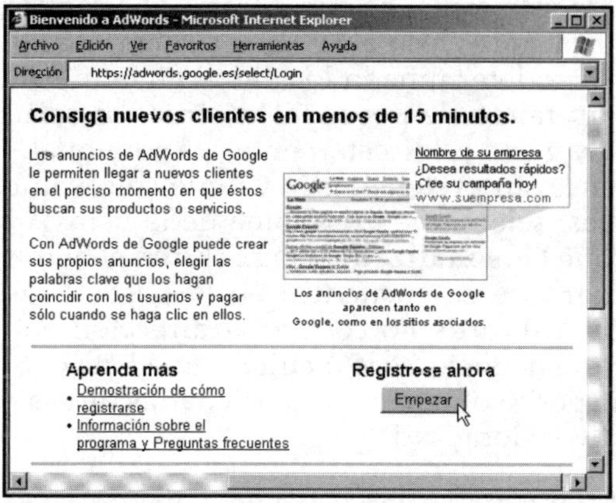

Figura 7.3. Página de entrada a AdWords.

En cuanto a la ubicación, se ofrecen tres opciones de mayor a menor número de clientes potenciales:

- **Nacional o internacional:** Permite segmentar las campañas por países, buscando audiencias en uno o más de ellos.
- **Regiones o ciudades:** Si intenta promocionar un negocio que sólo está disponible en zonas reducidas, es posible que AdWords le ofrezca la posibilidad de restringir sus campañas en zonas e incluso localidades. Entre otros países, esta opción está a su disposición en España.
- **Personalizado:** Para campañas aún más restrictivas que las anteriores. Si la anterior opción le permitía seleccionar uno o más grupos de audiencia, ésta permite seleccionar un punto de partida, como una dirección o unas coordenadas. A partir de ese punto podrá determinar el radio de influencia que aspira obtener.

Tras seleccionar una de las tres opciones y hacer clic en el botón **Guardar y continuar** se le dirigirá a sucesivas páginas en las que podrá completar los criterios que haya seleccionado. Por ejemplo, si quiere limitar la campaña a unas regiones o ciudades, se le llevará a una página en la que podrá seleccionar el país y posteriormente las regiones a las que quiere dedicar la publicidad.

Es decir, la audiencia de sus campañas publicitarias puede moverse dentro de un rango muy amplio. El punto más alto de este rango se encontraría al seleccionar todos los idiomas y todos los países. El más bajo, si se limita a un idioma y una determinada localidad en la que los clientes estén en un rango de pocos kilómetros. La relación entre audiencia y gasto es directamente proporcional.

Comience sin pretensiones, ya que sólo vamos a realizar pruebas: seleccione un idioma de la lista. A continuación marque **Personalizado**. Haga clic en el botón **Guardar y continuar** que se encuentra en la parte inferior de la página. Si AdWords no conoce la dirección en la que se encuentra su negocio, se le facilitará una lista de sitios Web en los que podrá obtener las coordenadas de esa dirección, su latitud y su longitud.

> ***Truco:*** *La parte superior de la página que nos lleva por los diferentes pasos para la creación de su cuenta AdWords contiene un cuadro en el que se irán resumiendo las opciones que haya seleccionado. Por ejemplo, en la figura 7.4 puede ver el idioma y la zona de influencia seleccionados en el primer paso.*

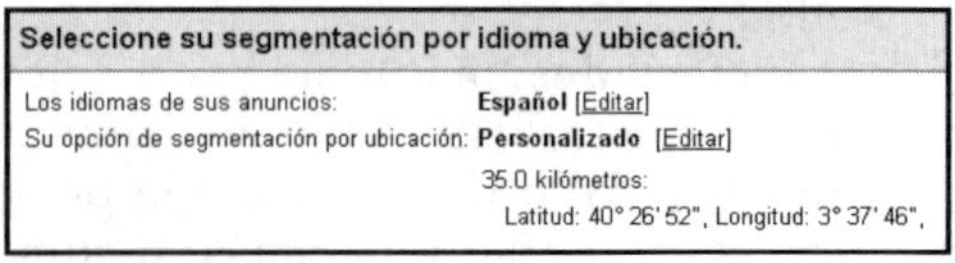

Figura 7.4. Resumen de lo configurado.

Llegado a este punto se encontrará en el segundo paso de los cuatro necesarios para completar la creación de la cuenta. Google supone que si está creando un usuario para su sistema AdWords es para anunciarse, así que le pregunta lo antes posible por los datos de la campaña publicitaria que quiere crear.

7.2.2. Creación de anuncios

El primer dato que necesita proporcionar a AdWords es el nombre de la campaña, que debe introducir en el cuadro de texto **Nombre el grupo de anuncios**. Seleccione un nombre representativo. Por tratarse de la primera campaña, que será sólo una prueba, puede llamarla **Prueba**. Más adelante podrá modificar o eliminar este nombre si lo cree conveniente.

Fíjese en la figura 7.5, se trata de un fragmento de la página que verá en el segundo paso. En la parte superior izquierda se encuentra un ejemplo de anuncio. Este anuncio irá cambiando a medida que introduzca valores en los cuadros de texto que hay bajo él.

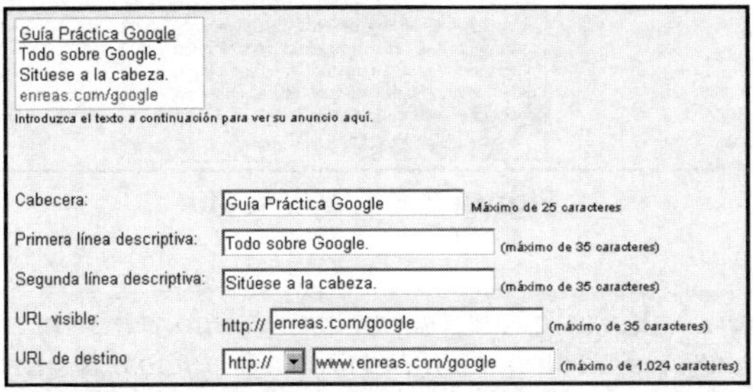

Figura 7.5. La primera campaña de publicidad.

El anuncio se compone de cuatro líneas para las que son necesarios cinco datos:

- **Cabecera:** Texto de la primera línea. Aparece con el formato de un enlace. Elija una frase que diga lo máximo posible sobre el producto a publicitar.
- **Primera línea descriptiva:** Segunda línea del anuncio, la primera bajo la cabecera. Describa aquí el producto.
- **Segunda línea descriptiva:** Complemento de la línea anterior.
- **URL visible:** Se trata de la última línea del anuncio. Introduzca aquí la dirección de su página en el formato más corto posible. Así será más fácil de recordar.
- **URL de destino:** No tiene que coincidir con la dirección anterior. Una práctica común consiste en crear una página de entrada diferente para aquellos que provengan de la publicidad, para poder controlar la eficacia de la campaña con más facilidad.

Haga clic en el botón **Continuar** cuando haya terminado de crear su anuncio... ¡pero esto qué es! Fíjese en la figura 7.6.

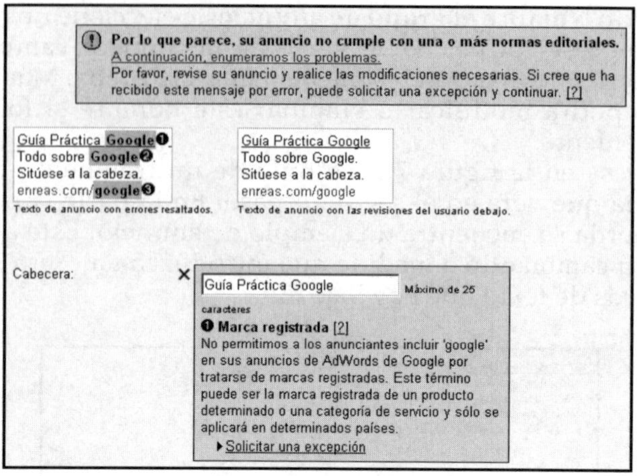

Figura 7.6. Vaya susto.

Nota: *Los datos que estamos empleando para crear este anuncio de prueba no son los más adecuados. Seguro que se ha dado cuenta. Se está promocionando un libro, un producto cuya disponibilidad no está limitada a una zona, pero sólo en un rango de 35 kilómetros a partir de unas coordenadas. Recuerde: se trata sólo de una prueba. Analice las campañas que cree, debe existir una relación adecuada entre el producto y su audiencia.*

Pues parece que hay algo mal en nuestro anuncio. Se nos dice que no estamos cumpliendo con las normas editoriales que a tal fin existen. En concreto, estamos utilizando una palabra prohibida, ya que no se nos permite incluir la palabra "google". Todo tiene solución. Para esta prueba se pueden utilizar los valores que se muestran en la tabla 7.1.

Tabla 7.1. Campos del anuncio.

Cabecera	El buscador
Primera línea descriptiva	Todo sobre este buscador.
Segunda línea descriptiva	Sea el primero de la lista.
URL visible	enreas.com/google
URL de destino	www.enreas.com/google/

Si desea más información acerca de las normas editoriales, consulte la página:

https://adwords.google.es/select/guidelines.html

Cuando consiga que Google acepte su anuncio seguirá en el segundo paso, la creación de grupos de anuncios. Ahora se le dará la opción de seleccionar las palabras clave con las que quiere relacionar su campaña. Recuerde: cuando alguien busque por esos términos, sus anuncios aparecerán en la parte derecha de la página de resultados.

Siguiendo con el ejemplo, suponga que quiere anunciarse para ayudar a quienes quieran situarse en las primeras posiciones de los resultados de las búsquedas. Es posible que esas personas busquen en Google los términos **optimización buscadores** o **google**. Se trata sólo de dos de las muchas posibilidades. Inclúyalas en el cuadro de texto que se le ofrece, en líneas separadas.

Fíjese en la parte izquierda de la página. Podrá ver una columna con la lista de anuncios que ha creado. Es posible añadir nuevos anuncios o eliminar alguno de los ya presentes.

> ***Nota:*** *Si desea ayuda con la selección de términos de búsqueda déjese aconsejar por Google. En la página de selección de palabras clave se le ofrece acceso a una herramienta para la búsqueda de sinónimos que puede resultarle de gran utilidad. Puede utilizarla si hace clic en el enlace* ***herramienta para palabras clave****.*

Seguimos en el segundo paso. Antes de llegar al tercero es necesario que estime cuánto está dispuesto a pagar a Google cada vez que alguien haga clic en uno de sus anuncios. Piense que cada clic realizado es un cliente en potencia que ha ganado. Mientras más dinero pague a Google por cada clic, más lo promocionará y será visto en mejor posición y sitios.

Por otra parte, piense que tampoco es interesante morir de éxito. ¿Está su sitio Web preparado para recibir todas las visitas que pueden resultar de una campaña publicitaría en el buscador más utilizado? Imagine la situación: millones de personas haciendo clic en su anuncio, mientras su servidor de páginas Web está colapsado, incapaz de atender tal avalancha de visitas.

Si se da este caso deberá pagar a Google por visitas que, en realidad, han sido contraproducentes, puesto que no han podido ver nada de lo que el anuncio prometía. La recomendación es que la campaña esté proporcionada con su capacidad de atender a los clientes en potencia. Si sólo puede atender a un número limitado de ellos, anúnciese en consecuencia.

El coste mínimo por clic que Google acepta es de cinco céntimos de euro.

> **Nota:** *Esto no quiere decir que cada clic vaya a costar cinco céntimos: cómo máximo, Google le cobrará el valor que usted especifique, pero es posible que se encuentren mejores ofertas y se puedan situar sus anuncios en otras páginas pagando menos.*

Cuando haga clic en el botón **Guardar y continuar** se le mostrará una página con los mismos valores que la anterior, para que confirme que está de acuerdo con los valores que ha introducido. Haga clic en el botón **Ir al paso 3**.

7.2.3. Presupuesto

Para aquellos cuyo presupuesto sea limitado, éste es el paso más importante, ya que permite determinar cuánto quieren gastar cada día.

Suponga que acepta el valor que ofrece AdWords, un euro. Eso querrá decir que, como mucho, gastará unos treinta euros al mes en publicidad.

Por otra parte, como por cada clic va a pagar un máximo de cinco céntimos, eso querrá decir que su campaña atraerá a un mínimo de veinte nuevos clientes en potencia al día. A lo largo del mes serán seiscientos, mínimo. Recuerde que se trata de coste máximo por clic. Es decir, Google podría cobrarle menos por cada clic.

> **Nota:** *Como ya se ha comentado, Google cobrará diferente precio por clic dependiendo de la importancia de la página en la que se publique su anuncio y de su posición dentro del conjunto de anuncios. A más importancia y mejor posición, precio más alto.*

Haga clic en el botón **Guardar y continuar** para llegar al último paso del proceso de creación de la cuenta.

7.2.4. Identificación

En este último paso se le pedirán los datos necesarios para que pueda gestionar su cuenta: la dirección de correo electrónico y la contraseña que quiere utilizar para acceder a AdWords. Ambos valores deben introducirse por duplicado, para evitar errores.

Cuando haga clic en el botón **Crear mi cuenta de AdWords** habrá terminado. ¡Enhorabuena! Podrá ver entonces un mensaje similar al que aparece en la figura 7.7.

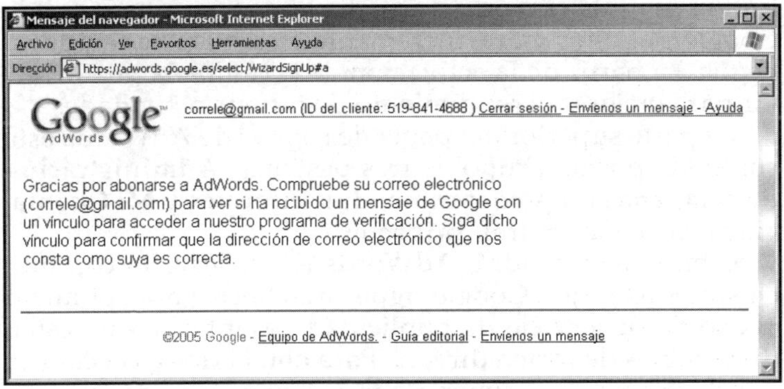

Figura 7.7. Cuenta AdWords creada.

Aún queda un último paso antes de que su cuenta esté lista. Consulte el correo electrónico de la cuenta que haya utilizado en el último paso del registro. Podrá comprobar que ha recibido un nuevo mensaje. En él podrá ver la dirección de una página Web. Visítela para activar la cuenta.

A partir de este momento podrá entrar en el panel de control a través de la página:

https://adwords.google.es/select/

Cuando se valide utilizando su dirección de correo electrónico y su contraseña accederá a una página en la que podrá ver todas sus campañas activas, de forma parecida a lo que muestra la figura 7.8. Aunque la campaña que acaba de crear está activa, no así la cuenta, entiendo cuenta como cuenta corriente. Es decir, para que Google comience a mostrar sus anuncios debe indicar sus preferencias de facturación. Así se lo recordarán en la parte superior de la página de administración de campaña hasta que se los facilite.

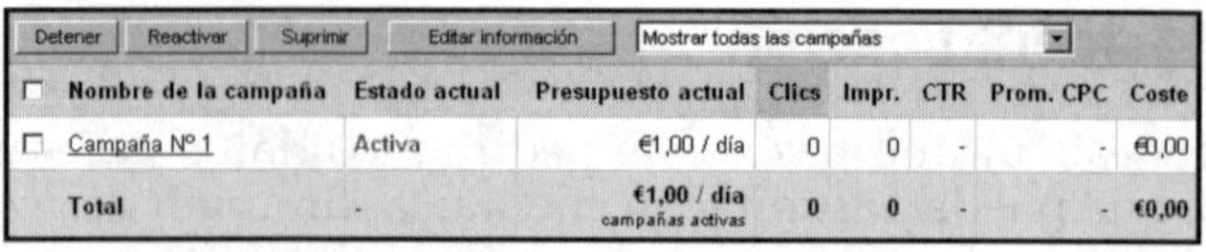

Detener | Reactivar | Suprimir | Editar información | Mostrar todas las campañas

Nombre de la campaña	Estado actual	Presupuesto actual	Clics	Impr.	CTR	Prom. CPC	Coste
Campaña Nº 1	Activa	€1,00 / día	0	0	-	-	€0,00
Total	-	€1,00 / día campañas activas	0	0	-	-	€0,00

Figura 7.8. Una campaña en AdWords.

7.2.5. Informes

Si importante es la creación de la cuenta para utilizar AdWords, también lo es el seguimiento de las mismas. Estudiar cuántos clics se han realizado, cuánto ha cobrado Google por ellos y qué incremento en ventas ha tenido su negocio a partir de la activación de la campaña puede servir para mejorar el rendimiento de futuras actividades.

La parte superior del panel de control de AdWords está coronada por un grupo de tres pestañas: **Administración de campañas** (la predeterminada), **Informes** y **Mi Cuenta**. Haga clic en la central, **Informes**.

Como ya supondrá, AdWords es un servicio con muchísimos usuarios. Google sigue en su línea: para optimizar el uso de su servicio de publicidad, los informes no están disponibles de forma directa. Para obtenerlos es necesario dar dos pasos. En primer lugar, solicitar su creación, para lo que se le ofrecen varios tipos. Seleccione el que más le interese. En segundo lugar, descargar el informe.

Al solicitar el informe se le ofrecerán varios formatos, desde uno compatible con Excel hasta HTML o XML, según le interese. También es posible solicitar el envío del informe a una dirección de correo electrónico. La figura 7.9 muestra el aspecto de un informe en formato HTML que ha sido recibido en una cuenta de correo Gmail.

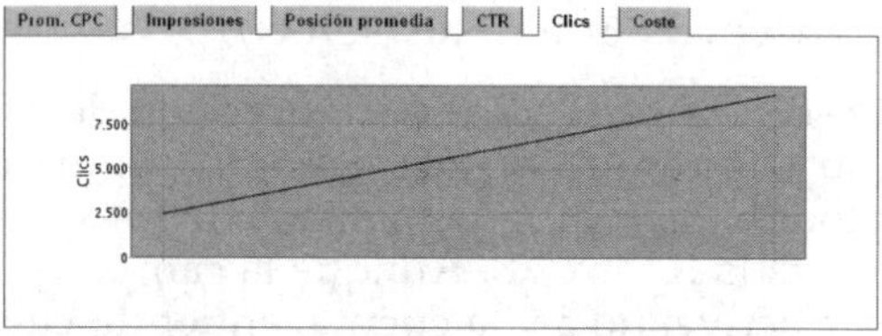

Aparecen las filas **1 - 2** de **2**.

Año ▾	Estado de la campaña	Impresiones	Clics	CTR	Prom. CPC	Coste	Posición promedia
2003	En pausa	127.717	2.463	1,9%	€0,39	€968,53	4,7
2004	En pausa	594.876	9.207	1,5%	€0,38	€3.544,48	4,4
Totales y promedios globales:		722.593	11.670	1,6%	€0,39	€4.513,01	4,4

Figura 7.9. Informe de AdWords.

Este informe muestra todos los datos de una campaña en concreto, durante los años 2003 y 2004. Estas campañas están en pausa, es decir, no están activas. Fíjese en el incremento de clics durante el periodo que muestra el gráfico, pasando de los 2.500 a más de 7.500 en un año.

7.3. Enlaces patrocinados

Si quiere aparecer como primer resultado de una búsqueda por los términos que haya seleccionado, necesita un enlace patrocinado. Estos enlaces, aunque integrados en el resultado, están diferenciados del resto para no llevar a engaño a los usuarios de Google. Puede ver uno de estos enlaces en la figura 7.10.

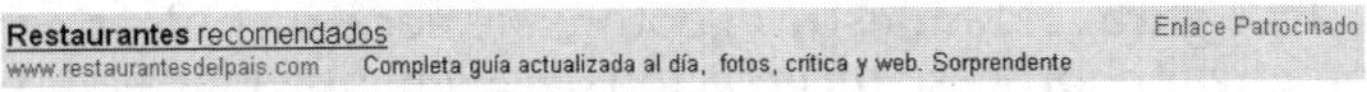

Figura 7.10. Un enlace patrocinado.

Conseguir que nuestro anuncio aparezca el primero en la lista de resultados depende del precio máximo por clic que hayamos seleccionado en AdWords, el gasto máximo diario y, por supuesto, de las palabras clave.

Como ya sabe, de esos valores no sólo depende que su anuncio aparezca el primero en la lista de resultados, también el número de veces que aparecerá.

Si quiere asegurarse de que su anuncio será el más visto las veces que se anuncie, contacte con el departamento de publicidad de Google, ellos prepararán una campaña a su medida. Puede encontrar más información al respecto en la dirección:

http://www.google.es/ads/overview.html

7.4. AdSense

Hasta ahora, en este capítulo hemos visto las posibilidades publicitarias que Google ofrece a los anunciantes, sean empresas o particulares, a través de AdWords. Para sacar el máximo partido a su propio sistema de publicidad

Google intenta controlar también la otra cara de la moneda, los editores.

Comparemos el sistema de publicidad de Google con el empleado para los periódicos. Con AdWords se gestionan los anuncios que aparecen en él. Con AdSense, los periódicos. Y en este caso, todo aquel que tenga una página Web en Internet tiene un periódico, es decir, puede recibir ingresos por publicidad de forma muy sencilla.

Y como con AdWords, todo comienza con la creación de una cuenta.

7.4.1. Creación de la cuenta

La página principal de AdSense se encuentra en la dirección:

http://www.google.com/adsense/

La figura 7.11 muestra el botón que necesita pulsar para comenzar el proceso de creación de su cuenta. Haga clic en él.

Figura 7.11. Creación de la cuenta AdSense.

Será conducido a la página de identificación. En ella podrá seleccionar entre identificarse si ya dispone de una cuenta de usuario para AdSense o introducir su dirección de correo electrónico y la contraseña que desee por duplicado si es un nuevo usuario. Haga clic en el botón **Continuar** cuando haya introducido los datos que se le piden.

> ***Nota:*** *Tenga en cuenta que si ya ha creado una cuenta para AdWords podrá utilizar la dirección y la contraseña de esa cuenta para entrar en AdSense. Durante esta sección procederemos como si esa cuenta no se hubiese creado, ya que es posible que a usted no le interese utilizar AdWords pero si AdSense.*

Tras proporcionar una dirección de correo electrónico y una contraseña, AdSense necesita que le dé más detalles sobre usted. Para empezar, si se trata de un particular o de una empresa. Seleccione la primera o la segunda de las opciones, respectivamente, y haga clic en el botón **Continuar**. A los residentes en los Estados Unidos se les pedirán más adelante datos adicionales.

La página que AdSense le mostrará en este momento intimida. Se trata del típico formulario en el que se le pide que introduzca muchos datos. Tenga paciencia y facilíteselos. La mayoría de ellos son personales, como el nombre o la dirección, datos que ya conoce. Pero hay otros que no. Son los siguientes:

- **Sitio Web:** Introduzca aquí la dirección de la Web principal en la que va a publicar los anuncios. Tenga en cuenta que esta dirección sólo se utiliza para poder crear la cuenta y que podrá publicar anuncios de esta cuenta que está creando en otras páginas.
- **Idioma del sitio Web:** Los anuncios que aparezcan en su página dependerán del idioma que seleccione de la lista. Si ha leído el apartado dedicado a AdWords, recordará que los anunciantes también deben seleccionar el idioma esperado de su audiencia. Se trata de valores complementarios.
- **AdSense para contenido:** Marque esta casilla si desea que Google rastree el contenido de su página Web para poder determinar qué anuncios tienen más relación con ella.
- **AdSense para búsqueda:** Si quiere proporcionar a los visitantes de su propia Web una herramienta de búsqueda basada en Google, tanto para el contenido de su propia Web como para el resto, marque esta casilla.
- **Boletines:** De forma periódica, Google publica un boletín informativo con trucos, consejos e incluso encuestas. Marque la última casilla de verificación si desea recibirlo en la dirección de correo electrónico que ha proporcionado al principio del proceso de creación de la cuenta.

Cuando haya terminado de rellenar el formulario haga clic en el botón **Enviar**. Será conducido a una página en la que se le pide que confirme que los datos que introdujo en el formulario anterior son correctos. Para facilitarle la tarea se le mostrará un resumen de los mismos. En caso de que localice algún error, haga clic en el botón **Editar la**

información de la cuenta, subsánelo y vuelva a hacer clic en el botón **Enviar** para volver a la página de confirmación de datos.

Si sus datos son correctos, haga clic en el botón **Continuar** para concluir el proceso de creación de la cuenta en AdSense. Si consulta la cuenta de correo que acaba de facilitar, comprobará que ha recibido un mensaje de parte de Google. Se trata del mensaje de confirmación de la cuenta de correo electrónico. El proceso es muy simple: haga clic en el primer enlace que aparece en el cuerpo del mensaje. La página que vea le informará del éxito en confirmarla.

Este proceso es necesario para que desde Google tengan la certeza de que la persona que está creando la cuenta AdSense tiene acceso a la dirección de correo electrónico que se ha introducido. El proceso de creación de la cuenta no concluye con la verificación de la dirección de correo electrónico. Google tendrá que revisar sus datos antes de darle acceso a ella. Antes de que transcurra una semana desde la fecha de la solicitud se le informará del resultado a través de correo electrónico.

7.4.2. Creación de un anuncio

Tras angustiosos días de espera delante de la pantalla, el mensaje de Google en el que le confirman que su solicitud ha sido aceptada ha llegado. Hoy siente que el mundo es un lugar mejor y todo comienza a tener sentido.

Así que decide que es el momento adecuado para empezar a hacer el bien. Para comenzar, quiere ayudar a otras empresas a salir adelante, así que quiere situar en su propia página Web, en un lugar privilegiado, anuncios de estas empresas. Y sabe que cuenta con la ayuda de AdSense.

Abra la página Web de AdSense. Su dirección es:

http://www.google.com/adsense/

Seleccione el idioma con el que prefiera trabajar entre los disponibles en la lista desplegable que aparece en la parte superior de la página. A continuación, introduzca la dirección de correo electrónico que utilizó para crear la cuenta y la contraseña asociada en los cuadros de texto adecuados y haga clic en el botón **Registro**.

La parte superior de la página que verá contendrá tres pestañas: **Informes**, **Opciones del anuncio** y **Mi Cuenta**, como puede verse en la figura 7.12.

Figura 7.12. Pestañas de AdSense.

Ahora mismo, la que le interesa es la segunda, que precisamente es la que aparece marcada en la figura 7.12. Haga clic en ella para ir a la página que le permitirá obtener el código HTML que deberá incluir en su página para mostrar los anuncios.

Esta página le ofrece multitud de opciones configurables:

- **Tipo de anuncio:** En el momento en el que estas líneas están siendo escritas, AdSense ofrece dos tipos de anuncio. El primero de ellos ya lo conoce, se trata de texto. Vio su aspecto en el apartado dedicado a AdWords. El segundo de ellos incluye gráficos. En la figura 7.13 puede ver un ejemplo del primero, que seguro le resulta familiar por lo utilizado que es. Si desea ver más ejemplos de los diferentes tipos de anuncio existentes, vaya a la siguiente dirección Web http://google.com/adsense/adformats/.

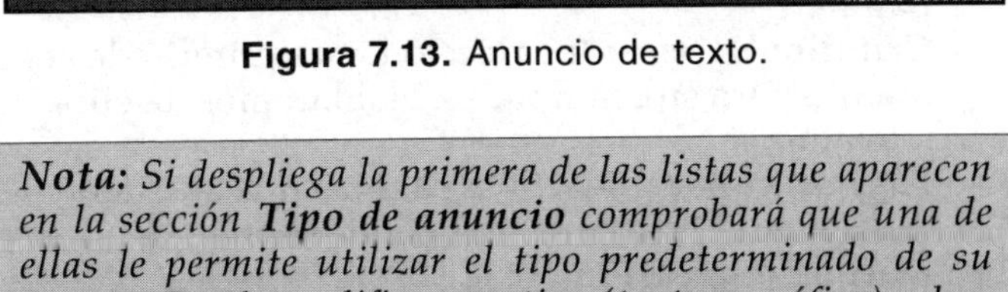

Figura 7.13. Anuncio de texto.

> ***Nota:*** *Si despliega la primera de las listas que aparecen en la sección* ***Tipo de anuncio*** *comprobará que una de ellas le permite utilizar el tipo predeterminado de su cuenta. Puede modificar ese tipo (texto o gráfico) seleccionando la pestaña Mi Cuenta, en la parte superior de la página y modificando las opciones de configuración de la misma.*

- **Disposición del anuncio:** Si AdSense sólo ofreciese publicidad en el formato que vio en la figura 7.13 sería complicado encajarla en algunas páginas, debido al diseño de las mismas. Para esos casos, Google proporciona una gran variedad de tamaños y distribuciones: rectángulos horizontales, verticales, cuadrados pequeños, o grandes, etc. Seleccione la disposición más adecuada a sus necesidades.

- **Paleta de colores:** Y si el tamaño es importante, al menos en este caso, no lo es menos el color. La lista desplegable asociada a esta sección ofrece una serie de opciones. A medida que las seleccione cambiará el color del anuncio de muestra que aparece a la derecha. Puede que las combinaciones disponibles no le satisfagan. Si es el caso, haga clic en el enlace **Administre sus paletas de colores**. Se le dará la opción de crear su propia combinación de colores y asignarle un nombre. Posteriormente estará disponible en la lista despegable que acabamos de mencionar.
- **URL del anuncio alternativo o color:** La dirección o el color que indique aquí se mostrarán cuando, por la razón que sea, Google no devuelva ningún anuncio. La dirección que escriba puede ser la URL de una imagen. En ese caso, es recomendable que tenga el mismo tamaño que el grupo de anuncios que seleccionó en la sección **Disposición del anuncio**. Si no quiere mostrar ningún anuncio alternativo, puede especificar el código hexadecimal del color con el que quiere que se rellene el espacio que debería ocupar el anuncio. Por ejemplo, si el fondo de la página es blanco, podría utilizar como color de relleno el mismo, para que no se notase que hay un hueco en la página.
- **Criterio:** Le permite seleccionar un criterio de seguimiento para sus campañas. Hablaremos de ellos más adelante.
- **Páginas con frames:** Si la página en la que tiene pensado incluir los anuncios contiene marcos (*frames*), marque esta casilla.
- **Su código AdSense:** En este cuadro de texto estará el resultado de las opciones que ha seleccionado.

Por ejemplo, suponga que selecciona anuncios de texto en la disposición **Skyscraper horizontal de 728 x 90**, con la paleta de colores **Mother Earth**. El código HTML que deberá incluir en sus páginas es el siguiente:

```
<script type="text/javascript"><!--
google_ad_client = "pub-4617119532920066";
google_ad_width = 728;
google_ad_height = 90;
google_ad_format = "728x90_as";
google_ad_type = "text";
```

```
google_ad_channel ="";
google_color_border = "336699";
google_color_bg = "FFFFFF";
google_color_link = "0000FF";
google_color_url = "008000";
google_color_text = "000000";
//--></script>
<script type="text/javascript"
src="http://pagead2.googlesyndication.com/
pagead/show_ads.js">
</script>
```

Cree un archivo de texto con el bloc de notas y pegue el código anterior, que habrá obtenido del cuadro de texto **Su código AdSense**. Guarde el archivo con el nombre adsense.html y ábralo en un cliente Web. Podrá ver algo parecido a lo que se muestra en la figura 7.14.

Figura 7.14. Su primer anuncio.

De forma predeterminada, si Google no es capaz de obtener información alguna sobre la página en la que se encuentra ubicado el código anterior, muestra anuncios como el que se puede ver en la figura 7.14. Suelen estar relacionados con organizaciones no gubernamentales, con la salud, la beneficencia, etcétera. De hecho, también muestra este tipo de anuncios de forma aleatoria.

Ahora que tiene un espacio publicitario en su página Web, sólo queda esperar que llueva el dinero.

Criterios de seguimiento

Aunque sólo tenga una cuenta AdSense, puede incluir sus anuncios en todas las páginas que desee. Ahora bien, ¿cómo saber cuáles de estas páginas le están proporcionando más beneficios? Sería interesante obtener esa información para intentar dar un empujón a las que peor estén funcionando antes de eliminar la publicidad que aparece en ellas.

AdSense nos permite asignar a cada espacio publicitario que necesitemos un código que lo diferencie del resto. Hace un momento, al describir los datos necesarios para obtener el código HTML para los anuncios, pasamos por alto el apartado **Criterio**. Haga clic en la pestaña **Opciones del anuncio** y fíjese en dicha sección. Existe un enlace llamado **Administre sus criterios de seguimiento**. Haga clic en él.

La página que podrá ver muestra, entre otras cosas, dos secciones, una dedicada a los criterios de seguimiento por URL y otra a los personalizados. Vamos a centrarnos en los segundos.

El funcionamiento de este sistema es muy simple: escriba el nombre del criterio en el cuadro de texto y haga clic en el botón **Crear nuevo criterio**. Por ejemplo, suponga que va a situar la publicidad en tres páginas: la de entrada, la que dedica a cine y la de libros. Podría crear tres criterios, como los que se pueden ver en la figura 7.15.

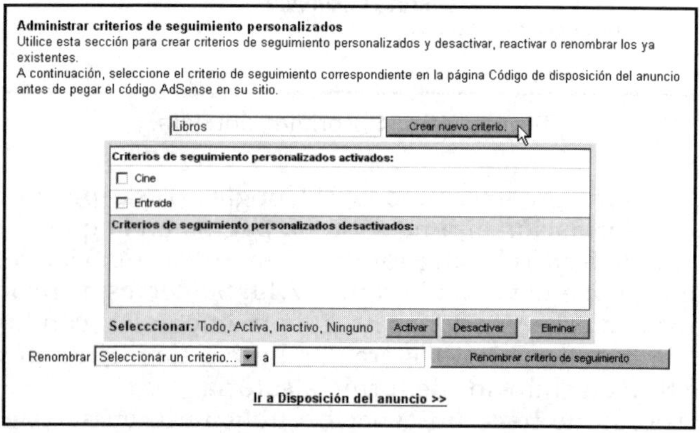

Figura 7.15. Tres criterios de seguimiento.

> ***Nota:*** *Como ve, puede eliminar, desactivar e incluso cambiar el nombre de los criterios de seguimiento que haya creado. El funcionamiento de esas opciones es sumamente simple, así que no nos vamos a detener en explicar cómo utilizarlas.*

Vuelva ahora a la página para la obtención del código del anuncio. Puede volver haciendo clic en el enlace **Ir a Disposición del anuncio** que aparece en la parte inferior de la página en la que se encuentra.

Ahora, seleccione las mismas opciones que anteriormente, cuando creó el código AdSense para incluir en sus páginas, pero con una salvedad: seleccione algún valor de la lista **Criterio**. Por ejemplo, **Entrada**. El código resultante es el siguiente:

```
<script type="text/javascript"><!--
google_ad_client = "pub-4617119532920066";
google_ad_width = 728;
google_ad_height = 90;
google_ad_format = "728x90_as";
google_ad_channel ="1246420714";
//--></script>
<script type="text/javascript"
src="http://pagead2.googlesyndication.com/
pagead/show_ads.js">
</script>
```

La diferencia está en el atributo `google_ad_channel`. En el fragmento de código anterior ese atributo, aunque presente, estaba vacío. Ahora contiene un valor numérico: 1246420714. Se trata del identificador de su código de seguimiento, pero no es necesario que usted recuerde ese valor. Basta con que siga utilizando los nombres que asignó a cada criterio de seguimiento.

Siga estos pasos para crear tantos fragmentos de código como diferentes zonas publicitarias quiera mostrar. Por supuesto, no es obligatorio utilizar siempre estos códigos, sólo es necesario asignarlo a aquellos fragmentos que le interese vigilar.

Si ahora utiliza el nuevo fragmento de código HTML para colocarlo en la página principal de su Web no notará ningún cambio. Sólo apreciará alguna diferencia cuando comience a utilizar el generador de informes.

7.4.3. Informes

Llover, lo que se dice llover, no lloverá el dinero a no ser que su sitio tenga mucho tráfico. De todas formas, AdSense pone a su disposición una página en la que puede ver qué resultado está teniendo el espacio publicitario que ha incluido en su página Web. Para acceder a él sólo tiene que hacer clic en la pestaña **Informes**, que se encuentra en la parte superior izquierda del panel de control.

De forma predeterminada, el formulario para la creación de informes intenta abarcar un periodo reciente, pero es posible seleccionar sus propios criterios de búsqueda. Por ejemplo, fíjese en la figura 7.16. En ella le pedimos a AdSense que nos muestre las estadísticas de publicidad de la página principal.

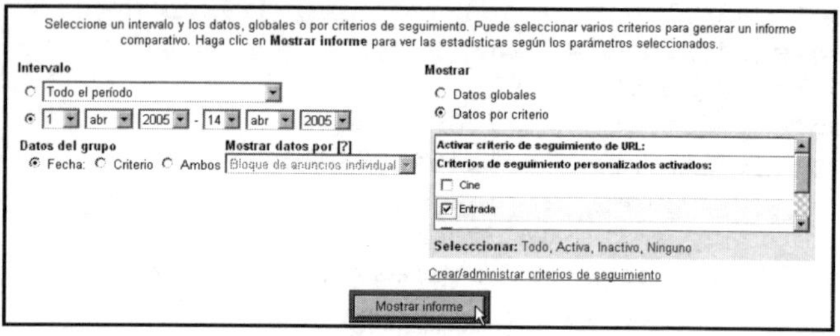

Figura 7.16. Creación de un informe.

Tanto si selecciona un criterio de seguimiento como si no lo hace, el informe mostrará una serie de columnas con información relativa al rendimiento de la publicidad: fecha de la información, número de páginas vistas, clics realizados en los anuncios y detalles relativos al precio que se le pagará por cada uno de ellos.

Seguramente, lo que más le interese sean los totales. Fíjese en la fila que aparece en la parte superior, destacada del resto por su color de fondo, que será parecida a la que se puede ver en la figura 7.17. Espero sinceramente que sus ingresos sean mayores que los que se muestran en ella.

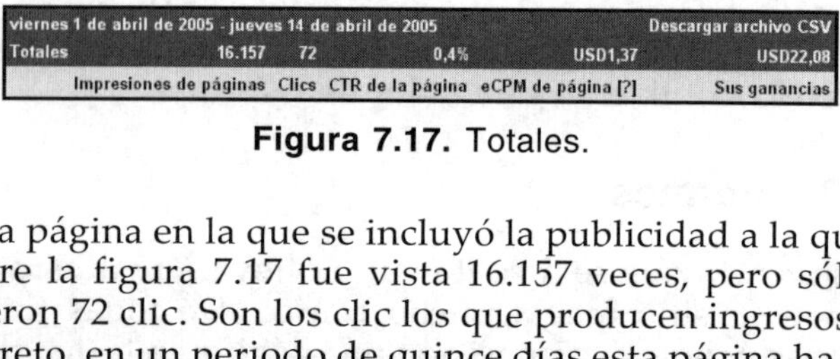

Figura 7.17. Totales.

La página en la que se incluyó la publicidad a la que se refiere la figura 7.17 fue vista 16.157 veces, pero sólo se hicieron 72 clic. Son los clic los que producen ingresos. En concreto, en un periodo de quince días esta página ha producido unos 22 dólares. No es mucho, pero es más que de sobra para pagar los gastos de gestión de un dominio, por ejemplo. Con la publicidad incluida en esa página puede cubrir parte de los gastos de mantenimiento de su sitio Web, si se trata de uno modesto.

¿Cómo podemos cobrar ese dinero?

7.4.4. Cobrar

La parte más importante, sin duda. Para poder seleccionar las opciones de pago, haga clic en la pestaña **Mi cuenta**. En primer lugar, deberá seleccionar la forma de pago. Se le ofrecen tres opciones: cheque con entrega estándar, cheque con entrega rápida y transferencia. En el caso que estamos siguiendo ahora, el cheque con entrega rápida no es una opción, puesto que los gastos de tramitación superan a los beneficios obtenidos.

Aunque es posible que las personas más prácticas prefieran un ingreso en cuenta, también hay quien prefiere en cheque para tener una demostración física de su vinculación con Google. Si busca en Google Images los términos "Google AdSense Check" comprobará que hay quienes quieren compartir con los demás su alegría por haber cobrado.

Seleccione la forma de pago que más le interese y haga clic en el botón **Continuar**. El siguiente paso consiste en seleccionar la moneda en la que quiere cobrar. Puede ser euro o dólar. Haga clic en el botón **Guardar cambios** para volver a la página de su cuenta.

> ***Nota:*** *Google sólo le abonará sus beneficios cuando estos superen los cien dólares, así que intente que sus páginas reciban la mayor cantidad de visitas posible para aumentar el número de clics en los anuncios. Aprenda más sobre cómo aumentar el número de usuarios de sus páginas en los capítulos dedicados a posicionamiento.*

El último paso consiste en proporcionar a Google su información fiscal. Según la legislación vigente en Estados Unidos, sin esa información no es posible realizar el pago. Haga clic en el enlace **Información fiscal**, que aparece bajo las pestañas.

Seleccione el tipo de formulario que debe rellenar. Si es usted un editor sin actividades en Estados Unidos deberá hacer clic sobre el enlace **Editor extranjero sin activida-**

des en EE.UU. Si no lo tiene claro, consulte al asesor financiero de su empresa.

En el caso de editores sin actividades en el extranjero, bastará con que escriba su nombre en el formulario que verá tras hacer clic en el enlace antes mencionado y hacer clic entonces en el botón **Enviar información**. Esta acción será equivalente a firmar un documento.

7.5. Conclusión

Durante este capítulo hemos visto cómo funciona la principal fuente de ingresos de Google: la publicidad. Un buscador que mueve tal cantidad de información diaria está en una posición muy ventajosa en este tipo de actividad.

Google ofrece la posibilidad de participar en esta parte de su negocio tanto a anunciantes como a editores. Por un lado, puede crear sus propias campañas publicitarias de forma rápida y sencilla, como ha podido comprobar. Se le ofrece control tanto sobre la información que sus anuncios mostrarán como sobre el gasto que quiere hacer.

Por otro lado, puede publicar anuncios en sus propias páginas y cobrar por ello. De nuevo, el sistema que Google le proporciona es tan sencillo que cualquiera puede intentar coger su trozo del pastel. El esfuerzo, en este caso, no está tanto en incluir los anuncios en su Web como en lograr que los beneficios sean altos.

Y todo esto se lo ofrece una empresa que nunca ha contratado una campaña de publicidad para sí misma en medio alguno.

8 Google Desktop Search

Google nos sigue sorprendiendo con sus sistemas de búsqueda y da un paso más. Consigue que podamos disfrutar de toda su potencia y experiencia para poder buscar en nuestro ordenador, de la misma forma que buscamos información en Internet. Así podemos realizar búsquedas en nuestros mensajes de correo y localizar aquellos que hayamos enviado a Paqui, o encontrar entre nuestros archivos las fotos donde Jimena está sonriendo.

En este capítulo aprenderá a instalar Google Desktop Search partiendo de cero, conociendo previamente los requisitos y consideraciones necesarias para que su instalación se realice de forma correcta. De igual forma comentaremos las implicaciones de su desinstalación.

A continuación trataremos los aspectos más importantes de su configuración y cómo pueden afectar las búsquedas a la privacidad de sus datos si no los protege configurando adecuadamente Google Desktop Search. También veremos cómo se configuran los complementos que esta herramienta pone a nuestra disposición.

En el apartado siguiente al de configuración nos centraremos en las búsquedas, cómo se pueden realizar y cómo podemos trabajar con los resultados obtenidos. Incluso podrá realizar búsquedas conjuntas entre Internet y su ordenador.

Finalmente veremos tres herramientas que han surgido siguiendo el ejemplo de Google: Yahoo! Desktop Search, MSN Toolbar Suite y Beagle, del proyecto Gnome. Son un intento de hacerle la competencia a Google, aunque están todavía en fase de pruebas y en perfecto inglés.

Comencemos, pues, viendo qué es Google Desktop Search.

8.1. Google en su ordenador

Al principio no había nada y, de repente, surgió **Google Desktop Search**. Otra de las ideas locas de Google. Bueno, no es una idea tan loca, con sólo echarle un vistazo podrá darse cuenta de que se trata de una aplicación muy sencilla, pero que está muy pensada. Su finalidad es muy simple: realizar búsquedas de información de forma rápida y elegante.

La información que se encuentra en su ordenador está distribuida en una gran variedad de formatos, de archivos y de mensajes. Google Desktop Search le permite ordenar todo ese desorden. Así ya no tendrá que preocuparse de organizar sus datos. Con Google Desktop Search los podrá encontrar fácilmente, realizando sus búsquedas mediante las palabras que puedan contener sus archivos de datos.

> ***Nota:*** *A lo largo y ancho de este capítulo nos referiremos a esta aplicación por su nombre completo, Google Desktop Search, o por sus siglas, GDS, indistintamente.*

Google Desktop Search le permite realizar búsquedas en su ordenador, mirando en mensajes, archivos de todo tipo, historiales de navegación Web e historiales de conversaciones. Entre las fuentes disponibles en las que GDS busca destacan las siguientes:

- **Mensajes de correo electrónico**: Outlook, Outlook Express, Nestcape Mail y Thunderbird.
- **Documentos de oficina:** Word, Excel, PowerPoint y PDF, así como documentos de texto.
- **Páginas Web ya visitadas:** HTML, ASP, PHP y XML, que están guardadas en una caché en su disco duro.
- **Historiales de navegación Web:** Internet Explorer, Nestcape, FireFox y Mozilla.
- **Archivos multimedia:** música, imágenes y vídeos.
- **Historiales de conversaciones:** AOL Instant Messenger y MSN Messenger.

Pero además de estos tipos de archivos podemos realizar búsquedas sobre otros tipos de documentos, siempre y cuando descargue e instale el complemento (o *plug-in*) adecuado a cada tipo de documentos. Para aprender más sobre los complementos de Google Desktop Search acuda a la sección 8.2.4, Instalación de complementos.

El nombre de esta aplicación, Google Desktop Search, se podría traducir como aplicación de búsqueda en el escritorio o buscador de escritorio Google, porque está diseñado específicamente para ejecutarse en ordenadores de sobremesa o escritorio.

Como ha podido ver, GDS puede trabajar sobre una gran cantidad de fuentes de datos, ya que casi todos nuestros datos están guardados en los formatos que antes hemos expuesto. Pero no hay nada mejor que conocer de primera mano las características de esta aplicación. Para acceder a su página Web sólo tiene que dirigirse a la siguiente dirección:

http://desktop.google.es/

Aquí podrá encontrar una extensa explicación de las virtudes y ventajas de esta aplicación, además de poder descargarla. La figura 8.1 muestra el sitio Web de Google de esta aplicación en castellano.

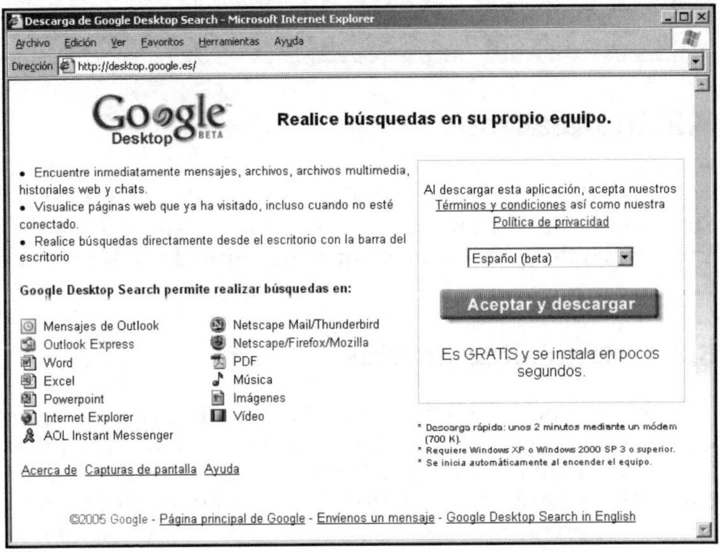

Figura 8.1. La Web de Google Desktop Search.

Pero la base de todo esto radica en un sistema que GDS genera una vez finalizada su instalación: el índice de búsqueda. La creación de este índice permite que GDS encuentre la información en su ordenador con la misma facilidad con la que se realizan búsquedas en Internet mediante Google. Se puede decir que GDS realiza una fotografía del contendido de su disco duro para ubicar todos sus datos. Así todo queda plasmado en un mapa o índice donde poder acudir para encontrar cualquier documento o mensaje de una manera rápida y sencilla.

Con todo esto Google sigue empeñado en facilitarnos la vida a los *internautas* y usuarios de ordenadores en general. Pero no sólo esto: además es capaz de seguir marcando tendencias entre las empresas que se dedican a esto de los ordenadores y de Internet. Ha conseguido que Microsoft y Yahoo también empiecen a desarrollar herramientas similares a las suyas para intentar hacerle competencia.

> ***Nota:*** *Mientras se escribe este libro la versión en castellano de GDS todavía se trata de una beta, de prueba. Pero no se preocupe, puede instalarla y utilizarla con total tranquilidad porque su funcionamiento está más que probado, lo único que está en prueba son los mensajes y textos de la aplicación en castellano.*

8.2. Instalación

Antes de empezar a trabajar con la aplicación Google Desktop Search tiene que instalarla en su ordenador. Veamos cuáles son los pasos que tiene que dar para conseguirlo.

8.2.1. Requisitos previos

Esta aplicación, GDS, es medianamente exigente en lo que se refiere a sus requisitos de software. Para funcionar necesita el sistema operativo Windows XP o Windows 2000, este último con SP 3 o superior. Es decir, no puede instalarse en ordenadores con Windows 95, Windows 98 ni Windows Millenium por las características de estos sistemas operativos. Ni que decir tiene que GDS no está disponible para Linux o Mac.

En lo que se refiere a los requisitos hardware del ordenador donde va a ser instalado, baste decir que cualquier ordenador donde esté instalado Windows XP o Windows

2000 está perfectamente equipado para ejecutar GDS. Aunque sería recomendable disponer como mínimo de 128 MB de memoria RAM y de un procesador Pentium a 400 MHz. Lo único que hay que tener en cuenta es el espacio en disco disponible, ya que GDS necesita como mínimo 500 MB para instalarse y para su índice de búsqueda.

> ***Nota:*** *SP son las siglas de* **Service Pack** *(paquete de instalación). Un* service pack *de Microsoft engloba todas las actualizaciones y correcciones de uno de sus sistemas operativos hasta la fecha de publicación del propio SP. El último SP de Windows 2000, en el momento de escribir este libro, es SP 4 y el de Windows XP es SP 2.*

Pero el espacio necesario puede crecer hasta cuatro GB. Esto depende de la forma en que configuremos la aplicación o de si su ordenador contiene muchos documentos, ya que GDS tomará una instantánea de cada uno de ellos para guardarla en su caché de documentos.

8.2.2. Cómo obtenerlo

Para conseguir el archivo de instalación de esta aplicación sólo tiene que acudir a la página Web de Google Desktop Search:

http://desktop.google.es/

Una vez que ya esté en su página Web, tiene que elegir el idioma de la descarga y hacer clic sobre el botón **Aceptar y descargar** que aparece en la parte derecha de la página Web. Esto lo muestra la figura 8.2.

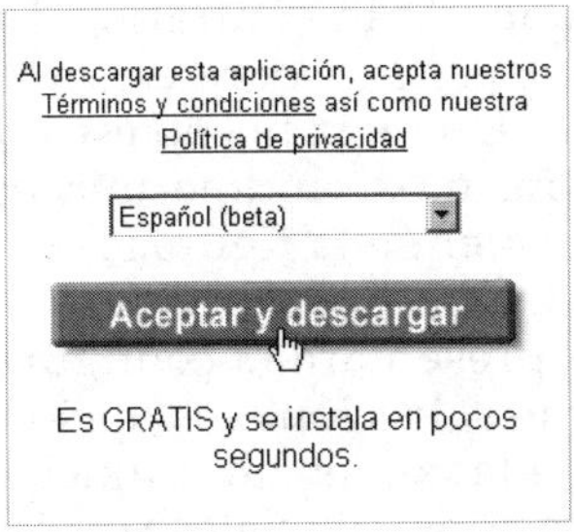

Figura 8.2. Botón Aceptar y descargar.

Una vez pulsado este botón se mostrará una advertencia de seguridad, al tratarse de la descarga de un archivo ejecutable. Sólo se le pide la confirmación de la descarga del archivo **GoogleDesktopSearchSetup.exe**. La figura 8.3 muestra esta advertencia.

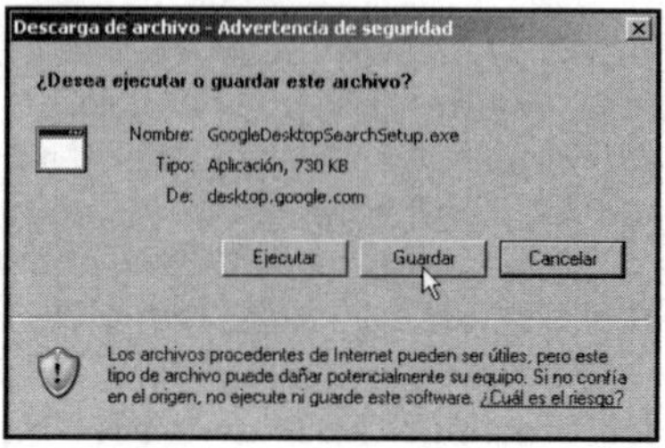

Figura 8.3. Advertencia de seguridad.

Ya sólo le queda elegir entre ejecutar el programa de instalación para que comience la instalación o guardarlo en su disco duro, por si quiere volverlo a utilizar en otra ocasión. Utilice esta segunda opción, haciendo clic sobre el botón **Guardar**, como puede ver en la figura anterior 8.3. Veamos, en la siguiente sección, cómo se lleva a cabo la instalación.

8.2.3. Pasos de la instalación

Para comenzar la instalación tiene que ejecutar el programa **GoogleDesktopSearchSetup.exe** haciendo doble clic sobre él, o ejecutándolo directamente desde la página de descarga, como mostraba la figura 8.3.

Es recomendable cerrar todos los programas que tenga en ejecución porque, de lo contrario, el propio programa de instalación le advertirá sobre esto y se detendrá hasta que lo haya hecho. Una vez hecho esto comenzará el proceso de instalación, mostrándole una barra de progreso como la que puede ver en la figura 8.4.

Cuando el proceso de instalación haya concluido, el asistente de GDS nos presentará la configuración inicial de la aplicación para que seleccione las opciones que más le interesen y GDS pueda comenzar a funcionar e indexar sus archivos. Estas opciones iniciales son las que muestra la figura 8.5.

Figura 8.4. La instalación en marcha.

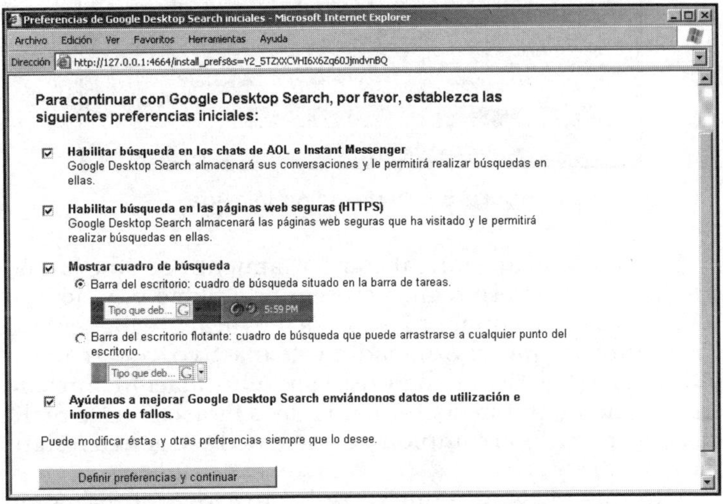

Figura 8.5. Guardar la configuración inicial.

Puede modificar las preferencias iniciales de GDS si lo desea, pero las opciones por defecto que nos muestra el instalador son suficientes para que empiece a funcionar. Pero no se preocupe, ya retomaremos la configuración de GDS en el apartado dedicado a tal fin de este mismo capítulo. Sólo entonces estará en mejor situación para poder configurar GDS según sus necesidades.

Para continuar con el proceso de instalación debe hacer clic sobre el botón **Definir preferencias y continuar** que aparece al final de la figura 8.5, para guardar la configuración inicial. Después de esto, la aplicación GDS comenzará a construir su índice de búsqueda examinando todo el contenido de su ordenador. La instalación quedará completada cuando el instalador nos muestre la pantalla de aviso de creación del índice, tal y como nos muestra la figura 8.6.

El proceso de creación del índice es bastante lento y dependerá en gran medida de la cantidad de documentos y elementos de correo que usted tenga en su ordenador.

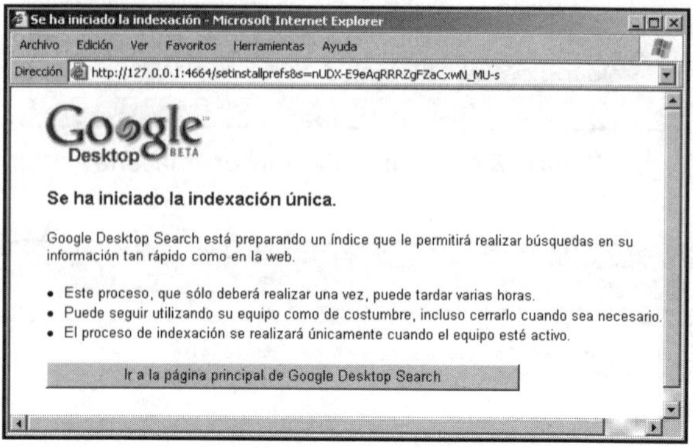

Figura 8.6. Indexación iniciada.

Pero esto no afectará al comportamiento de su ordenador, este proceso se realiza en segundo plano y no le molestará. De esta manera sólo se llevará a cabo en los momentos en que su ordenador esté inactivo, por lo que la ayuda de GDS recomienda realizar la instalación antes de irse a comer o por la noche, para que la indexación se realice de forma ininterrumpida y a usted no le suponga ninguna molestia.

Durante el tiempo que dure la creación del índice de búsqueda, las búsquedas que se realicen con GDS serán incompletas, ya que no se tendrán en cuenta los elementos no indexados.

La aplicación GDS se activa automáticamente al encender su ordenador, como si de un servicio más de Windows se tratara. De está forma estará siempre activo y cuando lo vayamos a utilizar podrá realizar las búsquedas rápidamente.

> ***Nota:*** *GDS se actualiza automáticamente a través de Internet. No es necesario estar pendientes de las nuevas versiones que van saliendo, ni volverlas a instalar. Ya lo hace GDS por usted.*

8.2.4. Instalación de complementos

GDS también se caracteriza por su manejabilidad y adaptación a los nuevos tipos de documentos que van surgiendo y a las necesidades de sus usuarios. Por eso necesita ser ampliable, algo que consigue a través de los nuevos complementos que lo mejoran y personalizan. El sitio Web de descarga de complementos para GDS se encuentra en la siguiente dirección Web:

http://desktop.google.com/plugins.html

Aquí podrá encontrar complementos (*plug-ins*) diseñados por terceras personas para indexar tipos concretos de archivos o mostrar características adicionales de los documentos soportados. También contiene complementos desarrollados por Google, como una nueva interfaz mejorada que nos permite ordenar y filtrar los resultados de las búsquedas: **Google Desktop Extreme**.

Existen un sinfín de nuevos complementos, cada uno con sus características propias, pero todos con una característica en común: conseguir que GDS amplíe sus capacidades de búsqueda y que su uso le resulte más cómodo.

En la página Web de descarga podemos encontrar una clasificación de los complementos por tipos de documentos, como audio, historiales de conversaciones, mensajes de correo electrónico, archivos, imágenes, historial Web y vídeos. Pero esto no acaba ahí, también está disponible un kit de desarrollo de complementos, junto con su guía de utilización, a disposición de los valientes que se atrevan a crear nuevos complementos para cubrir sus necesidades.

La única advertencia que hace Google sobre estos complementos es que no ha probado ni verificado las características de los complementos creados por terceras personas. En caso de cualquier cuestión o duda, nos invita a contactar directamente con el autor del complemento para solventarlas.

8.2.5. Desinstalación

La aplicación Google Desktop Search se desinstala perfectamente utilizando el asistente **Agregar o quitar programas** que está en el **Panel de Control** de Windows.

Para llegar hasta él tiene que hacer clic en el botón del menú Inicio, a continuación en el menú Configuración y dentro de éste en el Panel de control. Una vez abierto el panel de control, haga clic en **Agregar o quitar programas**. Cuando tenga abierto este asistente, seleccione la aplicación Google Desktop Search y haga clic en el botón **Cambiar / Quitar**: así todo habrá acabado. También puede realizar la desinstalación ejecutando Inicio>Programas> Google Desktop Search>Desinstalar Google Desktop Search.

Nota: Bueno, no todo habrá acabado. Comenzará la ejecución del programa de desinstalación, pero el proceso es sencillo. Siguiendo los pasos del asistente podrá desinstalar Google Desktop Search sin ningún problema.

Sólo queremos llamar su atención sobre un punto: la opción de conservar el archivo del índice de búsqueda creado por GDS.

Se le permite conservarlo para una futura instalación de Google Desktop Search. Y así no tendrá que ser generado de nuevo después de que finalice la instalación. Véase la figura 8.7 donde se muestra esta opción de desinstalación.

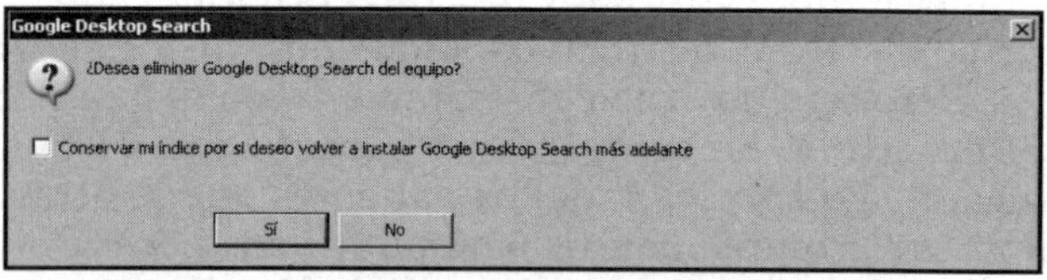

Figura 8.7. Eliminar el índice de búsquedas.

Si decide conservar el índice de búsqueda, éste no será eliminado en la desinstalación y permanecerá en su disco duro, pero todos los demás archivos de GDS serán eliminados completamente y el servicio de búsqueda ya no estará disponible.

Dada la gran cantidad de espacio que ocupa el índice dentro de su disco duro (oscila entre medio GB y cuatro GB), es aconsejable eliminarlo completamente de su ordenador. Si no va a volver a instalar la aplicación es mejor aprovechar ese espacio del disco, liberándolo en la desinstalación para que pueda ser utilizado por otros archivos.

Para eliminar el índice de Google basta con desactivar la opción y hacer clic sobre el botón **Sí** de la figura 8.7, para que el asistente de desinstalación se encargue de eliminar todos los componentes de GDS de nuestro ordenador.

8.3. Configuración

Ahora que ya tiene instalado GDS en su ordenador, veamos las opciones de configuración de esta herramienta. Para acceder a su configuración o preferencias, como lo llama la propia aplicación, tenemos que hacer clic con el botón derecho sobre el icono de GDS que aparece en la barra de tareas de su ordenador. A continuación tiene que hacer clic sobre el submenú **Más** y, dentro de éste, en el elemento **Preferencias**. Puede verlo en la figura 8.8.

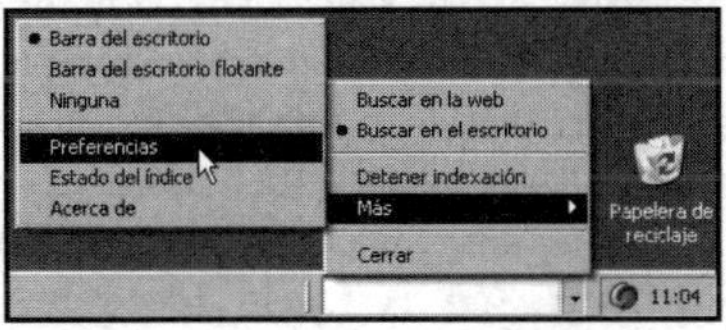

Figura 8.8. Accediendo a la configuración de GDS.

En este instante se abrirá el navegador Web predeterminado y le mostrará la página de preferencias de Google Desktop Search, tal y como muestra la figura 8.9.

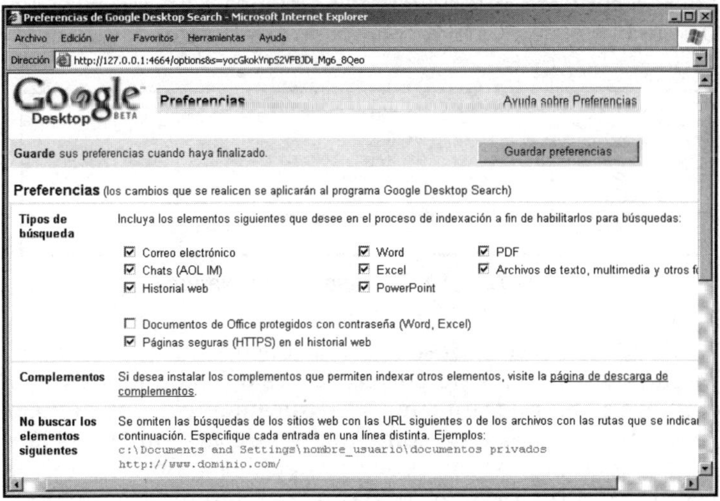

Figura 8.9. Configuración de GDS.

La modificación de las opciones de configuración o preferencias tendrá efecto sobre el comportamiento del buscador y de los resultados que encuentre. Por lo tanto es importante conocer cómo modificarlas para poder adecuar el comportamiento del buscador a nuestras necesidades concretas. Debido a esto, en este apartado sólo vamos a tratar las opciones principales de GDS. Las demás opciones no dejan de ser útiles y conviene que les eche un vistazo, para que conozca su utilidad. Si necesita obtener más información no dude en acudir a la ayuda que GDS le proporciona.

Una vez realizados los cambios en la configuración de GDS, tiene que guardarlos para que sean efectivos. Con un simple clic sobre el botón **Guardar preferencias** bastará para que se modifique el comportamiento del buscador. Este botón es el mismo que aparece en la figura 8.9, en su parte superior derecha. También aparece duplicado en la parte inferior derecha de la misma página Web.

Sin más preámbulos, vayamos a ver las opciones más importantes y cómo modificarlas.

8.3.1. Tipos de búsqueda

Estos son los tipos de archivos y los elementos sobre los que se realizarán las búsquedas y de los que el índice de GDS recopilará información. La figura 8.10 muestra los documentos que GDS recorrerá en sus búsquedas.

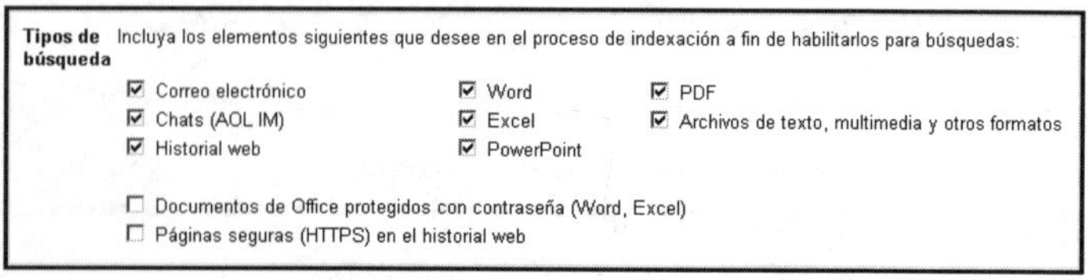

Figura 8.10. Elementos indexados.

Puede activar o desactivar la búsqueda de los documentos y mensajes de correo. De esta forma el índice se limitará a recopilar información únicamente de los elementos seleccionados. Le recomendamos desactivar la búsqueda de documentos de Office protegidos y de las páginas seguras del historial Web. Así nos evitaremos accesos indebidos a información restringida.

8.3.2. Complementos instalados

Esta sección le ayudará a gestionar los complementos de GDS que haya instalado en su equipo. Desde aquí podrá activar o desactivar las búsquedas sobre los elementos añadidos. En la figura 8.11 puede ver que hay tres complementos instalados, pero sólo dos de ellos están activados en este momento.

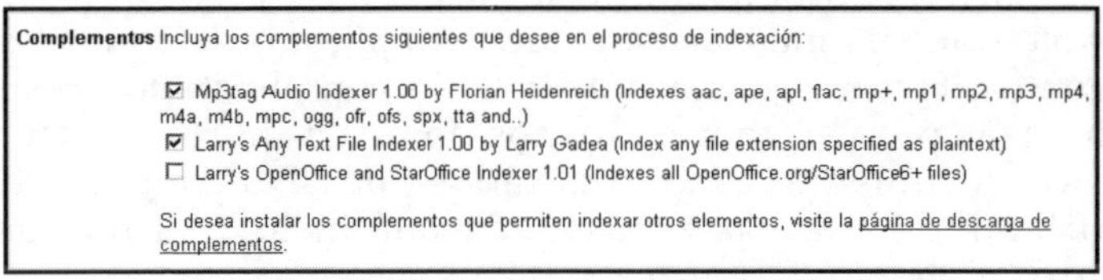

Figura 8.11. Gestión de complementos.

Al final de esta sección aparece el enlace **página de descarga de complementos**. A través de este enlace accederá a la página Web donde Google pública los complementos que va desarrollando, junto con los complementos creados por terceras personas. Hay algunos realmente interesantes, visite esa página y seguro que encuentra algún complemento que le será útil.

8.3.3. Sus directorios más sensibles

Le recomendamos que tenga muy en cuenta esta sección de la configuración, por las implicaciones que tiene sobre su privacidad. En la figura 8.12 podemos ver un ejemplo de los directorios donde no queremos que GDS busque información.

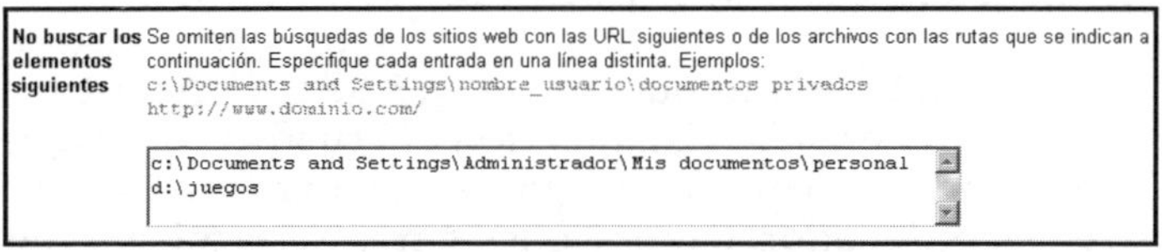

Figura 8.12. No buscar en estos elementos.

Esta es la forma de configurar GDS para que no acceda al contenido de determinadas carpetas y no indexe la información que ellas contienen. Es decir, para omitir las búsquedas de sitios Web o de carpetas determinadas, sólo tenemos que incluir la URL o la ruta del directorio que queremos que se omita, cada uno en una línea distinta, dentro del cuadro de texto de la figura 8.12.

Inicialmente puede parecerle que tanto fervor por la privacidad es exagerado. Pero suponga que su ordenador es utilizado por alguien más a parte de usted, lo cual es muy normal si se da el caso de que usted y su familia comparten el ordenador de su casa. Pues es más que probable que sus mensajes de correo o alguno de sus documentos, facturas u hojas de cálculo con el estado de sus finanzas puedan caer en manos del resto de su familia si estos documentos están indexados por GDS y alguien de su familia realiza una búsqueda que incluya el término "euro", "cuenta" o "banco".

> **Nota:** *En el capítulo dedicado a trucos que aparece hacia el final de este libro veremos como eliminar del índice de búsqueda documentos y carpetas ya indexados.*

No se trata de ocultar información a sus allegados, si no de salvaguardar algunos datos sensibles de ojos curiosos. Ni que decir tiene que una situación similar a ésta puede producirse también en el ordenador de su oficina, sobre todo si su ordenador contiene datos relativos a las finanzas de la empresa o al personal que trabaja en ella.

Por esto mismo GDS ha sido diseñado para proteger los directorios y URL de su elección, añadiendo a esta protección el hecho de que GDS no envía ninguna información de su ordenador a la Web de Google ni a ningún otro sitio de Internet.

8.3.4. El cuadro de búsqueda

El último apartado que vamos ver de las preferencias de GDS se refiere a la visualización del cuadro de búsqueda. Aquí podrá elegir dónde quiere que aparezca este cuadro en su ordenador. Las opciones son tres, las mismas que muestra la figura 8.13. La primera de las opciones, que es la opción por defecto, sitúa el cuadro de búsquedas en la misma barra del escritorio, para que esté siempre visible y accesible en cualquier situación.

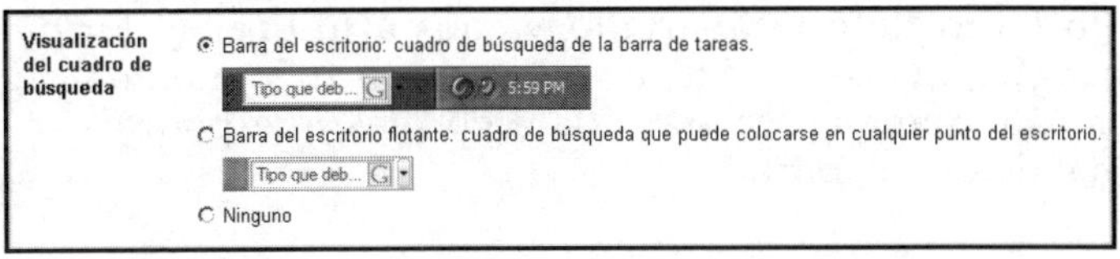

Figura 8.13. Ubicación del cuadro de búsqueda.

La segunda opción es una barra de escritorio flotante, que será la que contenga el cuadro de búsqueda. Así podrá colocar la barra en donde mejor le parezca, dentro del escritorio de Windows, claro está.

La última opción oculta la barra de búsqueda. No es que desaparezca la aplicación GDS, sino que se elimina el cuadro de búsqueda del escritorio. Para poder realizar una búsqueda, en este caso, bastará con que acceda al menú del icono de GDS. En este menú, como pudo verse en la figura 8.8, aparece la opción **Buscar en el escritorio**. Al hacer clic en él, se ejecutará el cliente Web, y se abrirá la página Web de búsquedas en su ordenador, utilizando GDS.

> ***Nota:*** *Para acceder a la ayuda y al centro de soporte de GDS, Google pone a su disposición el siguiente sitio Web: http://desktop.google.com/support?hl=es. Aquí podrá encontrar información ampliada sobre todas las cuestiones que se refieren a GDS. También podrá realizar preguntas al equipo de soporte de Google.*

8.4. Utilización

En este momento ya se encuentra en disposición de poder sacarle todo su jugo a GDS. Tras instalarlo y configurarlo podrá realizar búsquedas sin ningún problema. La única salvedad que hay que mencionar es que los resultados encontrados serán parciales.

Hasta que GDS no haya completado su índice de búsqueda, los resultados no abarcarán todos los elementos y archivos de su ordenador.

Todo lo que ya ha aprendido en los capítulos dedicados a las búsquedas en la Web de Google (capítulos 2 y 3) en relación a los términos de búsqueda, también podrá aplicarlos en sus búsquedas GDS. Como ejemplo de búsqueda a lo largo de este apartado vamos a utilizar el término "**beagle**", que se trata de una raza de perro juguetón y algo tozudo. También se trata de algo más que podrá ver al final de este capítulo.

8.4.1. Realizar una búsqueda

La forma más cómoda de realizar una búsqueda en su ordenador es utilizar la barra GDS. En este caso puede utilizar la barra flotante o la barra GDS que aparece en la barra de tareas, si así lo ha elegido en la configuración. La figura 8.14 muestra el inicio de una búsqueda desde la barra GDS de la barra de tareas.

Figura 8.14. Buscar desde la barra GDS.

Una vez que hayamos escrito los términos de búsqueda deseados sólo tenemos que pulsar la tecla **Intro** para que GDS comience su búsqueda.

Existe una segunda manera de realizar una búsqueda en su ordenador. Para esto tiene que utilizar el navegador Web para abrir el formulario de búsquedas de GDS y, tras escribir los términos de búsqueda en el cuadro de búsqueda, hacer clic sobre el botón **Buscar en Desktop**. La figura 8.15 muestra esto mismo.

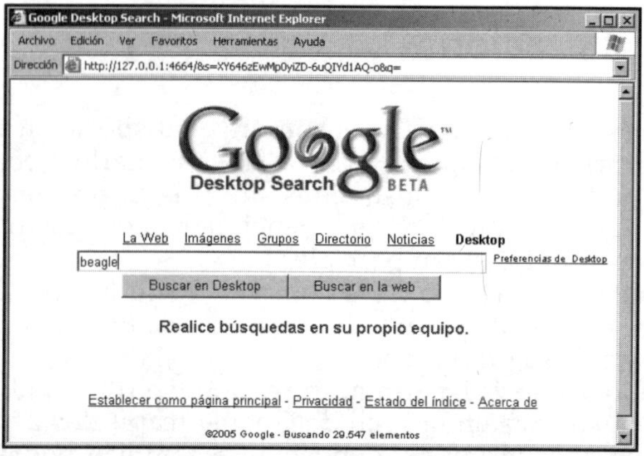

Figura 8.15. Buscar desde el navegador.

Una tercera forma de realizar las búsquedas es utilizar la propia Web de Google (http://www.google.es). Al iniciar una búsqueda desde la Web, también se realizará una búsqueda en su ordenador mediante GDS, mostrando los resultados encontrados por Google en Internet conjuntamente con los resultados hallados por GDS en su ordenador.

8.4.2. Resultados obtenidos

Cuando GDS finaliza la búsqueda nos presenta los resultados mediante el listado de los elementos encontrados. Los organiza por orden de importancia y los muestra divididos en páginas, ya que en muchas ocasiones el número de resultados es muy grande. La figura 8.16 muestra la primera página de los resultados de la búsqueda del término "**beagle**", siguiendo el ejemplo anterior.

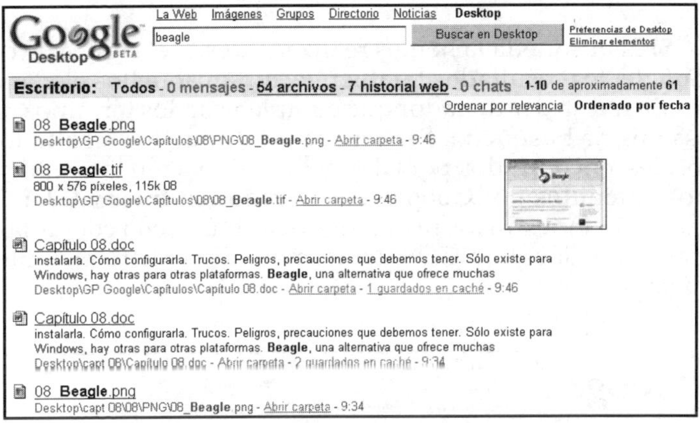

Figura 8.16. Elementos encontrados.

Una vez que tenemos los resultados de la búsqueda podemos acceder a ellos de varias formas. Haciendo clic sobre el nombre del propio elemento podremos abrirlo para acceder a su contenido completo. Si se trata de un documento o archivo, GDS nos muestra un enlace desde donde podemos acceder a la carpeta del disco duro que lo contiene. Al hacer clic sobre el enlace **Abrir carpeta** se abre el explorador de Windows mostrando el contenido de dicha carpeta. La figura 8.17 muestra el segundo resultado de la búsqueda de ejemplo y el enlace que abre su carpeta contenedora.

Figura 8.17. Accediendo a la carpeta de una imagen.

También puede acceder al elemento que está guardado en la caché de GDS (si se trata de un elemento del historial Web o de un archivo de documento conocido).

La figura 8.18 muestra un documento de Word, resultado de una búsqueda, que tiene una versión guardada en caché.

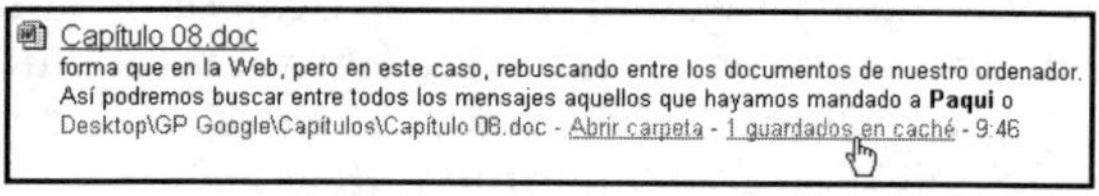

Figura 8.18. Documento de Word guardado en caché.

Si la búsqueda la hemos realizado desde el sitio Web de Google, los resultados también incluirán aquellos elementos de nuestro ordenador que cumplan con los términos de esa misma búsqueda. Primero se mostrarán los resultados locales, encontrados por GDS, y a continuación los resultados obtenidos por Google, encontrados en Internet. La figura 8.19 muestra los resultados de la búsqueda conjunta a través de Google y GDS del término de nuestro ejemplo, "**beagle**".

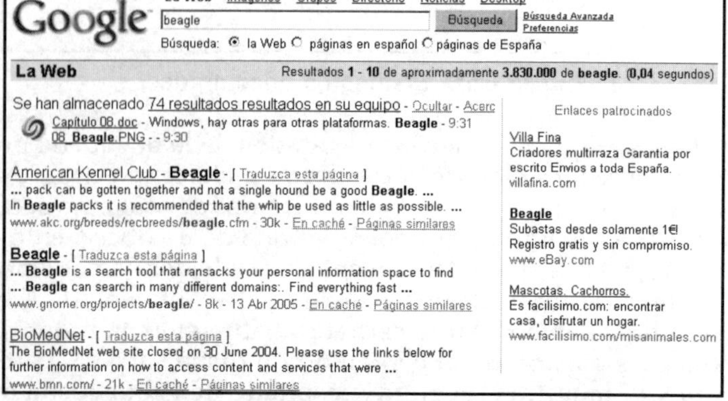

Figura 8.19. Resultados de Google y GDS.

8.4.3. Visualización por tipos

GDS, al mostrar los resultados de la búsqueda, mezcla todos los tipos de elementos que es capaz de localizar. Pero también puede mostrar un listado individual con resultados obtenidos para cada tipo de elementos encontrados, ya sean archivos, mensajes de correo, conversaciones, etcétera. Para esto ofrece una barra azul donde se muestra el número de resultados obtenidos, en la parte superior de la ventana de resultados de GDS. En esta barra aparece un enlace por cada tipo de elemento que GDS es capaz de buscar, junto con el número de elementos hallados en cada búsqueda realizada. Principalmente son los siguientes enlaces: todos, mensajes, archivos, historial web y chats. En la figura 8.20 puede ver el enlace **historial web** con el puntero del ratón sobre él.

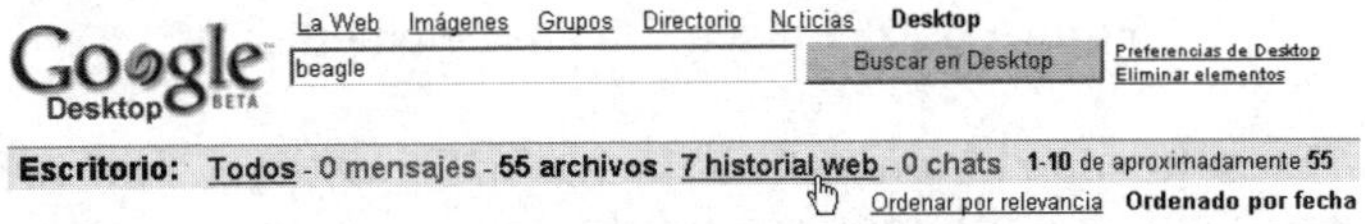

Figura 8.20. Mostrar el historial Web.

Al hacer clic sobre el enlace **historial web**, GDS nos devuelve un listado con los resultados de la búsqueda hallados dentro del historial Web. La figura 8.21 nos muestra los resultados de la búsqueda de ejemplo encontrados en este historial.

Figura 8.21. Resultados del historial Web.

Si hace clic sobre los otros enlaces de esta barra azul, obtendría listados similares, pero mostrando únicamente el tipo de elemento seleccionado. Bueno, siempre y cuando GDS haya encontrado un elemento de ese tipo para esa búsqueda.

8.4.4. Eliminar resultados de la búsqueda

En ciertas ocasiones puede ser necesario eliminar algún elemento del listado de resultados. Para esto sólo tiene que hacer clic sobre el enlace **Eliminar elementos**, que se encuentra a la derecha del cuadro de búsqueda de la página de resultados. La figura 8.22 nos muestra el puntero del ratón sobre este enlace.

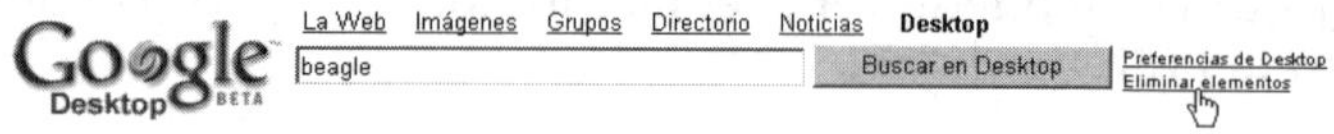

Figura 8.22. Enlace Eliminar elementos.

Tras hacer clic en este enlace, GDS nos presenta otro listado con los mismos resultados de la búsqueda, precediendo cada uno de los elementos de una casilla de verificación. Para eliminar un elemento tendrá que marcarlo primero y, a continuación, hacer clic en el botón **Eliminar los resultados marcados**. La figura 8.23 muestra esta misma situación con dos elementos ya marcados.

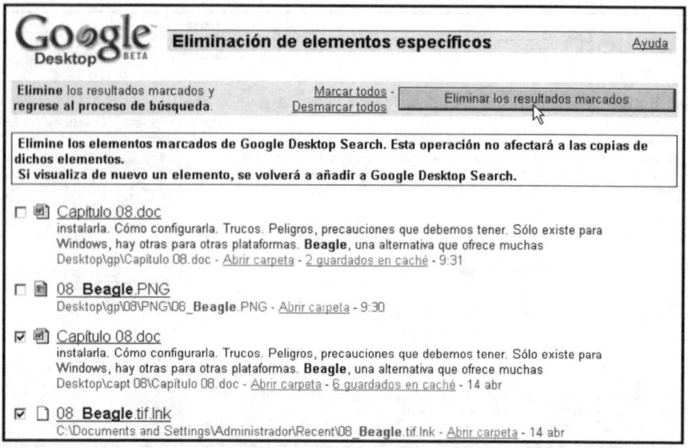

Figura 8.23. Elementos a eliminar.

Una vez pulsado el botón, GDS le volverá a mostrar los resultados de su búsqueda, pero ya sin los elementos que haya eliminado. Es muy fácil.

Hay que hacer hincapié en que el elemento marcado se elimina de las búsquedas de GDS, pero no se borra de su ordenador. Si se vuelve a realizar una búsqueda sobre esos elementos, estos volverán a aparecer nuevamente en el listado de resultados.

8.5. Herramientas similares

Como ya hemos comentado anteriormente, Google va en vanguardia en lo que a herramientas de búsqueda se refiere, ya sea en Internet como en su propio ordenador. Pero sus competidores no quieren que se les escape el hueco que Google va abriendo. Para esta ocasión también están preparando aplicaciones de búsqueda para escritorio. Entre los más conocidos están Microsoft (cómo no) y Yahoo, aunque también ha aparecido alguna que otra herramienta de software libre, como Beagle. En las siguientes secciones vamos a conocerlas un poco más.

8.5.1 Yahoo! Desktop Search

Su lema, según reza en su Web, es "Encuéntralo rápido con la potencia de Yahoo! Search". No está mal, ¿no cree? Lemas aparte, Yahoo! Desktop Search es una aplicación de búsqueda de cualquier tipo de información que se encuentre dentro de su ordenador, desde documentos de oficina hasta mensajes de Yahoo! Messenger. Se encuentra todavía en fase de pruebas, ofreciendo al gran público una versión beta. Esta aplicación necesita para funcionar correctamente el sistema operativo Windows XP o Windows 2000 con Service Pack 3 o superior.

> ***Nota:*** *Tanto la versión disponible de la aplicación, como la Web de Yahoo! Desktop Search no están traducidas al castellano. Tendrá que esperar un poquito más para poder disfrutar de una versión en nuestro idioma.*

Su página Web es la que aparece a continuación: http://desktop.yahoo.com/. La figura 8.24 muestra este sitio Web, desde donde también podrá descargarse la aplicación de forma gratuita.

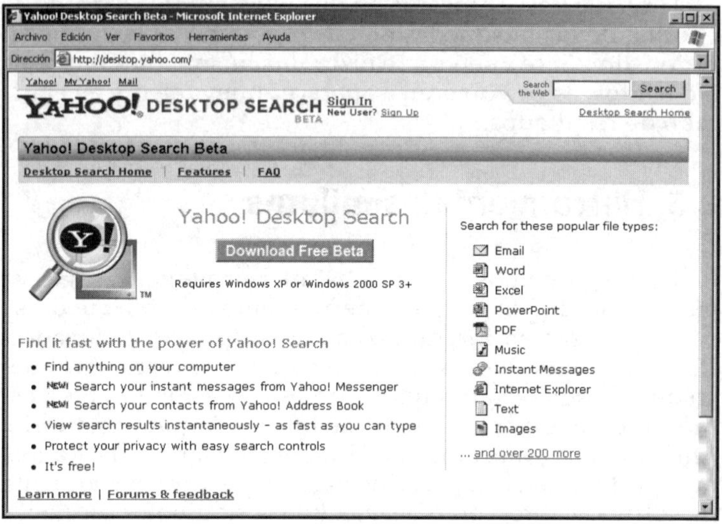

Figura 8.24. Yahoo! Desktop Search.

Las características de esta aplicación son muy similares a las de GDS, pero con algunas funcionalidades añadidas. Puede realizar búsquedas en su ordenador analizando el contenido de sus archivos, mensajes de correo, la libreta de direcciones de Yahoo y su historial de navegación Web. También le permite mantener la privacidad de sus datos más sensibles, al igual que puede personalizar sus elementos de búsqueda favoritos y configurar individualmente la indexación de cada tipo de documento.

8.5.2. MSN Toolbar Suite

Esta suite es el intento de Microsoft para no quedarse atrás en lo que a las búsquedas de información se refiere. Tiene como objetivo la búsqueda de mensajes de correo, fotos, música y una amplia variedad de tipos de archivo de datos que se encuentran en su ordenador. A la hora de realizar las búsquedas, esta suite le proporciona una serie de barras de herramientas integradas en sus aplicaciones principales. También le permite previsualizar, filtrar y trabajar con los resultados obtenidos de las búsquedas realizadas. Incluso incluye un bloqueador de ventanas emergentes para su navegador Internet Explorer.

Los requisitos de esta aplicación son un poco más exigentes: necesita tener instalado el navegador Internet Explorer 5.5 o superior, para el correo Microsoft Outlook 2000 o superior o Microsoft Outlook Express 6 o superior y como sistema operativo Windows 2000 con Service Pack 4 o Windows XP.

Para acceder a su sitio Web sólo tiene que visitar la siguiente dirección de Internet: http://toolbar.msn.com/. La figura 8.25 muestra el aspecto de esta página Web.

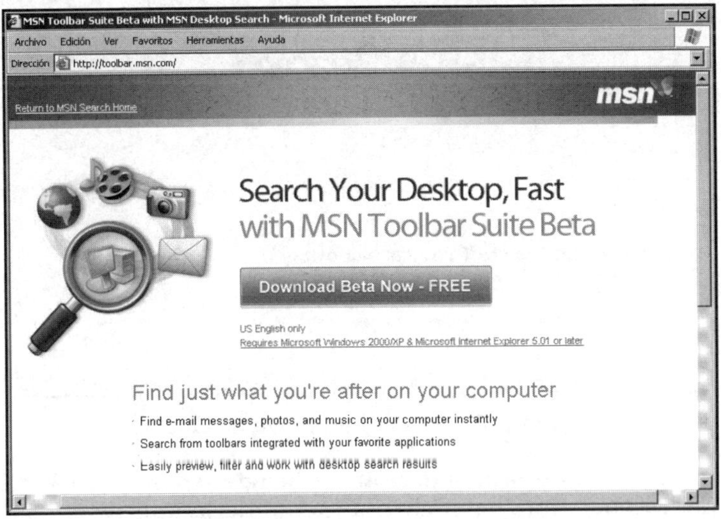

Figura 8.25. MSN Toolbar Suite.

Esta aplicación todavía está en fase de pruebas y a la hora de escribir este libro sólo está disponible la versión en inglés. Pero no sea tímido y compruebe por usted mismo cómo funciona esta herramienta de búsqueda.

8.5.3. Beagle

Forma parte del proyecto Gnome de software libre, desarrollado por la comunidad Linux. Se trata de una herramienta de búsqueda en el escritorio, que le permite realizar búsquedas registrando su espacio de información personal, es decir mirando y rebuscando en el contenido de su ordenador. Le permite encontrar fácilmente documentos, mensajes de correo electrónico, conversaciones IRC, imágenes, música, historial Web, aplicaciones y código fuente, además de un sinfín de formatos de archivos de datos.

La página principal de su sitio Web es la siguiente: http://www.gnome.org/projects/beagle/. Esta Web es la que muestra la figura 8.26.

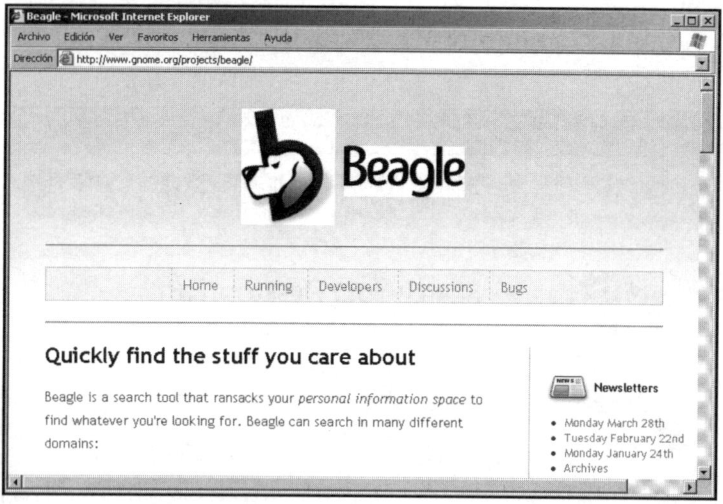

Figura 8.26. Beagle, un proyecto Gnome.

Además de la instalación de Beagle, en su sitio Web podrá encontrar los archivos fuente de la aplicación, así como información sobre la aplicación, un manual de instalación, cómo unirse al equipo de desarrollo y un foro de discusión sobre la propia aplicación.

> **Nota:** *Beagle se encuentra todavía en fase de desarrollo, al que contribuyen desinteresadamente una serie personas a lo largo de todo el mundo. Si siente inquietud puede unirse al equipo de trabajo, le recibirán con los brazos abiertos.*

Esta aplicación de búsqueda está siendo desarrollada utilizando C# sobre la plataforma Mono y Gtk#. Estas tecnologías de desarrollo permiten que la misma aplicación esté disponible para varios sistemas operativos. Por eso, es posible conseguir que la misma aplicación funcione en Windows XP y en Linux. Sólo hay que encontrar e instalar la versión correspondiente a su sistema operativo o compilarla usted mismo, pero eso ya es harina de otro costal.

8.6. Conclusión

A lo largo de este capítulo ha aprendido a instalar, configurar y utilizar Google Desktop Search para que le ayude a localizar documentos dentro de su ordenador. En muy poco tiempo conseguirá hacerse con el control de GDS y convertirse en un usuario experto. No dude en probar todas las combinaciones de búsqueda y configuración que se le ocurran: es la mejor forma de aprender.

GDS posee muchas más características y opciones de las que han sido expuestas en este capítulo, no dude en acudir a la propia página Web de ayuda de Google:

http://desktop.google.com/support/?hl=es.

Es probable que en un corto periodo de tiempo, Google publique una versión definitiva de GDS en castellano, y no la versión beta que es la actual. Esté atento a la página Web de GDS para obtener la instalación completa en castellano.

9 Gmail

Las herramientas para buscar páginas Web no son ninguna novedad. De una forma u otra, con más o menos éxito, páginas y buscadores han coexistido prácticamente desde el principio de Internet. Pero llegó Google, y el concepto de buscador cambió de forma radical.

La historia se ha repetido con el correo electrónico. Una de las herramientas con más solera de Internet, a la que todos consideraban inmutable, se ha convertido en un fenómeno. Y esto ha sido gracias al sistema de invitaciones utilizado para obtener las cuentas de correo de Gmail.

Durante este capítulo aprenderemos las nociones básicas e imprescindibles para comprender qué es un sistema de correo electrónico. Después veremos cómo obtener una cuenta de correo en Gmail. Y a partir de ese momento comenzará la diversión.

El entorno de trabajo creado por el equipo de desarrolladores de Gmail es tan sencillo que puede utilizarlo sin más indicaciones que las que le dé su instinto de usuario. Sin embargo, tras esa sencillez se oculta una potencia inusitada.

Su sistema de clasificación de mensajes, el de búsqueda de los mismos, la agenda de direcciones, todo Gmail, en definitiva, están pensados para sacar el máximo partido a la característica definitoria de este sistema de correo electrónico, la que lo ha hecho tan popular desde el principio y que aún no hemos mencionado: de forma gratuita se nos proporciona un GB de espacio.

Intentaremos averiguar si de verdad es un sistema gratuito. Y también si es posible quedarse sin espacio en la cuenta.

9.1. Introducción

Google es una empresa seria que, gracias a esa actitud, ha llegado tan alto. Para ganarse un nombre ha tenido que mantenerse firme en sus convicciones, año tras año, sin importar lo que digan otras empresas. Y así, año tras año, Google protagoniza las más divertidas inocentadas.

> ***Nota:*** *Una de las más divertidas fue la del 2002, año en el que Google hizo público el secreto que hacía tan potente a este buscador: el algoritmo* PigeonRank *un juego de palabras con* PageRank, *el nombre del verdadero algoritmo. En inglés,* rank *significa clasificar,* page *significa página y* pigeon... pigeon *significa paloma. En el sistema descrito, un grupo de palomas amaestradas clasificaba la importancia de las páginas Web y era así como se ordenaban los resultados de las búsquedas. Observe la figura 9.1 si se quiere hacer una mejor idea del proceso.*

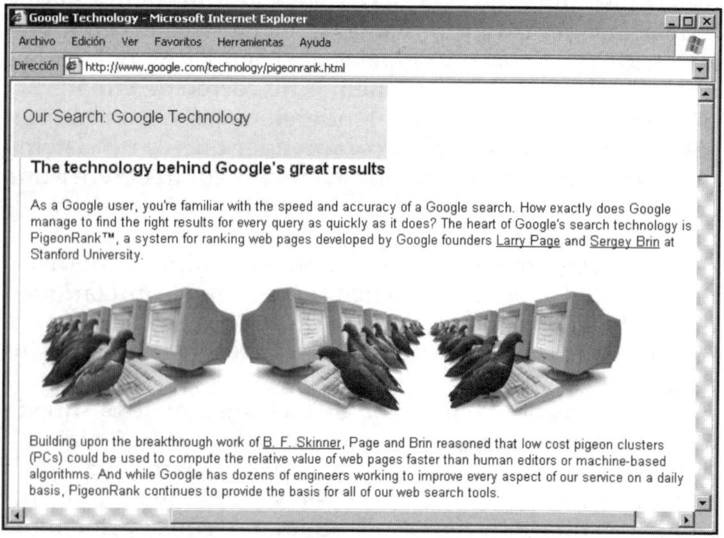

Figura 9.1. Palomas haciendo su trabajo.

Pero fue en el año 2004 cuando se rompió la costumbre y Google nos obsequió con dos inocentadas. En la primera de ellas anunciaba la apertura de unas oficinas en la luna.

En la segunda se decía que Google ofrecería correo electrónico a través de Web, lo que no era ninguna novedad: tanto Yahoo como MSN ofrecían este servicio, desde hacía tiempo. Lo verdaderamente gracioso era que iban a ofrecer un GB de forma gratuita.

Resultó no ser una inocentada.

9.1.1. El correo electrónico

Probablemente la herramienta más utilizada de entre todas las que se apoyan en Internet para su funcionamiento sea el correo electrónico.

Existen dos características que diferencian sustancialmente el correo ordinario del electrónico. En primer lugar, el electrónico es más rápido, pudiendo alcanzar su destino en cuestión de segundos. En segundo, el correo electrónico es intangible.

Pero son muchas las similitudes que hay entre ambos sistemas de correo: comparten cartas, buzones, carteros y apartados de correos.

El funcionamiento del correo electrónico es muy simple. Cada usuario de este sistema dispone de una dirección electrónica que lo diferencia del resto, comparable con una dirección postal.

Utilizando un programa adecuado, podemos escribir mensajes electrónicos que reciben el nombre de *emails* (de *electronic mails*, correos electrónicos). En lugar de *email* pueden utilizarse otros nombres, como correo-e, o emilio. Pero el favorito del que suscribe es correle, apócope a la española de correo electrónico.

Independientemente del nombre que les demos, estos mensajes, al igual que las cartas ordinarias, disponen de la dirección del destinatario y de la del remitente. Ambas son direcciones electrónicas con un formato muy característico que seguro conoce. Por ejemplo:

correle@gmail.com.

Las direcciones de correo electrónico están dividas en dos partes, separadas por el símbolo de la arroba. Lo que en tiempos de Don Quijote eran unos doce quilos es ahora este símbolo: @. Algo así como una "a" minúscula rodeada por un círculo.

A la derecha de la arroba está el nombre del dominio que gestiona este correo electrónico. Es decir, gmail.com sería el dominio de la dirección correle@gmail.com. Podríamos comparar el dominio con la calle en una dirección de correo ordinario. Entonces, lo que aparece a la izquierda de la arroba sería el número de la casa a la que va dirigido el mensaje. Claro que, en ese caso, sólo hay una persona por casa.

Traducido a un lenguaje común, cuando se envía un mensaje a la dirección correle@gmail.com se está diciendo: "Localiza el ordenador que gestiona el dominio gmail.com. Una vez lo encuentres, entrega este mensaje al usuario correle.".

Ahora queda por encontrar el equivalente al cartero. Si ha utilizado anteriormente algún servicio de correo electrónico que no funcione por Web conocerá las siglas SMTP y POP, quizá incluso haya oído hablar de IMAP. Igual que existen servidores de páginas Web, estas siglas pertenecen a servidores de correo de diferente tipo.

Cuando envía un mensaje de correo electrónico, en realidad lo está pasando al servidor SMTP para que éste se encargue de hacerlo llegar a su destino. Por tanto, el servidor SMTP sería el equivalente informático al cartero. O, bueno, a nosotros mismos echando la carta al buzón. Las siglas SMTP se corresponden con *Simple Mail Transfer Protocol* (que podría traducirse como protocolo sencillo para la transferencia de correo).

Por otra parte, la persona a la que el mensaje va destinado debe ponerse en contacto con el servidor POP (o con el IMAP) para obtenerlo. De nuevo, podría equivaler al cartero entregando la carta a su destinatario. Aunque también podríamos ser nosotros mismos comprobando si hay algo en el buzón de nuestra casa. Las siglas POP vienen de *Post Office Protocol* (una traducción aproximada sería protocolo de la oficina de correos). En resumen, la figura 9.2 muestra el camino que sigue un mensaje de correo electrónico desde que es escrito hasta que alcanza a su destinatario.

> **Nota:** *Los procesos necesarios para llevar a cabo está operación son más complicados que un simple intercambio de mensajes entre servidores. Si tiene curiosidad y quiere saber qué pasos se siguen desde que un correo electrónico es enviado hasta que lo recibe su destinatario, le recomendamos que consulte cualquiera de los libros relacionados con Internet que Anaya Multimedia pone a su disposición.*

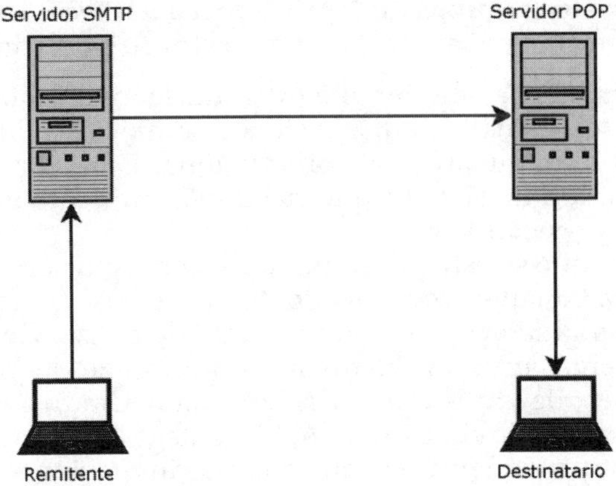

Figura 9.2. El viaje de un correo electrónico.

9.1.2. Obtención de una cuenta Gmail

Queremos lo que no podemos tener. Y cuanto más complicado es conseguirlo, con más fuerza lo ansiamos. El equipo de Gmail lo ha tenido muy en cuenta.

Entre los usuarios de Gmail se tiene una sensación de pertenecer a un grupo selecto al que sólo se accede con invitación: a este grupo no puede pertenecer cualquiera. Se trata de una diferencia fundamental con respecto a otros servicios de correo, en los que las cuentas se ofrecen a cualquiera que las quiera.

> **Nota:** *Es más que probable que cuando lea estas líneas Gmail sea un sistema abierto al público para el que ya no sean necesarias las invitaciones. Sin embargo, se trata de un sistema tan curioso que no hemos querido perder la ocasión de mencionarlo. De igual forma, Gmail sólo está disponible en inglés, aunque se ha filtrado la noticia de que se está realizando una traducción al castellano.*

Existen dos motivos por los que el sistema de acceso a Gmail a través de invitaciones ha sido el escogido por Google:

1. En el momento de escribir estas líneas, Gmail aún está en fase de desarrollo. Un producto no terminado no puede ofrecerse de forma abierta.

2. Existen algunas dudas de tipo legal relacionadas con la forma en la que Gmail muestra su publicidad.

Ahora bien, si alguien me preguntase mi opinión, diría que con el sistema de invitaciones se ha buscado dar la nota, ser diferente, para así proporcionar la mayor publicidad posible a un sistema que ya en su nacimiento despertó grandes expectativas.

Puede que se esté preguntando si conseguir una invitación para Gmail es complicado. La respuesta: en absoluto. Cuando alguien consigue una cuenta de correo Gmail obtiene además un número de invitaciones que puede regalar a sus allegados. Cuando las gasta, Gmail vuelve a otorgarle más invitaciones. Al final llega un punto en el que no hay más gente a la que dar esas invitaciones y no se entregan a nadie.

Hay personas muy inquietas. Como no podía ser de otra forma, a alguien se le ocurrió crear un almacén en el que guardar todas las invitaciones sobrantes. Y a esa persona de mente lúcida le siguieron otras. Dada la naturaleza fluida de la Web, cualquier dirección que le demos aquí puede no funcionar cuando lea estas líneas. Pero no se preocupe, para encontrar alguna sólo tiene que utilizar las palabras clave "gmail invites" en Google.

Lo primero que hace falta para aprovecharse de una invitación para Gmail es, paradójicamente, una dirección de correo electrónico. No es necesario que sea la suya, puede ser la de un amigo. Es a esa dirección a la que Gmail le enviará las instrucciones necesarias para conseguir la cuenta. Estas instrucciones son muy simples: sólo hay que hacer clic en el enlace que aparece en el cuerpo del mensaje. En la figura 9.3 puede ver el aspecto que tiene una de estas invitaciones, obtenida a partir de uno de los repositorios de invitaciones, http://isnoop.net/. El puntero del ratón está sobre el enlace de la invitación.

Haga clic sobre ese enlace, le será fácil reconocerlo, independientemente de la forma en la que haya conseguido la invitación. Esta acción le llevará a una página en la que Gmail le pedirá los datos necesarios para crear la cuenta. Son los siguientes:

- **First name:** Su nombre.
- **Last name:** Sus apellidos.
- **Desired Login Name:** Lo que quiere que aparezca a la izquierda de la arroba en su dirección de correo

electrónico. Debe tener un mínimo de 6 caracteres y sólo contener letras, números o puntos.

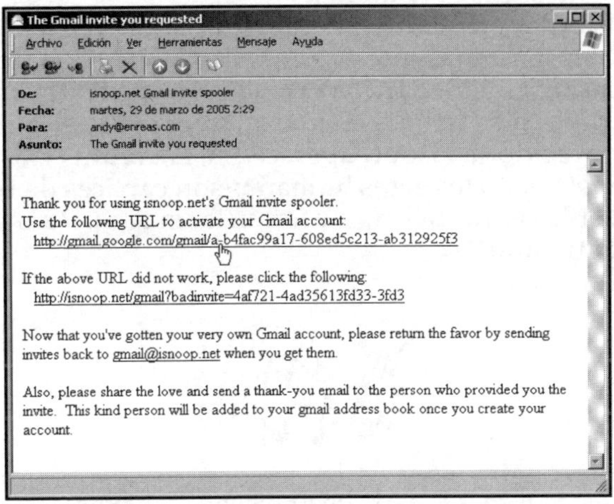

Figura 9.3. Una invitación de Gmail.

> ***Nota:*** *Compruebe si la dirección de correo electrónico que ha seleccionado está disponible utilizando el botón* ***check availability!*** *que aparece bajo el cuadro de texto* ***Desired Login Name****.*

- **Password:** La contraseña de acceso a su cuenta de Gmail.
- **Re-enter password:** Repita aquí la contraseña para confirmar que no se ha equivocado al escribirla.
- **Security Question:** Seleccione una entre las preguntas que aparecen. Sólo usted debe conocer la respuesta. Por ejemplo, podría seleccionar la pregunta *What was your first phone number* (cuál fue su primer número de teléfono).
- **Answer:** Y la respuesta a la pregunta anterior debe ponerla aquí. Si seleccionó la pregunta del número de teléfono, escriba aquí su número de teléfono, el que recuerde mejor. La pregunta y la respuesta se utilizarán en casos en los que sea necesario comprobar que es usted el titular de la cuenta y haya problemas para hacerlo por métodos más sencillos.

- **Secondary email:** Dirección de correo electrónico secundaria. ¿Para qué sirve esta cuenta? A ella se enviarán los mensajes necesarios para recuperar la contraseña si la olvida.
- **Word Verification:** Se utiliza para evitar el empleo de programas que automaticen la creación de cuentas de Gmail. Escriba en el cuadro de texto las letras que vea en la imagen que aparece sobre él. Será algo parecido a lo que aparece en la figura 9.4. Por lo visto, sólo los seres humanos son capaces de reconocer las letras que aparecen en la imagen. Pero tiempo al tiempo.

Figura 9.4. ¡Soy una persona, de verdad!

Cuando haya introducido los valores que considere oportunos en todos los campos del formulario, haga clic en el botón que aparece en la parte inferior de la página. Gmail le pedirá que revise que los datos que ha introducido son correctos. Al volver a hacer clic en el botón se creará la cuenta.

9.2. Primer contacto

Seguro que está deseando ver el aspecto de Gmail y comenzar a utilizarlo. Pues no vamos a esperar ni un segundo más.

9.2.1. Identificación

La página principal de Gmail es:

http://gmail.google.com/gmail/

Si la abre en su cliente Web podrá ver un formulario en la parte derecha de la página como el que puede verse en la figura 9.5.

Figura 9.5. Formulario de entrada a Gmail.

> ***Truco:*** *Cuando abra la página principal de Gmail será redirigido a un servidor seguro, lo que ayuda a preservar la seguridad de sus datos. Google, siempre pensando en nosotros. Si quiere asegurarse de que se utiliza una conexión segura, utilice la página: https://gmail.google.com/gmail.*

La cuenta de correo que estamos utilizando para este capítulo es correle@gmail.com. Es eso lo que tendríamos que escribir en el cuadro de texto **Username**. En el cuadro de texto **Password** deberíamos introducir la contraseña que escribimos al crear la cuenta. Fíjese en la casilla de verificación que aparece sobre el botón **Sign in**. Si la marca, Gmail no le preguntará su contraseña durante las próximas dos semanas. Es decir, cuando visite la página Web de Gmail será enviado directamente a su interfaz, sin pasar por este formulario de entrada. Pasado ese tiempo se le volverá a preguntar el nombre de usuario y la contraseña.

> ***Nota:*** *Marque dicha casilla sólo si el ordenador desde el que se está conectando está bajo su control. Si hay otras personas que puedan acceder a él, podrían entrar en su cuenta con sólo visitar la página de Gmail.*

Muy importante: no olvide dar las gracias a quien le haya hecho llegar la invitación. Como dice el refrán, es de bien nacidos el ser agradecido. ¿Preparado? Haga clic en el botón **Sign in**: vamos a entrar en su cuenta Gmail.

9.2.2. Partes de Gmail

Si todo ha ido bien, en este momento tendrá delante la interfaz de Gmail, algo parecido a lo que puede ver en la figura 9.6.

Como puede comprobar, se trata una interfaz sencilla, limpia y de colores suaves. Sus partes más importantes aparecen destacadas en la figura 9.6. Son las siguientes:

- **Mensajes:** Inicialmente, en este panel podrá ver los mensajes que tiene en su bandeja de entrada. Aquí también verá el resultado de una búsqueda entre sus mensajes, el resultado de aplicar un filtro a sus mensajes, o la lista de mensajes que tienen una determinada etiqueta.
- **Creación de mensajes:** Utilice este botón para crear un nuevo mensaje de correo electrónico.
- **Clasificación:** El panel de la izquierda muestra la lista de carpetas que Gmail nos proporciona de forma predeterminada. Bajo esta lista de carpetas, en azul, aparece la lista de etiquetas. Mientras que la lista de carpetas es inmutable, la de etiquetas está totalmente bajo nuestro control.

> ***Nota:*** *Como veremos en la sección dedicada a la organización de mensajes, en realidad lo que antes hemos llamado carpetas no son otra cosa que etiquetas predeterminadas.*

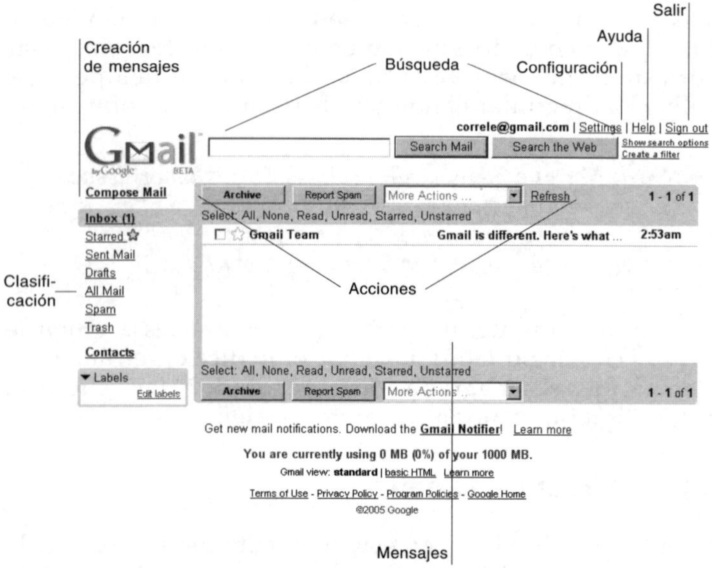

Figura 9.6. Interfaz de Gmail.

- **Búsqueda:** Los mensajes que hemos recibido pueden estar clasificados en las carpetas de Gmail o con nuestras etiquetas. Sea como sea, las herramientas de búsqueda nos permiten utilizar el motor de Google para localizar cualquier mensaje que nos interese, todo esto preservando nuestra intimidad.
- **Acciones:** Todos los mensajes recibidos van a parar la bandeja de entrada. Gmail nos permite mover los mensajes a cualquiera de sus carpetas, marcarlos con nuestras etiquetas e incluso informar de que se trata de correo basura.
- **Configuración:** Permite configurar el comportamiento de Gmail.
- **Ayuda:** Si tiene cualquier duda sobre el funcionamiento y el uso de Gmail, acuda a esta sección.
- **Salir:** Si ha terminado de utilizar Gmail y no se encuentra en un ordenador de confianza, utilice este enlace para cerrar la sesión. Tendrá que volver a introducir su nombre de usuario y su contraseña si quiere volver a utilizar Gmail.

En las siguientes secciones veremos cómo sacar partido a las acciones más interesantes que la interfaz de usuario de Gmail pone a nuestra disposición.

9.2.3. Lectura de mensajes

Por omisión, todos los mensajes que reciba en su cuenta de Gmail irán a parar a la bandeja de entrada. Sin ir más lejos, ya dispone de un mensaje remitido por el equipo de Gmail. No se emocione, se trata de un mensaje automático. Si quiere ver dicho mensaje, sólo tiene que hacer clic sobre él. La interfaz de Gmail presentará entonces un aspecto similar al que puede verse en la figura 9.7.

En la parte central de la ventana está el cuerpo del mensaje. El título del mismo, o su asunto, aparece resaltado en negrita y con un tipo de letra mayor que el resto justo encima del cuerpo del mensaje.

Es interesante que se fije en la parte derecha de la figura 9.7. En ella aparece una de las características más controvertidas de Gmail: una columna con publicidad. A medida que utilice Gmail comprobará (no sin asombro) que esos anuncios están relacionados con el contenido de sus mensajes: si el remitente le menciona que se ha comprado un nuevo coche, seguramente verá anuncios de empresas automovilísticas en el panel de la derecha.

Figura 9.7. Lectura de un mensaje.

> ***Nota:*** *Puede que considere molestos estos anuncios, pero si tiene en cuenta que no aparecen ni en ventanas emergentes ni en forma de correo no solicitado, puede que cambie de opinión. Se trata de un sistema de publicidad muy discreto.*

Pero no se asuste. Esto no quiere decir que haya terceras personas leyendo su correo. Gmail dispone de procesos automáticos que se encargan de realizar esta tarea. En ningún momento se vulnera su intimidad ni se almacena información de sus conversaciones fuera de su cuenta.

De cualquier forma, para disponer de una cuenta de correo en Gmail es requisito indispensable aceptar las condiciones de su licencia, algo que hicimos durante el proceso de creación de la cuenta. Hablaremos de las partes de un mensaje cuando aprendamos a crear uno.

9.2.4. Recuperación de la contraseña

Suponga que olvida la contraseña de su cuenta. Es lo más normal del mundo, a todos nos pasa. Con la cantidad de nombres de usuario y contraseñas que hemos de recordar para poder utilizar el ordenador, acceder a la banca a través de Internet, utilizar cajeros automáticos, incluso entrar en la oficina, lo raro sería que no le hubiese pasado en alguna ocasión. Gmail proporciona un sistema muy eficaz para recuperar las contraseñas olvidadas. En la página de identificación hay un enlace con el texto **Forgot your password?**. Haga clic sobre él. Será conducido a una página en la que se le pedirá que introduzca su dirección de correo de Gmail.

Una vez introducida, se le mostrará algo parecido a lo que puede ver en la figura 9.8. ¿Recuerda? Es el sistema para impedir que procesos automáticos hagan uso de Gmail.

Figura 9.8. ¡Que sí, que soy humano!

Cuando Gmail confirme que ha reconocido correctamente el texto de la imagen le enviará un correo electrónico a la dirección secundaria que indicó al crear la cuenta de Gmail. En ese correo se le indicará cómo seleccionar una nueva contraseña.

¡Haga lo posible por no volver a olvidarla! No es que recuperarla sea un proceso demasiado complejo, pero seguro que evitará algún que otro dolor de cabeza.

9.3. Envío

Si enviar un correo electrónico era una tarea harto sencilla, con Gmail el proceso se simplifica aún más, si esto era posible. Gracias a que prácticamente no es necesario configurarlo y a que Gmail nos ayuda en todo lo posible, el envío de correo electrónico es algo rápido y sencillo.

9.3.1. Partes de un mensaje

Los mensajes de correo electrónico están compuestos de dos partes: el encabezado y el cuerpo.

En el encabezado de un mensaje se incluye toda la información necesaria para que alcance su destino: la dirección del remitente, la del destinatario y el asunto del mensaje, entre otros campos. Podemos comparar este encabezado con el sobre de un mensaje de correo ordinario.

Por otra parte, el cuerpo del mensaje es aquello que queremos transmitir al destinatario, lo que en un mensaje ordinario sería el contenido del sobre.

Para crear un nuevo mensaje utilizando Gmail debemos hacer clic sobre el enlace *Compose Mail* (crear mensaje), que se encuentra en la parte superior izquierda de la interfaz de Gmail, justo bajo su logotipo. Cuando lo hagamos, el aspecto de la interfaz pasará a ser el que puede verse en la figura 9.9.

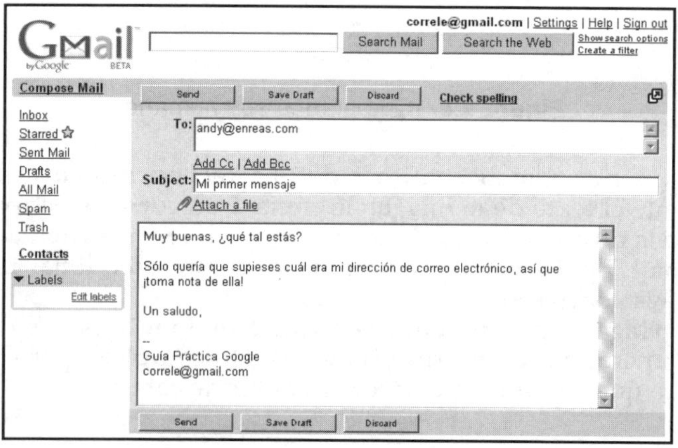

Figura 9.9. Nuevo mensaje.

Debe escribir en el cuadro de texto **To** la dirección de correo electrónico del destinatario del mensaje. Si lo desea puede incluir más de una, siempre que las separe utilizando comas. El asunto del mensaje es un campo al que no se le presta toda la atención que merece. Llamado **Subject** en inglés, debe suponer un resumen del contenido del mensaje lo más breve posible, pero con la capacidad llamar la atención.

El cuadro de texto central, el que ocupa la mayor parte de la página, es el destinado al cuerpo del mensaje, algo lógico, por otra parte. Utilice ese espacio para escribir lo que desea transmitir al destinatario.

Nota: Si su mensaje está relacionado con algún problema relacionado con el funcionamiento de un programa, evite escribir "¡Ayuda!" o "Problema". Se trata de textos poco explícitos que lograrán el efecto contrario al deseado. Si su problema estuviese relacionado con la conexión a Internet, por ejemplo, podría utilizar el asunto "Imposible conectar a Internet".

9.3.2. Redacción

Aunque tiene total libertad para escribir lo que desee en sus correos electrónicos, existen ciertas normas no escritas que es conveniente seguir. Son las mismas que se utilizan en el correo ordinario:

1. **Salude:** Comience su carta con un saludo. El tipo de saludo dependerá de la relación que tenga con el destinatario. Si lo conoce puede comenzar con un simple "Hola". En caso contrario puede optar por ser todo lo formal que desee.
2. **Sea educado:** Sea respetuoso con su interlocutor. Nunca se sabe en qué situación será leído su mensaje. El contexto en el que se encuentra el lector puede cambiar por completo el significado de una frase. Por poner un ejemplo, suponga que ha comenzado su carta con un sencillo "¿Qué pasa contigo?", intentando ser fresco y espontáneo. Si no ha tenido relación con el destinatario, es posible que inicialmente pueda considerarlo una ofensa, aunque luego achaque esa falta de respeto sólo a desconocimiento. Pero si resulta que, además, ese día ha sido especialmente malo y ha tenido muchos problemas en el trabajo, puede que lo pague con usted y su correo electrónico no sea atendido como merece.
3. **Firme sus mensajes:** Termine sus mensajes con una firma. Así facilita aún más la tarea al destinatario, que podrá identificar al remitente con más seguridad. Puede incluir en su firma cualquier cosa que crea interesante. Los hay que hasta incluyen citas famosas.
4. **Revise la ortografía:** Revise la ortografía de sus mensajes. Es importante saber expresarse bien, pero igualmente lo es saber escribir correctamente.

Si se vuelve a fijar en la figura 9.9 verá que el mensaje sigue esas normas. Comienza con un saludo que no hace referencia a una determinada parte del día, puesto que no es posible determinar cuándo lo leerá el destinatario.

Como hemos tenido trato previo con el destinatario, se le trata de tú. El mensaje está firmado. Esta firma aparece al final del mensaje, utilizando unos guiones para diferenciarla del resto. Es posible configurar Gmail para que incluya una firma de forma automática en todos los mensajes que usted escriba:

1. **Vaya a la sección de configuración.** Para ello, haga clic en el enlace **Settings**, que aparece en la parte superior derecha.
2. **Modifique la firma.** La ficha seleccionada por defecto es la llamada **General**. Haga clic sobre ella si no es así. En la parte inferior de esta ficha puede ver una sección llamada **Signature**. Escriba en el cuadro de texto la firma que quiere añadir a sus mensajes.
3. **Guarde sus cambios.** Haga clic en el botón **Save Changes** cuando haya terminado.

Gmail aún no dispone de un corrector ortográfico para el castellano, el que tiene está en inglés. Por lo tanto, hemos revisado la ortografía nosotros mismos. Es de esperar que Google se anime a incluir una herramienta de revisión ortográfica en castellano.

Sea en inglés o en castellano, el funcionamiento de la revisión ortográfica de Gmail es muy sencillo. Sólo hemos de hacer clic en el enlace **Check Spelling**, que en la figura 9.9 aparece justo encima del cuadro de texto del destinatario. Gmail resaltará todas las palabras que considere incorrectas, ofreciendo alternativas correctas. En la figura 9.10 puede ver un texto en inglés en el que se ha cometido un error y las alternativas ofrecidas por Gmail. Cuando termine de corregir los errores, el mensaje estará listo para enviarlo. Sólo tiene que hacer clic en el botón **Send**.

> ***Nota:*** *Si quiere volver a editar su mensaje, recuerde hacer clic en el enlace* ***Resume editing****, que ahora ocupará el lugar de* ***Check Spelling****.*

9.3.3. Historial de mensajes

Todos los mensajes que envíe se almacenan en la carpeta **Sent Mail** (mensajes enviados). Así puede tener un historial de la actividad que ha realizado. Se trata de algo muy útil cuando quiere utilizar partes de un mensaje que envió con anterioridad o contrastar detalles de alguna conversación.

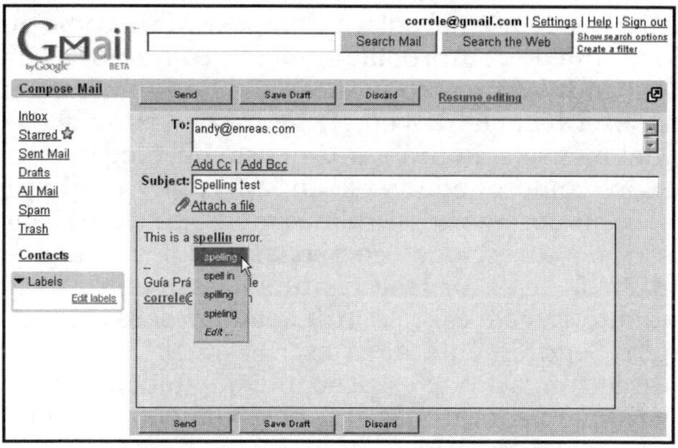

Figura 9.10. Revisión ortográfica.

Para consultar el historial de mensajes sólo necesita hacer clic en el enlace **Sent Mail** que aparece en el panel de la izquierda de la interfaz de Gmail. El panel central mostrará un listado con todos los mensajes que haya enviado. Sólo necesitar hacer clic sobre el que quiere consultar para poder leer lo que escribió. Por ejemplo, el que aparece en la figura 9.11 es el que acabamos de enviar.

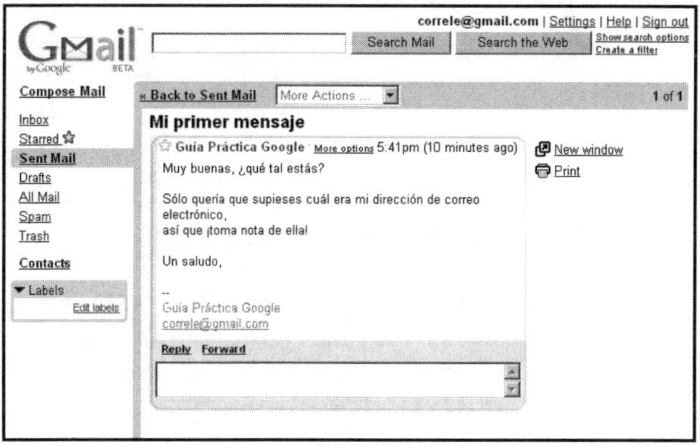

Figura 9.11. Un mensaje enviado.

9.3.4. Contactos

Igual que con los mensajes enviados, Gmail va guardando un historial de los destinatarios de nuestros mensajes para que nos sea más sencillo volver a ponernos en contacto con ellos. Para comprobarlo no tiene más que crear un nuevo mensaje: haga clic en el enlace **Compose Mail**, como antes.

Como puede comprobar, el mensaje anterior estaba dirigido a andy@enreas.com, dirección que comienza con la letra a. Escriba la letra a en el cuadro de texto del destinatario del mensaje. Podrá ver una lista desplegable con esa dirección, como puede verse en la figura 9.12. ¡Impresionante! Si hubiésemos escrito más mensajes a otros destinatarios cuyas direcciones comenzasen por a, todas aparecerían en la lista, ordenadas alfabéticamente. Tenga en cuenta que en este caso se utiliza andy@enreas.com como ejemplo. Seguramente haya escrito su primer mensaje a otra dirección, así que es probable que tenga que utilizar otra letra para comprobar el funcionamiento de la lista de destinatarios disponibles.

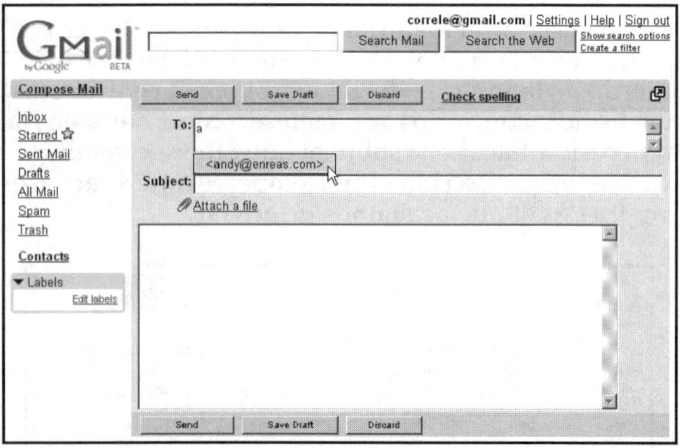

Figura 9.12. Lista de destinatarios.

Gmail pone a nuestra disposición un gestor de contactos. Es ahí donde se van almacenando todas las direcciones que utilizamos como destinatario. Sólo tiene que hacer clic en el enlace **Contacts**, que se encuentra en el panel de la izquierda. Podrá ver entonces algo parecido a lo que se ve en la figura 9.13.

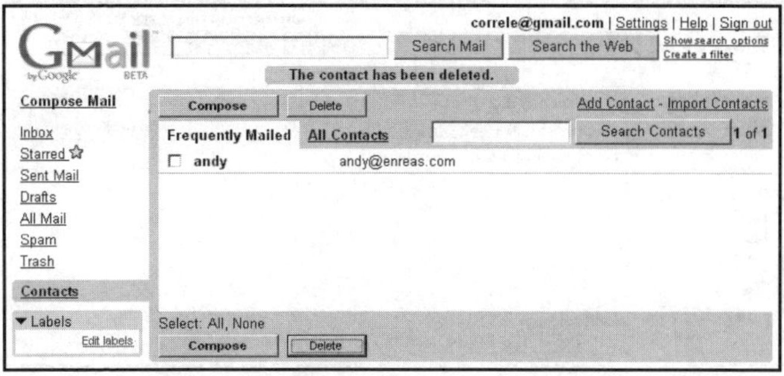

Figura 9.13. Lista de contactos.

Si obtuvo su cuenta Gmail por invitación tendrá, como mínimo, un elemento en la lista de contactos: la dirección de la persona que le facilitó la invitación. En este caso, para preservar la identidad de esa persona, la hemos eliminado de la lista de contactos.

Para eliminar un contacto sólo tiene marcar la casilla de verificación que aparece a su izquierda y hacer clic en el botón **Delete**.

Ahora mismo, el único elemento que aparece en la agenda de contactos es el destinatario de nuestro anterior mensaje. Como sólo escribimos la dirección, en la agenda no tenemos constancia de su nombre. Vamos a modificar los datos de ese contacto:

1. **Seleccione el contacto.** Para ello, haga clic en cualquier parte de él, salvo en la casilla de verificación. Así abrirá la ventana de datos del contacto.
2. **Edite sus datos.** Debe hacer clic en el enlace **edit contact information**, que aparece bajo los datos del contacto. Como en este caso sólo tenemos la dirección electrónica, el enlace estará bajo ésta. Verá entonces la ventana para modificación de los datos del contacto.
3. **Modifique los datos.** En este caso, sólo vamos a incluir el nombre del contacto en el cuadro de texto **Name**. Cuando termine, haga clic en el botón **Save**. Eso hará permanentes sus cambios. En ese momento volverá a la pantalla anterior. Haga clic en el enlace **Contacts**, en el panel de la izquierda, para volver a la lista de contactos. Fíjese en la figura 9.14 para ver el efecto que ha tenido el cambio que ha realizado.

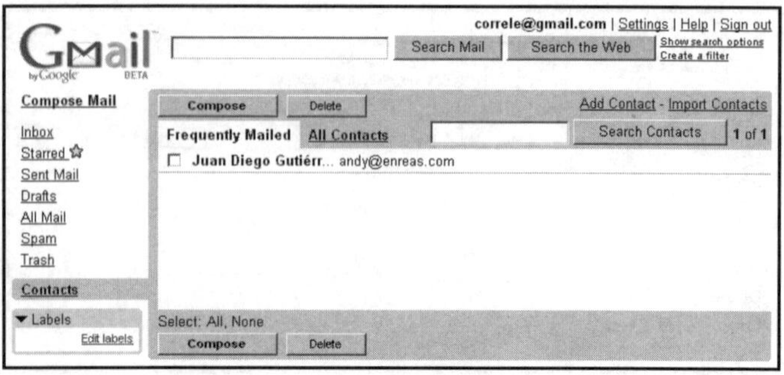

Figura 9.14. Contacto modificado.

Si ahora vuelve a crear un nuevo mensaje y comienza a escribir la dirección del destinatario, y ésta está en su agenda de contactos, la lista desplegable que aparecerá también mostrará el nombre del mismo, además de su dirección.

También ocurrirá lo mismo si escribe la primera letra del nombre, en lugar de la primera de la dirección. En este caso tendría que escribir la letra jota.

Fíjese en que Gmail resaltará la letra que haya utilizado para localizar el nombre en la agenda de contactos. Esa letra aparecerá en negrita en la lista desplegable. A medida que continúe escribiendo, las letras sucesivas aparecerán también en negrita, siempre y cuando sigan coincidiendo. Puede verlo en la figura 9.15.

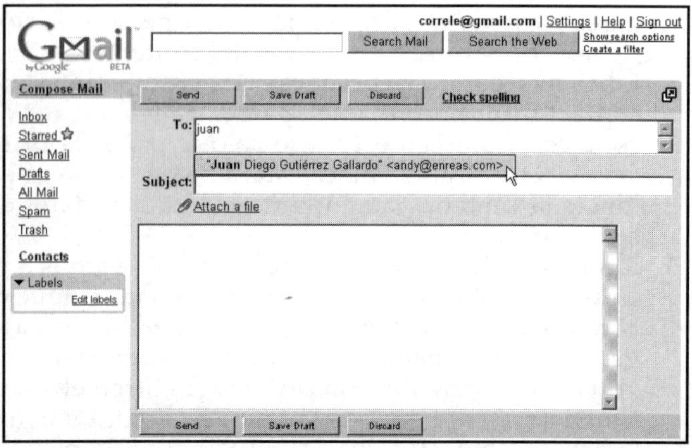

Figura 9.15. Lista de destinatarios, con nombre.

9.4. Recepción

Leer el correo: lo más sencillo del mundo. Pero de nuevo, Gmail lo hace diferente, ofreciendo más posibilidades de las habituales.

Es posible leer el correo desde la Web de Gmail, la opción predeterminada. Pero también puede utilizar clientes de correo que entiendan el protocolo POP, agrupadores o reenviar el correo a otra cuenta que ya tenga.

9.4.1. Desde la Web

La forma más habitual de utilizar Gmail es visitar su página. Ya conoce la dirección de la misma:

http://gmail.google.com/gmail/

Como ya se ha comentado, puede aprovecharse de la seguridad que ofrece la encriptación conectando con esta otra dirección:

https://gmail.google.com/gmail/

Fíjese en que la dirección comienza con https en lugar de con http. La ese del final viene de seguridad.

El sistema de correo consultará la existencia de nuevos mensajes la primera vez que abra la página de Gmail. A partir de ese momento y si deja abierto el cliente Web, cada cierto tiempo se comprobará si existen nuevos mensajes disponibles.

Pero claro, debe dejar abierto el cliente Web permanentemente en la página de Gmail.

Para los que prefieran abrir la página Web de Gmail sólo cuando haya nuevos mensajes, existe Gmail Notifier. Este programa, desarrollado por Google, puede encontrarse en la dirección:

http://toolbar.google.com/gmail-helper/

Para instalarlo sólo ha de descargar el instalador, ejecutarlo y seguir los pasos del asistente. Gmail Notifier ocupará un espacio en la zona de notificación de la barra de tareas. Nos pedirá el nombre de usuario y la contraseña de la cuenta que queremos comprobar.

Cada cierto tiempo, Gmail Notifier comprobará si hay nuevo correo y nos avisará de ello. Puede configurar las opciones de este programa haciendo clic con el botón derecho sobre su icono en la barra de tareas.

> ***Nota:*** *Si aún así, prefiere seguir utilizando el cliente Web para comprobar si hay o no nuevos mensajes, tenga en cuenta que si tiene configurado Windows para que emita un sonido cada vez que se ejecuta un programa, oirá ese sonido en cada actualización.*

Leer el correo de Gmail utilizando la Web tiene varias ventajas. La primera de ellas es que podrá aprovechar todas las innovaciones que el equipo de desarrolladores pone a su disposición. Además, podrá gestionar su correo desde cualquier ordenador que tenga acceso a Internet y un cliente Web, sin necesidad de tener que instalar programas externos.

Una de las características más interesantes de Gmail es la forma en la que muestra las conversaciones. Los mensajes no son entidades independientes, están relacionados entre sí y así lo muestra Gmail. Supongamos que el remitente del mensaje que escribimos anteriormente nos contesta. Verá que aparece un nuevo mensaje en la bandeja de entrada. Si hace clic sobre él para leerlo podrá ver algo parecido a lo que aparece en la figura 9.16.

Figura 9.16. Conversaciones.

El nombre del mensaje es "Mi primer mensaje". Puede ver que este texto está resaltado. Debajo de él aparece el contenido del mensaje, pero fíjese en que parece que hay unas fichas, apiladas. La ficha de abajo tiene el texto "Guía Práctica Google" y, a su derecha, parte del texto del mensaje.

Sobre esta ficha, el texto de la respuesta. ¿Quiere ver el mensaje que originó la conversación? No tiene más que hacer clic sobre la ficha que está bajo la actual para que Gmail desapile los mensajes y los muestre uno a continuación del otro. Un nuevo clic volverá a apilarlos.

Fíjese en la publicidad del panel de la derecha. Contiene anuncios relacionados con encriptación utilizando PGP. Esto se debe a que la respuesta ha sido enviada desde un cliente de correo que permite cifrar los mensajes. En este caso en concreto, se ha utilizado para firmarlo y poder así garantizar la identidad del remitente.

El sistema automático de Gmail ha detectado la presencia de las siglas PGP y ha obrado en consecuencia, mostrando publicidad relacionada con el texto del mensaje. Se trata de una herramienta no demasiado molesta para los usuarios de correo, y muy potente si es usted un anunciante.

Para contestar a un mensaje y continuar así la conversación sólo debe ir a la parte inferior de la página. Allí verá un cuadro de texto como el que puede ver en la figura 9.17.

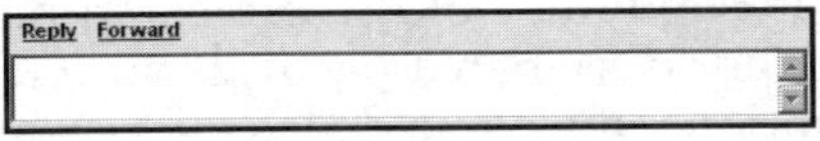

Figura 9.17. Cuadro de texto para respuestas.

Sólo tiene que hacer clic dentro del cuadro para que se transforme en un formulario similar al de creación de mensajes. Automáticamente, Gmail incluirá el texto al que está respondiendo. Cuando termine de escribir la respuesta y lo revise, haga clic en el botón **Send** para enviar el mensaje.

9.4.2. Desde Outlook

Habrá quien considere interesante leer los mensajes de correo que le envíen a Gmail desde un cliente de correo como Outlook. Por ejemplo, para unificar todas las cuentas de correo que gestione desde un único programa, o para seguir utilizando su gestor de contactos. No importa la razón que le lleve a ello, es posible hacerlo.

El primer paso para poder leer el correo desde Outlook es configurar Gmail para que lo permita. Para ello, haga clic en el enlace **Settings** que aparece en la parte superior derecha de la interfaz de Gmail, justo a la derecha de su dirección de correo electrónico. Haga clic entonces en el enlace **Forwarding and POP** que se encuentra en la página que se le presentará. Verá entonces algo parecido a lo que se muestra en la figura 9.18, en la que sólo se muestra la sección que nos ocupa, relativa a POP.

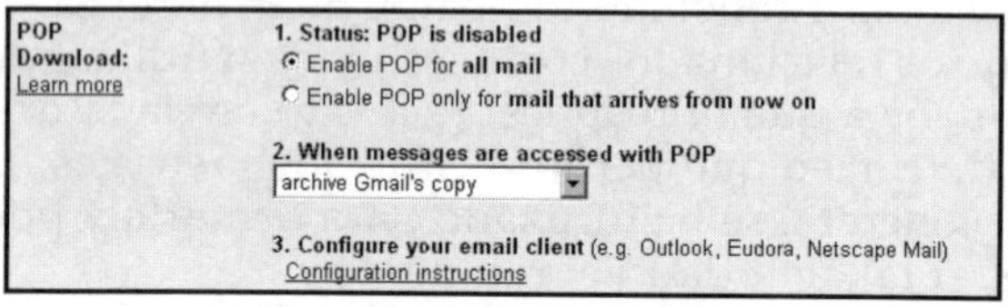

Figura 9.18. Activando POP.

El primer paso le permite seleccionar si quiere que POP esté activo para todo el correo o sólo para el que llegue de ahora en adelante. Si escoge la primera opción los mensajes que ahora estén en este momento en la bandeja de entrada serán recibidos desde Outlook cuando consulte el correo.

Si escoge la segunda, sólo se ofrecerán mediante POP los mensajes que se reciban a partir de su activación.

Gmail mantiene una copia de los mensajes, por si acaso se pierde la del cliente de correo que usted esté usando. El segundo paso es indicarle a Gmail qué debe hacer con los mensajes después de enviarlos a su cliente de correo. Se nos dan tres opciones:

- **keep Gmail's copy in the Inbox:** La copia de los mensajes permanecerán en la bandeja de entrada de Gmail. Cuando entre en la página Web de Gmail verá todos los mensajes en dicha carpeta.
- **archive Gmail's copy:** Los mensajes que haya ido recibiendo se archivarán. No los verá en la bandeja de entrada de Gmail, pero sí en la zona de archivo, accesible mediante el enlace **All Mail**, en el panel de la izquierda, o utilizando las herramientas de búsqueda de Gmail.
- **trash Gmail's copy:** La copia de Gmail será enviada a la papelera. Los mensajes que están allí tienen un tiempo de vida limitado a treinta días, siendo borrados de forma automática pasado ese tiempo.

Le recomendamos que configure Gmail tal y como se vio en la figura 9.18. Encontrará de utilidad mantener una copia de todos sus mensajes en Gmail. Así sacará partido de todo el espacio gratuito que le ofrece.

Muy importante: haga clic en el botón **Save Changes** antes de continuar para que Gmail le permita utilizar el cliente de correo POP. En caso contrario, no le será posible.

El último paso consiste en configurar el cliente de correo para recibir los mensajes de Gmail. Los datos que necesitará se muestran en la tabla 9.1.

Tabla 9.1. Datos para configurar la cuenta.

Servidor SMTP	smtp.gmail.com
Servidor POP	pop.gmail.com
Nombre de usuario	correle@gmail.com

El servidor SMTP requiere que se identifique. El nombre de usuario y la contraseña son los mismos de su cuenta. Fíjese en que su nombre de usuario será la dirección completa, no sólo lo que aparece a la izquierda de la arroba. Además, tanto el servicio POP como el SMTP funcionan sobre SSL. Marque las casillas necesarias. El puerto para SMTP sobre SSL debe ser el 465. Para POP, el 995.

Si necesita más ayuda para configurar su cliente de correo y recibir en él los mensajes de Gmail, consulte la ayuda que Gmail ofrece al respecto.

9.4.3. Desde un agrupador

El servicio POP tiene una característica que algunos pueden encontrar poco interesante: es necesario bajar los mensajes del servidor para poder leerlos. Sí, es posible mantener una copia en el servidor, pero igualmente los nuevos mensajes tendrán que ser descargados.

Si tuviese que configurar el cliente Web en otro ordenador diferente al suyo y hubiese dejado todos los mensajes en la bandeja de entrada, al consultar el correo por primera vez volvería a bajarse todos los mensajes, algo que puede llevar mucho tiempo si tiene muchos mensajes.

Existe una alternativa muy interesante: utilizar un agrupador de noticias. Este tipo de programas es capaz de entender protocolos de comunicación diferentes al que utilizan las páginas Web o el correo electrónico. En nuestro caso concreto, el protocolo que utiliza Gmail para comunicarse con los agrupadores es Atom.

Utilizando este sistema podrá leer el asunto de los mensajes, parte del cuerpo y, si lo desea, el mensaje completo.

De entre todos los agrupadores disponibles le recomendamos RSSOwl.

Es gratis, está en castellano y existen versiones para multitud de sistemas operativos. Puede encontrarlo en la dirección:

http://www.rssowl.org/

La figura 9.19 muestra el aspecto de RSSOwl leyendo los mensajes que aparecen en la bandeja de entrada de la cuenta con la que estamos probando el funcionamiento de Gmail.

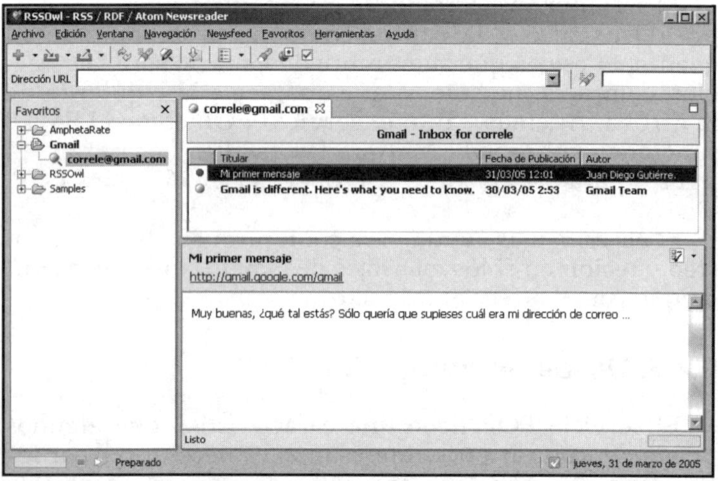

Figura 9.19. Gmail y RSSOwl.

9.4.4. Desde otras cuentas

Vamos a terminar la sección dedicada a la recepción de mensajes de correo comentando una posibilidad muy interesante de Gmail: el reenvío de mensajes.

Si lo desea, puede enviar una copia de todos los mensajes recibidos en su cuenta Gmail a otra dirección de correo electrónico.

Una vez se reenvíe el mensaje puede seleccionar lo que quiere que Gmail haga con él. Se trata de las mismas tres opciones que vimos en la sección dedicada a POP: mantener una copia en la bandeja de entrada, archivarla o moverla a la papelera.

Las opciones de configuración de la redirección están accesibles en la misma página que las de POP. Haga clic en el enlace **Settings**, en la parte superior derecha de la ventana de Gmail. Entonces, haga clic en el enlace **Forwarding and POP**. En la figura 9.20 puede ver los datos relativos a la configuración del reenvío de mensajes.

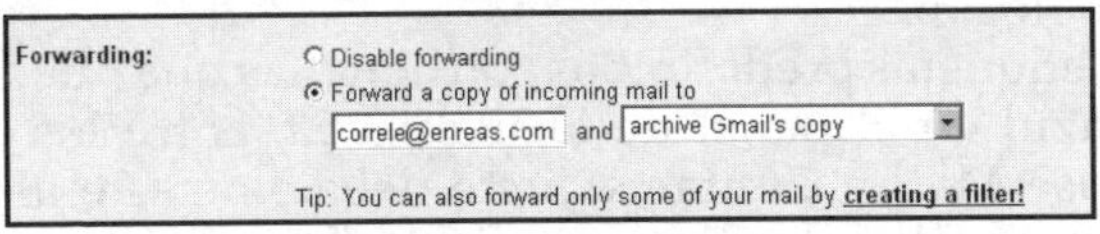

Figura 9.20. Reenvío de mensajes.

Truco: *La gente es muy inteligente. Algunos se aprovechan del sistema de detección de correo basura de Gmail para limpiar su buzón utilizando un truco bastante curioso. En primer lugar, su dirección de correo principal no es una de Gmail, pero la tienen redirigida allí. Gmail se encarga de filtrar lo que es correo basura y lo que no. Entonces, los mensajes que pasan ese filtro se reenvían a otra cuenta. Así evitan tener que decidir a mano cuáles son basura. La cuestión es ahorrar tiempo.*

9.5. Organización

Con lo visto hasta ahora, Gmail ya destaca por encima del resto de sistemas de gestión de correo electrónico a través de Web por su facilidad de uso. Pero lo que de verdad lo hace diferente es la incorporación de la tecnología de búsqueda de Google.

A fin de cuentas, de poco sirve disponer de un GB de espacio para nuestros mensajes si luego no es posible localizar el mensaje que nos interesa.

9.5.1. Etiquetas

La mayoría de los sistemas de gestión de correo electrónico actuales permiten organizar los mensajes en carpetas. Lo normal es ir guardándolos dentro de estas carpetas dependiendo de su contenido: puede guardar los mensajes personales en una carpeta diferente a la de los profesionales, por ejemplo.

Gmail nos facilita un método de clasificación diferente: las etiquetas. La filosofía de este sistema consiste en dejar todos los mensajes en una sola carpeta, pero sólo mostrar aquellos cuya etiqueta coincida con la actualmente seleccionada por el usuario. Así, todos los mensajes nuevos están etiquetados como **Inbox** (bandeja de entrada). Por eso los vemos en la página principal de nuestra cuenta en Gmail cuando llegan.

Las etiquetas predefinidas son aquellas que pueden verse en azul en el panel de la izquierda, entre los enlaces **Compose Mail** y **Contacts**. Justo debajo de este último se encuentra la lista de etiquetas disponibles. Inicialmente no hay ninguna. Vamos a añadir una. Haga clic en el enlace **Edit labels**. Verá entonces algo parecido a lo que puede verse en la figura 9.21.

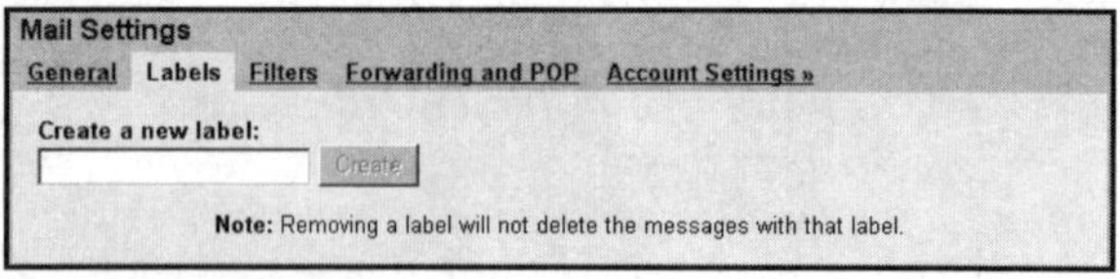

Figura 9.21. Aún no hay etiquetas.

Para crear una etiqueta sólo tiene que incluir su nombre en el cuadro de texto **Create a new label**. A continuación haga clic en el botón **Create**. El aspecto de la página de etiquetas se parecerá a lo que aparece en la figura 9.22.

Si ahora vuelve a la página principal de su cuenta de Gmail comprobará que en la lista de etiquetas del panel de la izquierda aparece la nueva que ha creado. Pero también aparecerá en las listas desplegables que se encuentran sobre y bajo la lista de mensajes. Para marcar un mensaje con una determinada etiqueta sólo hemos de activar la casilla de verificación que aparece a la izquierda del mensaje y, a continuación, seleccionar la etiqueta que nos interese de entre las disponibles en la lista desplegable, como puede verse en a figura 9.23.

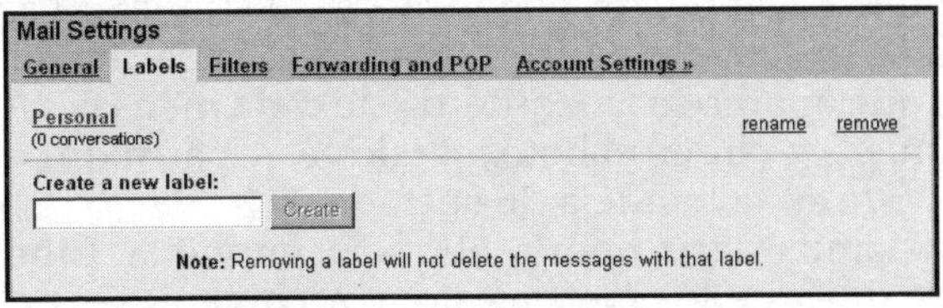

Figura 9.22. Ahora tenemos una etiqueta.

A partir de ese momento, el mensaje estará etiquetado como **Personal**. Si hace clic sobre la etiqueta personal, en el panel de la izquierda sólo verá los mensajes etiquetados así.

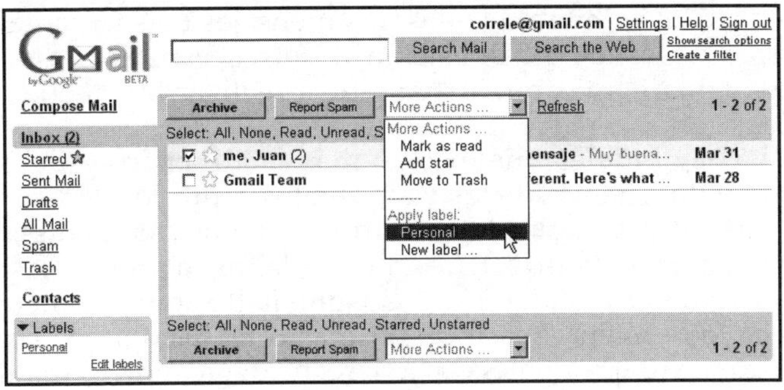

Figura 9.23. Marcando un mensaje.

Nota: *Un mensaje puede tener más de una etiqueta, algo muy útil para clasificar un mensaje dentro de más de un grupo. Por ejemplo, si un amigo le envía un chiste, podría etiquetar ese mensaje como* ***Personal*** *y* ***Chistes****, suponiendo que dispone de esas dos etiquetas.*

Las estrellas son un tipo de etiqueta especial, utilizado para resaltar mensajes importantes. Para marcar un mensaje utilizando la estrella sólo tiene que hacer clic sobre la que aparece ☆ a la izquierda de cada mensaje en la lista de mensajes. Al hacerlo, la estrella se activará ★, lo que hará mucho más simple localizar estos mensajes importantes entre todos los de la lista.

9.5.2. Archivar mensajes

Puede archivar aquellos mensajes que ya no le sean útiles: es decir, los puede poner fuera de su vista. Para ello, sólo tiene que seleccionarlos marcando la casilla de verificación que aparece a la izquierda de cada mensaje. A continuación, haga clic en el botón **Archive**. A partir de entonces no los verá en la bandeja de entrada.

Podríamos decir que la etiqueta implícita **Inbox** desaparece de aquellos mensajes que archivemos, por lo que no se muestran en la bandeja de entrada.

9.5.3. Búsquedas

Gmail nos permite realizar búsquedas de forma muy similar a como las realizamos en Google, con algunas diferencias. La primera de ellas: los mensajes de su cuenta de correo no están a disposición de otros usuarios, es sólo suya y nadie más que usted podrá realizar búsquedas en ellos.

La segunda es que existen más modificadores para la búsqueda, además de los vistos en los capítulos dedicados al buscador Google. Puede utilizar **from** (remitente), **to** (destinatario), **subject** (asunto) o **label**, aunque existen otros. Vamos a realizar una búsqueda de aquellos mensajes cuyo remitente sea andy@enreas.com. Escriba en el cuadro de texto que aparece a la derecha del icono de Gmail el siguiente texto:

from:andy

Haga clic en el botón **Search Mail**. El resultado de la búsqueda puede verse en la figura 9.24.

9.5.4. Filtros

Siguiendo con las diferentes operaciones de clasificación que se pueden hacer con los mensajes, llegamos a los filtros. Los filtros se componen de dos partes. La primera permite definir una búsqueda, y la segunda la acción a realizar con los mensajes obtenidos como resultado de la búsqueda del primer paso.

Entre otras cosas, los filtros son útiles para realizar una tarea sobre varios mensajes. Por ejemplo, si disponemos de muchos mensajes de una persona y queremos marcarlos todos con una nueva etiqueta que acabamos de crear, en lugar de hacerlo uno por uno podemos crear un filtro que los busque y los marque. Mucho más sencillo.

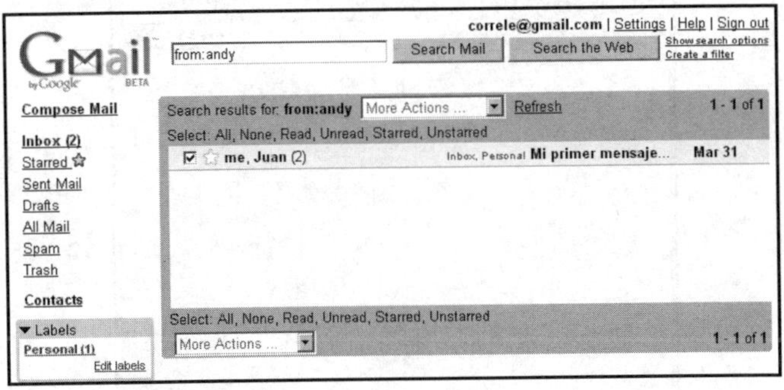

Figura 9.24. Resultado de una búsqueda.

9.6. Conclusión

Durante este capítulo hemos aprendido a obtener una cuenta de correo electrónico en Gmail y a utilizarla de diferentes formas, tanto desde su interfaz Web como desde otros programas. También hemos visto cómo organizar los mensajes para localizarlos rápidamente.

Pero lo que no hemos visto supera a lo visto. Por ejemplo, es posible ver las páginas de Gmail de dos formas: el modo estándar y el modo HTML. Este último está pensando para ofrecer máxima compatibilidad con la mayor cantidad de clientes Web posibles. También existen herramientas no autorizadas por Gmail para utilizar su espacio como un disco duro a través de Internet (GmailFS).

Prever qué deparará el futuro a los usuarios de Gmail es tarea imposible. Mientras se escriben estas líneas se ha ampliado el límite de espacio disponible hasta dos GB, y anuncian que tienen previsto seguir aumentándolo. ¿Será verdad? En la figura 9.25 puede ver un gráfico con las previsiones del equipo de Gmail.

Parece que ya tenemos respuesta a una de las preguntas que planteamos al principio de este capítulo, si era posible quedarse sin espacio en la cuenta: va a ser complicado. También hemos comprobado que es de verdad un sistema gratuito, pero que no por ello Google deja de ganar dinero: junto a nuestros mensajes aparece publicidad relacionada con su contenido, aunque intentando no molestar.

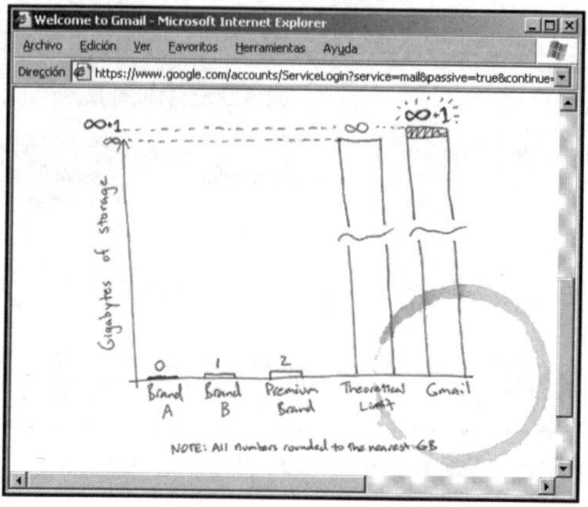

Figura 9.25. Hasta el infinito y más allá.

Igual que con muchas de las herramientas de Google, tras una aparente sencillez se ocultan grandes posibilidades. Explore Gmail en toda su extensión, sea curioso, seguro que encontrará infinidad de detalles interesantes que le ayudarán a sacar el máximo partido posible de una herramienta tan útil como el correo electrónico. Eso sí, con el toque Google.

10 Posicionamiento

Lograr que su sitio Web aparezca el primero cuando alguien realiza una búsqueda utilizando términos relacionados con él: tan sencillo como eso. Y, a la vez, tan complicado. Cuando se aborda la creación de una nueva Web se tienen en cuenta muchos factores: su diseño, la estructuración de los contenidos, los lenguajes de programación a emplear, la necesidad o no de utilizar bases de datos, etcétera. Sin embargo, raramente se planifica una estrategia de posicionamiento en las fases iniciales del proyecto.

Por lo general, la optimización de posicionamiento es un trabajo que se realiza a posteriori, cuando la existencia de la Web ya es una realidad. El departamento de publicidad suele ser el encargado. Al aplicar estas técnicas a un sitio Web ya creado, la capacidad de maniobra suele estar muy limitada, ya que es complicado realizar modificaciones sobre cualquier característica del sitio Web.

Es de vital importancia comprender que la estrategia de posicionamiento debe tenerse en cuenta antes que ningún otro factor que influya en el diseño del sitio Web, así se ahorrará el tener que desandar algunos pasos. La clave: el desarrollo del sitio Web debe comenzar y terminar con la estrategia de posicionamiento.

Durante este capítulo intentaremos poner en contexto la evolución de las técnicas de posicionamiento desde la aparición de los primeros sistemas de clasificación de contenidos hasta hoy en día. Veremos de qué herramientas disponen los buscadores para saber qué hay en Internet y cómo podemos aprovecharnos de su funcionamiento.

Se trata de un campo muy amplio, que será cubierto durante cuatro capítulos de los que éste es la introducción.

10.1. Introducción

La naturaleza de la Web la convierte en un medio totalmente fluido: es posible que la página que hoy nos ha llamado tanto la atención no esté en el mismo lugar mañana, o que desaparezca para siempre. Nada podemos hacer para localizar una página que ya no tenga presencia en Internet, salvo que alguien haya hecho una copia de ella. Sin embargo, sí que es posible buscar aquellas que hayan cambiado de ubicación. Es posible hoy en día, pero no así en el pasado.

A estas alturas, seguro que conoce lo que se cuece entre bastidores cuando visita una página Web. Al abrir el cliente Web y escribir su dirección, comienza un intercambio de mensajes. Primero con los servidores DNS (*Domain Name Server*, servidor de nombres de dominio). Esos servidores traducirán el nombre de la página en una dirección numérica conocida como dirección IP. Este mecanismo garantiza que podamos ver una determinada página aunque su IP cambie, puesto que sólo debemos recordar su nombre.

La clave aquí es justo esa: conocer la dirección de la página que quiere visitar. ¿Se ve capaz de recordar las direcciones de todos los sitios Web que pueden resultarle interesantes? Nosotros tampoco. Por eso surgieron los directorios.

10.1.1. Directorios

Cuando encuentra una página que le interesa, lo normal es que la añada a su lista de favoritos. Así, cuando quiera volver a visitarla, sólo necesita acudir al menú adecuado de su cliente Web y hacer un sencillo clic, sin necesidad de tener que recordar la dirección.

Si nuestra lista de favoritos es lo suficientemente grande y además está ordenada, es posible que haya otras personas que la puedan encontrar de utilidad. Precisamente ese es el servicio que ofrecían muchas páginas Web. El ejemplo más claro de directorio es Yahoo. La figura 10.1 muestra el aspecto que mostraba en 1998, bastante diferente del que muestra hoy en día.

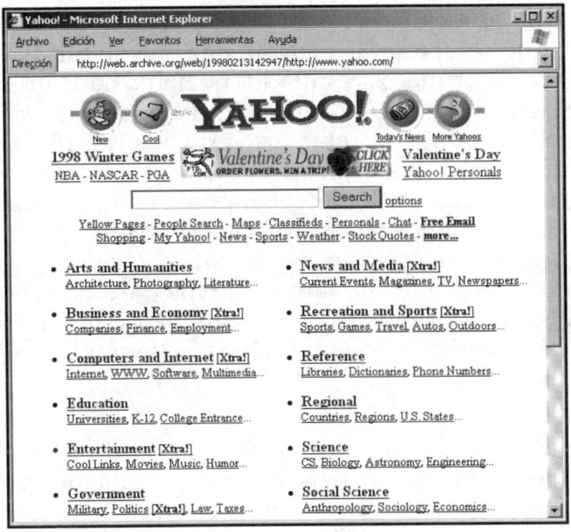

Figura 10.1. Yahoo!

Yahoo nació con el objetivo de ser el directorio más utilizado de Internet. El contenido de estos directorios era creado por personas, que decidían qué páginas debían ser incluidas y cuáles no. Para localizar una en concreto era necesario explorar una serie de categorías hasta llegar a la página. Por ejemplo, para llegar a la página de un grupo de música había que seleccionar la categoría dedicada al entretenimiento, dentro de ella la dedicada a la música, luego la del género al que perteneciese al grupo y, por fin, hacer clic sobre el enlace que apuntaba a la Web que quería visitar, aunque veremos dentro de poco que a veces es algo más complicado que esto.

La principal innovación que se aportó a estos directorios fue la posibilidad de realizar búsquedas mediante una serie de términos relacionados con la página. De nuevo, los términos con los que cada página estuviese relacionada dependían de lo que una serie de personas tuviesen en cuenta.

Sí, podíamos realizar búsquedas, pero seguía existiendo un problema: ¿qué criterios se seguían para ordenar los resultados? En la mayoría de los casos, ninguno. En los menos, de nuevo eran personas las que otorgaban una puntuación a la página que hacía variar su posición dentro del resultado.

Si no ha conocido esas épocas, no puede imaginar la frustración que se sentía al realizar una búsqueda y ver que entre los cien primeros resultados no había nada que le interesase. Durante esos días, si quería aparecer en los buscadores podía contratar los servicios de una empresa que se encargaba de añadirle a los más importantes del mercado, previo pago. Si lo deseaba, podía comprar las primeras posiciones en los resultados de las búsquedas. Y si esas posiciones no destacaban del resto de ninguna forma, el usuario del buscador no tenía motivos para pensar que, al hacer clic en el primer enlace resultante de una búsqueda, estaba siendo víctima de una campaña de publicidad.

dmoz

Hoy en día, los directorios siguen siendo importantes, sobre todo cuando no se sabe qué se está buscando. Si queremos ampliar conocimientos sobre una determinada materia, el directorio es la herramienta adecuada. Pongamos un ejemplo muy sencillo y trivial: ¿quiere ampliar sus conocimientos musicales sobre un determinado género? Entonces no conoce el nombre de los músicos cuyas obras puede escuchar, así que no sería sencillo utilizar Google para ello. Sin embargo, podría utilizar un directorio y explorar las categorías que le interesen, viendo lo que otras personas han considerado interesante añadir.

Ejemplos de directorios disponibles hoy en día: Yahoo, AltaVista y dmoz. El directorio de Yahoo puede encontrarse en http://es.dir.yahoo.com/directory/, el de AltaVista en http://www.altavista.com/dir/default y el de dmoz en http://dmoz.org/. Veamos un ejemplo de este último.

> ***Nota:*** *Aunque también Google dispone de un directorio, está construido a partir de dmoz. Puede encontrarlo en la dirección http://www.google.com/dirhp?hl=es.*

Suponga que está buscando información sobre un artista belga que le gusta, llamado Wim Mertens. El directorio dmoz guarda información sobre él. Desde la página principal puede seleccionar la categoría **Regional**. A partir de ahí, puede seguir seleccionando **Europe**, **Belgium**, **Arts and Entertainment**, **Music**, **Band and Artists** y, en la página que verá, al final, hay un enlace a la página oficial de **Wim Mertens**, que puede ver en la figura 10.2.

Figura 10.2. Wim Mertens.

Llegar a esa página no es complicado si conoce algo de Wim Mertens, como su nacionalidad. Si no fuese porque ahora los directorios ofrecen también un buscador de sus contenidos, sería complicado localizar la mayoría de lo que nos interesa.

Resumiendo, para tener una presencia importante en Internet:

- Era imprescindible disponer de un nombre de dominio fácil de recordar y, a ser posible, relacionado con la actividad que la Web realizase.
- Se necesitaba realizar una inversión para ser incluido en la mayor cantidad de directorios posible.
- Si se disponía de los suficientes medios económicos, podía ser interesante realizar una campaña de publicidad en medios no relacionados con Internet o incluso pagar un poco más para poder aparecer en los primeros resultados en los buscadores.

Los perjudicados: los usuarios de Internet, para los que la tarea de localizar lo que necesitaban era cada día más complicada. Pero siempre hay quien da con la solución.

10.1.2. Motores de búsqueda

A medida que la Web crecía, que el número de sitios aumentaba, se hizo claro que era necesario disponer de un método automático que permitiese organizar sus contenidos. Ese sistema, del que hablaremos con más detalle en la sección dedicada al método utilizado por Google para localizarnos, eran las arañas. A menudo también se hace referencia a estos sistemas por un nombre en inglés, *spiders*, aunque también se conocen como *robots*.

> ***Nota:*** *El término robot tiene sus raíces en la palabra checa* robota *que puede traducirse por trabajo. Como verá, se trata de un término muy adecuado para la tarea que desempeñan para los buscadores.*

En un símil muy adecuado, las arañas extienden sus patas por toda la Web (que, como ya sabe, significa telaraña en inglés) buscando cualquier dato, por insignificante que sea y memorizándolo. La figura 10.3 muestra un extracto del informe de visitas de un sitio Web en el que se pueden ver las realizadas por las diez arañas más activas, al menos en ese sitio Web concreto. El informe muestra el consumo realizado durante un mes completo. Dependiendo del contenido de nuestra Web y de lo que las arañas quieran memorizar, el consumo de ancho de banda puede ser alto. Veremos cómo controlar este consumo dentro de poco.

Visitas de Robots/Spiders (Top 10) - Lista completa - Última visita

42 Visitas de Robots*	Solicitudes	Ancho de banda	Última visita
Inktomi Slurp	7712+1463	217.62 MB	31 Mar 2005 - 22:58
LinkChecker	2729+54	59.87 MB	31 Mar 2005 - 18:58
Unknown robot (identified by 'crawl')	2257+41	24.01 MB	31 Mar 2005 - 23:40
Googlebot	1790+141	40.99 MB	31 Mar 2005 - 20:13
MSNBot	1231+170	56.01 MB	31 Mar 2005 - 21:30
AskJeeves	1101+95	21.59 MB	31 Mar 2005 - 23:07
Voila	515+549	13.79 MB	31 Mar 2005 - 23:16
Mirago	870+24	33.60 MB	27 Mar 2005 - 20:13
MSIECrawler	541+45	1.49 MB	31 Mar 2005 - 21:14
Alexa (IA Archiver)	433+83	9.52 MB	31 Mar 2005 - 11:56
Otros	754+530	13.13 MB	

Figura 10.3. Visitas de arañas.

> ***Nota:*** *Dicho informe ha sido creado por AWStats (Advanced Web Statistics, estadísticas avanzadas para la Web), que puede encontrar en la siguiente dirección: http://awstats.sf.net/. Hablaremos sobre este generador de informes con más detalle en sucesivos capítulos.*

Durante este capítulo y los siguientes haremos referencia a las arañas en numerosas ocasiones. Encontrará que en muchos otros textos se hace referencia a este tipo de programa como araña, pero también como *robot, spider, crawler,* etcétera. No entraremos a opinar cuál de estos términos es el más adecuado, lo importante es que entienda de qué se le está hablando.

10.1.3. Archivos de páginas

Aunque no tienen demasiada relación con los buscadores, merecen una mención especial los archivos de páginas Web existentes en Internet. La base del funcionamiento de estos archivos es similar al de las arañas, incluso disponen de una para recorrer la Web, pero el fin de los archivos es diferente. Utilice los archivos de páginas Web para viajar al pasado y recordar el aspecto que las páginas que visitaba tenían. Por ejemplo, la página principal de Google no siempre ha sido la que conocemos hoy en día, como demuestra la figura 10.4.

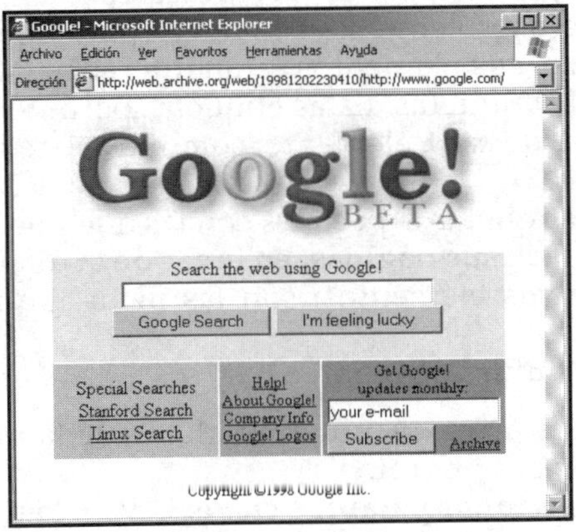

Figura 10.4. Google en 1998.

Le recomendamos el archivo de Internet que puede encontrar en la dirección:

http://www.archive.org/

Este archivo tiene su propio buscador, pero no de términos sino de páginas Web, que ellos llaman *Wayback Machine* (algo así como la máquina para viajar hacia atrás en el tiempo). Aunque no guardan las imágenes de todas las Webs que archivan, sí que lo hacen de las más importantes, por eso podemos ver el aspecto que el logo de Google tenía hace años.

Este archivo guarda varias versiones de las páginas, lo que nos permite ver no sólo el aspecto de Google en 1998, sino a lo largo de los años, hasta llegar al día de hoy. Y también nos permite darnos cuenta de que hay cosas que no cambian nunca. Por ejemplo, los botones **Google Search** y **I'm feeling luckly**, presentes desde las primeras versiones de Google.

10.1.4. Etiquetas

Almacenar de forma indiscriminada los datos que contienen las páginas Web fue un paso en pos de lo que hoy son los buscadores, pero no era suficiente. Para que un sistema de este tipo funcionase era necesario que los editores de páginas Web pusieran algo de su parte.

Las páginas Web, como ya sabrá, están escritas en un lenguaje especial llamado HTML (siglas de *Hyper Text Markup Language*, lenguaje de marcas para hipertexto). En este lenguaje, sus elementos están diferenciados mediante el empleo de etiquetas. Estas etiquetas permiten definir las propiedades de cada elemento, como su aspecto o posición en la página.

Existen etiquetas especiales con las que puede describir el contenido de sus páginas, en lugar de la disposición y el formato de sus elementos: son las meta-etiquetas (*metatags* en inglés).

Podemos utilizarlas para:

- **Describir un documento:** Mediante la meta-etiqueta `description`.
- **Proporcionar palabras clave:** Utilice la meta-etiqueta `keywords` para indicar la lista de palabras clave que quiere asociar a su página.
- **Comunicarse con las arañas:** La meta-etiqueta `robots` le permite controlar el comportamiento las arañas.

Existen otras meta-etiquetas para indicar la fecha en la que un determinado documento se ha creado, su autor y muchos otros detalles de la página.

Sin embargo, no las trataremos porque la mayoría de las arañas las ignoran.

Aunque la etiqueta de título no es, estrictamente, una meta-etiqueta, sí que aporta detalles sobre los documentos que describe. De hecho, las arañas las tienen en cuenta.

Por ejemplo, fíjese en el siguiente fragmento de código HTML, en el que utilizamos estas meta-etiquetas de las que acabamos de hablar para describir el documento:

```
<HEAD>
<TITLE>Guía Práctica Google</TITLE>
<META NAME="description"
    CONTENT="Apréndalo todo sobre Google">
<META NAME="keywords"
    CONTENT="google posicionamiento">
</HEAD>
```

> ***Nota:*** *Como ha podido comprobar, se trata sólo de la cabeza del documento. La finalidad del código anterior se limita a mostrar cómo se utilizan estas etiquetas, no es el mejor ejemplo de utilización de las etiquetas. En posteriores capítulos aprenderá a hacer un empleo efectivo de estas etiquetas.*

10.1.5. Trampas

Listos los hay en todos sitios, aplicando su inteligencia a cualquier campo imaginable. Como no podía ser menos, hay quien intenta utilizar las meta-etiquetas para el engaño.

Mientras el número de sitios Web crece de forma imparable, decrece la posibilidad de que haya personas involucradas en la clasificación de toda esa información. Al menos, en lo que a buscadores como Google se refiere. Ya hemos comentado que estos buscadores utilizan arañas, programas automáticos, para ir recorriendo toda la red. De cualquier forma, estos deben disponer de un sistema para clasificar las páginas. Si no, su utilidad estaría limitada. Precisamente ese es el uso que hacen de las meta-etiquetas de las que acabamos de hablar.

Pero, ¿qué ocurre si el autor de una página de una determinada temática utiliza las meta-etiquetas para describirla como otra cosa diferente? Si la araña que archiva la página no tiene capacidad para analizar con éxito el contenido de la misma y su principal guía es la información que las meta-etiquetas le proporcionan pueden ocurrir cosas muy inquietantes: imagine qué pasaría si una página con contenido pornográfico intentara optimizar su contenido para aparecer la primera en las búsquedas de juguetes para niños.

10.1.6. Un paso más

Ante situaciones como la anteriormente descrita se hizo evidente la necesidad de un sistema capaz de determinar la importancia de una Web no sólo por el empleo que hiciese de las meta-etiquetas y del contenido de sus páginas. Era necesario un método que, de forma objetiva, pudiese ponderar la importancia que la misma Web proporcionaba a esa página.

La construcción de un sistema así hacía crecer la cantidad de datos que era necesario guardar de cada página, complicaba el sistema de clasificación y aumentaba la potencia de los equipos envueltos en el proceso, pero dos estudiantes universitarios demostraron que era posible.

A estas alturas todos saben que Google fue creado por dos estudiantes de la universidad de Stanford y que uno de sus pilares fue el algoritmo de clasificación PageRank. En la figura 10.5 Larry Page y Sergey Brin sonríen satisfechos por el trabajo bien hecho.

Figura 10.5. Los creadores de Google.

A diferencia del resto de sistemas de clasificación de páginas, que utilizaban sólo el contenido de las páginas que analizaban, el de Google tenía también en cuenta el número de páginas que hacían referencia a esa página. Se intentaba premiar así a aquellas páginas que otros editores de páginas Web consideraban tan importantes como para incluir un enlace a ella.

Google también tiene en cuenta el contenido completo de las páginas que analiza, la importancia de los diferentes términos de búsqueda dependiendo de su posición dentro de las páginas, etcétera. Está claro que llevar a cabo un proceso de clasificación como esté no es sencillo.

10.2. Cómo nos encuentra Google

10.2.1. Arañas

El término araña se refiere a un programa, conjunto de programas o sistema más complejo que recorre la Web de forma sistemática, analizando cada página que encuentra y archivando las partes de ella que considera importantes. De cada página extrae las referencias a otras páginas que encuentra y repite la operación.

Encontrará referencias a este tipo de sistemas con otros nombres, como *spider*, *robot*, *webcrawler*, etcétera. Como ya hemos comentado, lo importante es que, por el contexto en el que se encuentre el término, entienda que se refiere a una araña.

> ***Nota:*** *Además de utilizarse como nombre alternativo para las arañas, WebCrawler es un sitio Web que ofrece un buscador de buscadores. Es decir, las búsquedas que queramos realizar se hacen sobre los resultados obtenidos por los otros buscadores. Su página Web está en la dirección http://www.webcrawler.com/. Hunter, que aparece en la figura 10.6, es el nombre de su araña... literalmente.*

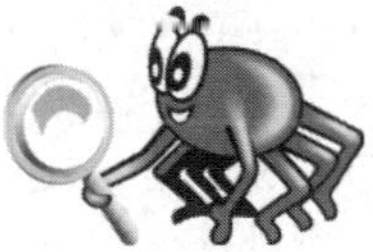

Figura 10.6. Antes Spidey, ahora Hunter.

El comportamiento de las arañas es un tanto agresivo: cuando alcanzan nuestra página se dedican a devorar sus contenidos, buscando los enlaces a otras páginas dentro de la misma Web para volver a absorber todo lo que contengan y repitiendo de nuevo la operación. Y esto no termina cuando se quedan sin páginas en nuestra Web: utilizarán los enlaces que hayan encontrado a páginas externas para saltar a ellas, volviendo a comenzar el proceso.

Esta forma de trabajar no debe asustarle ya que no es nociva en absoluto. Su página sólo notará un consumo de ancho de banda superior al de una visita normal durante un periodo de tiempo sensiblemente más reducido que el empleado por la visita de un ser humano. Es lógico, puesto que habrá visitado casi la totalidad de su sitio Web.

Es el precio a pagar si quiere tener una presencia en Internet para que puedan encontrarle a través de los buscadores. Si lo desea puede permanecer lo más apartado de las multitudes utilizando un archivo llamado robots.txt, del que hablaremos en más detalle en la sección del mismo nombre.

¿Tiene Google una araña a su servicio? No. Tiene dos.

Googlebot

Googlebot es la araña de Google. Según la propia definición dada por Google, "Googlebot es el robot que recorre la Web para Google. La información que obtiene de los documentos que analiza se utiliza para construir el índice del buscador de Google.".

Como ya sabe, una araña visita páginas en busca de contenidos que archivar y referencias a otras páginas que poder analizar posteriormente.

Esas referencias las encuentra, por ejemplo, en los destinos de los enlaces a otras páginas o en las fuentes de las imágenes, que pueden estar en servidores diferentes al de la propia página.

Si tiene un sitio Web en Internet y puede ver los archivos de registro de acceso, es más que probable que pueda encontrar alguna línea que contenga algo así como esto:

```
Mozilla/5.0 (compatible; Googlebot/2.1;
+http://www.google.com/bot.html)
```

Se trata de la firma de Googlebot. Si lo ve, es que Googlebot ha visitado sus páginas. En caso contrario, o su Web le prohíbe el acceso o no hay enlaces a sus páginas desde otras, lo que ha impedido que Googlebot las encuentre. En el primero de los casos, esté atento porque posteriormente hablaremos sobre el tema. En cuanto al segundo, puede intercambiar enlaces con otras Webs o también puede solicitar explícitamente que Googlebot le visite. Vaya a la página:

http://www.google.es/addurl/

En la figura 10.7 puede ver formulario que deberá rellenar en dicha página para que Googlebot le tenga en cuenta. Ha de proporcionar la URL, incluir unos comentarios y, como es costumbre, reconocer las letras deformadas que se incluyen en la página. Cuando haya terminado, haga clic en el botón **Añadir URL**.

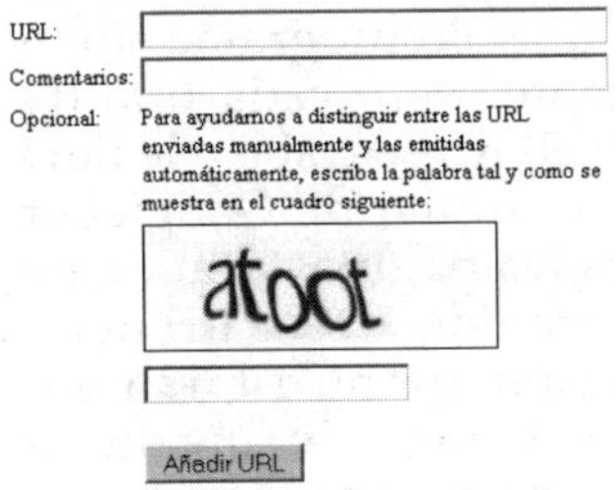

Figura 10.7. Ven a mí, Googlebot.

> ***Nota:*** *De igual forma puede comunicarle a Google su decisión de ser excluido del rastreo de Googlebot desde la dirección http://www.google.es/remove.html*

Googlebot es especialmente voraz, ya que no se limita a analizar los documentos HTML, también es capaz de comprender otros formatos.

Actualmente Google nos indica en sus páginas Web que es capaz de rastrear la información de los siguientes formatos, a su derecha una somera indicación del tipo de información que contienen:

- **Adobe Portable Document Format:** Documentos.
- **Adobe PostScript:** Documentos.
- **Lotus 1-2-3:** Hojas de cálculo.
- **Lotus WordPro:** Documentos.
- **MacWrite:** Documentos.
- **Microsoft Excel:** Hojas de cálculo.
- **Microsoft PowerPoint:** Presentaciones.
- **Microsoft Word:** Documentos.
- **Microsoft Works:** Documentos.
- **Microsoft Write:** Documentos.
- **Rich Text Format:** Documentos.
- **Shockwave Flash:** Presentaciones.
- **Text:** Documentos.

No existe una regla que defina la frecuencia con la que Googlebot visita sus páginas, lo que le obligará a estar siempre listo para recibirle. Lo que sí es seguro es que, a medida que la importancia de sus páginas aumente, también lo harán las visitas de Googlebot.

La forma de trabajar de Googlebot le impone una serie de limitaciones, directamente relacionadas con los recursos necesarios para realizar el trabajo. Obviamente, Googlebot no es un solo programa sino varios funcionando simultáneamente, pero cada uno de ellos sólo visita una parte de la Web, y ese trabajo le lleva un tiempo.

Cuando cada ejemplar de Googlebot haya terminado de recorrer todas las páginas a su cargo es más que probable que el contenido de la primera que visitó haya cambiado. Estos cambios no estarán presentes en el índice de búsqueda de Google, lo que quiere decir que cuando los busquemos no los encontraremos, al menos en esa página.

El resultado: el índice de Google es muy bueno, como demuestran sus resultados, pero no demasiado fresco, porque no incluye los últimos contenidos de las páginas Web que se actualizan con más frecuencia. Pero Google también encontró solución a este problema.

Freshbot

Mientras que la araña Googlebot es la que realiza la mayor parte del trabajo de rastreo para el índice de Google, Freshbot se encarga de mantener ese índice lo más al día que sea posible, rastreando aquellas páginas que más vida tengan.

Las páginas dedicadas a las noticias son las que más dejaban en evidencia el sistema de clasificación de Google antes de la aparición de Freshbot. Para solucionar el problema de las páginas Web dedicadas a noticias, Google lanzó Google Noticias, un buscador dedicado exclusivamente a este tipo de sitios.

Como estos medios tienen un comportamiento diferente al del resto de sitios Web, al menos en lo que se refiere a la frecuencia de actualización, también el funcionamiento de este buscador es ligeramente diferente. Por lo pronto, según Google, el número de fuentes de datos rastreados para generar el contenido de este buscador está limitado a aquellas que considera de confianza.

> ***Nota:*** *Es posible que encuentre referencias a Googlebot como Deepbot (algo así como araña de recorrido en profundidad). También puede encontrar textos en los que se refieran a Googlebot como el conjunto de Deepbot y Freshbot. Lo importante es comprender los conceptos, la misión que cada araña cumple.*

10.2.2. robots.txt

El archivo robots.txt se utiliza para dar instrucciones a las arañas que visiten un sitio Web. Se trata de un archivo de texto en el que cada línea puede contener una orden o un comentario. Este archivo debe estar situado en la raíz de su Web. Los comentarios son ignorados por las arañas. Para que una línea sea ignorada el primer carácter de la misma debe ser una almohadilla (#).

Las órdenes que podemos dar pueden estar referidas a una araña en concreto o a todas. Podemos decirles qué directorios están prohibidos. Por ejemplo, si quisiese limitar por completo el acceso a todas las arañas, el siguiente podría ser el contenido de su archivo robots.txt:

```
User-agent: *
Disallow: /
```

Cada araña que visite su Web pedirá ese archivo en primer lugar. Al analizarlo comprobará que no es bienvenido y seguirá su camino. Utilice este archivo sólo si quiere permanecer en el anonimato.

También puede ser un poco menos restrictivo. Suponga que sólo necesita prevenir el acceso a tres carpetas dentro de su Web: la dedicada a fotos (porque son de carácter personal), aquella en la que almacena los archivos de registro de la Web y la dedicada a los archivos temporales. Si estas carpetas son, respectivamente, /fotos, /registro y /temp, el archivo robots.txt podría contener las siguientes líneas:

```
User-agent: *
Disallow: /fotos
Disallow: /registro
Disallow: /temp
```

El control sobre las arañas puede ser mayor si incluimos su nombre. Así podemos decidir qué arañas tienen acceso a nuestra Web y cuáles no. Por ejemplo, utilice estas instrucciones si sólo quiere dejar paso a Google:

```
User-agent: googlebot
Disallow:
User-agent: *
Disallow: /
```

Las dos primeras líneas indican que a Googlebot no se le prohíbe el acceso a ninguna parte de la Web. Las dos siguientes, que el resto de arañas tienen prohibido el acceso a toda la Web.

Si lo desea, puede utilizar comentarios para clarificar el contenido de este archivo, como puede ver a continuación:

```
# Permiso a Googlebot para acceder a la Web.
User-agent: googlebot
Disallow:
# El resto no tiene permiso.
User-agent: *
Disallow: /
```

> ***Nota:*** *Aunque las arañas ignoran las líneas comentadas, aquellas personas que lean el archivo pueden encontrarlas de utilidad. No se extrañe si los comentarios le ahorran un tiempo valiosísimo en el futuro cuando necesite volver a editar el contenido del archivo y esas líneas le sirvan para recordar lo que pretendió lograr con una determinada configuración de las órdenes.*

Puede encontrar una lista de las arañas en funcionamiento en la dirección:

http://www.robotstxt.org/wc/active.html

Etiquetas

Anteriormente vimos la existencia de las meta-etiquetas, que podían utilizarse para instruir a las arañas sobre el contenido de las páginas. Se comentó que existían unas etiquetas especiales para indicar qué operaciones podían realizarse con esas páginas.

Las meta-etiquetas que hacen referencia a las arañas son como esta:

```
<META NAME="robots" CONTENT="nofollow">
```

El atributo `NAME` toma el valor `robots`, indicando así que esta etiqueta debe ser tenida en cuenta por las arañas. Es el atributo `CONTENT` el que da la orden `nofollow`, que veremos ahora mismo qué significa.

Google hace caso a los siguientes valores del atributo `CONTENT`:

- **noindex:** La página no será almacenada en el índice de Google, pero se puede utilizar su contenido de alguna forma. Por ejemplo, para obtener otros enlaces que seguir.
- **nofollow:** La araña no seguirá ninguno de los enlaces que esta página contenga.
- **noarchive:** La única restricción que indica el uso de esta etiqueta se refiere al archivo de páginas de Google. La araña de Google añadirá la página a su índice, seguirá los enlaces que contenga, pero no la añadirá al archivo que permite ver cómo era la página cuando Google la visitó. Fíjese en la figura 10.8, allí puede ver el resultado de una búsqueda cuyo contenido ha sido archivado. Si hace clic sobre el enlace principal verá el aspecto actual de la página, conectando con ella, mientras que el enlace **En caché** le llevará a la versión archivada de la página. Puede que ambas no coincidan.

Fíjese en que el grado de control aumenta gracias a estas etiquetas: mientras que el archivo robots.txt permite determinar qué arañas pueden acceder a qué directorios, estas etiquetas se refieren a las páginas.

Podemos concluir esta sección diciendo que el funcionamiento de Internet está basado en la confianza. Hemos de esperar que todo funcione como debe. Por ejemplo, que las arañas lean el contenido de los archivos robots.txt y sigan las órdenes que desde él se les den, que tengan en cuenta las meta-etiquetas dirigidas a ellas.

Pero nada impide que alguien cree una araña que se salte a la torera todas las normas. De hecho, existen programas que pueden utilizarse para descargar todo el contenido de una Web de una sentada, siguiendo todos los enlaces de la misma. Incluso son capaces de identificarse como si se tratase de clientes Web conocidos, como Internet Explorer o Mozilla Firefox.

Vigile el contenido del archivo de registro de accesos a su Web para comprobar que no hay ninguna actividad extraña, como visitas del mismo cliente con muy poco tiempo de espera entre ellas, o alguno con nombre extraño.

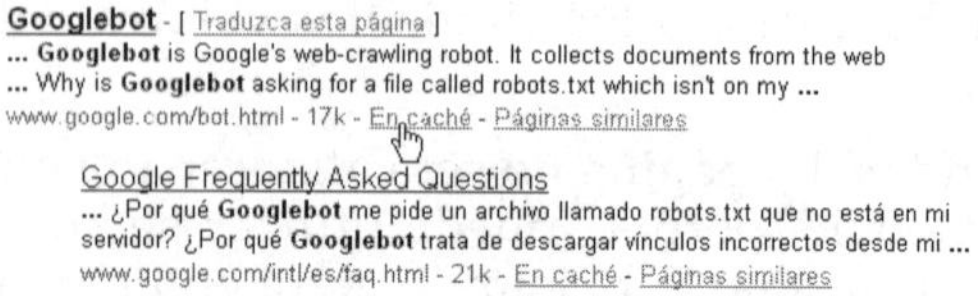

Figura 10.8. Archivo de Google.

10.3. Estrategia de posicionamiento

Durante las secciones anteriores hemos hecho un recorrido por algunas de las diferentes formas de organizar la información de Internet que han existido. Sobre todo nos hemos concentrado en cómo lo hace Google.

Durante los dos capítulos siguientes verá los pasos que necesita seguir si quiere competir por los primeros puestos de Google cuando se realicen búsquedas por los términos que desee.

Hoy en día, situarse en las primeras posiciones en los buscadores es un trabajo que requiere constancia y paciencia. Ese trabajo está divido en dos partes:

- **Trabajo previo:** Ha de realizarse antes (o durante) la creación de la Web. Las tareas que lo conforman serán descritas en el capítulo 11. Entre ellas, la selección del nombre del dominio y la creación de las meta-etiquetas y, por lo tanto, de las palabras clave.
- **Trabajo diario:** Tras la publicación de la Web ha de estar pendiente de la evolución que su trabajo va teniendo, intercambiando enlaces con otras páginas Web e incluso modificando las palabras clave si fuese necesario. De esto y más hablaremos en el capítulo 12.

En el último de los capítulos dedicados al posicionamiento haremos un repaso por las técnicas prohibidas que debe evitar utilizar. Google puede excluirle de su buscador si averigua que las está utilizando. También veremos alguna curiosidad que otra.

10.4. Conclusión

En el mundo de la informática, el efecto del paso del tiempo es aún más devastador que en otros campos. Como ha podido ver, disciplinas como el posicionamiento en buscadores no son una excepción. A veces, lo que se da como verdad pasa a ser mentira en poco tiempo. No es que nos queramos cubrir las espaldas (bueno, un poco sí).

Queremos dejarle claro que una vez aprendidas las bases del posicionamiento debe continuar en busca de nuevas formas de lograr situar sus páginas en lo más alto. A veces, encontrará métodos mucho más efectivos que los que ya conocía. En otras ocasiones, Google modificará su forma de trabajo y le obligará a esforzarse un poco más.

Al final comprobará que si sigue las normas que veremos durante los siguientes capítulos logrará un doble objetivo. En primer lugar, los sitios Web a los que aplique lo que aprenda estarán mejor situados en Google. En segundo lugar, aportará su granito de arena para lograr que la Web sea un lugar más ordenado, en el que sea más sencillo encontrar lo que se busca.

11 Posicionamiento: trabajo previo

En el capítulo anterior, que servía como introducción al posicionamiento, ya se avisaba de que se trata de una tarea que requiere mucho trabajo. A pesar de dicho aviso, está leyendo estas páginas, algo que le honra. Pues si quiere trabajo, aquí lo va a encontrar.

Durante este capítulo repasaremos las diferentes áreas de un sitio Web que requieren su atención si tiene intención de situarlo en la mejor posición posible dentro de Google. Como es necesario cuidar detalles como la elección del dominio en el que estará hospedada su página, veremos algunos consejos al respecto, así como algunos registradores de dominios bastante económicos.

Deberá prestar especial atención a dos aspectos de su sitio Web. El primero de ellos, la estructuración de los contenidos del mismo, debe ser mimado incluso si no se plantea mejorar la posición en buscadores de su Web, ya que una mejor distribución de los mismos redunda en una mejor experiencia del usuario. Veremos qué secciones debe incluir entre sus páginas para hacer más sencillo el trabajo de las arañas.

En segundo lugar, aunque no por ello de menor importancia, debe seleccionar correctamente las palabras clave que quiere asociar a su Web. Estas palabras están en relación directa con los términos que los usuarios de Google buscarán. Debe anticiparse y averiguar cuáles serán esos términos. Por fortuna, existen algunas herramientas que le ayudarán en la elección de los mismos.

11.1. Introducción

Antes de comenzar a desarrollar un sitio Web desde cero, es necesario pensar en su diseño. Si en este paso se realizan las elecciones correctas, las diferentes arañas que recorren Internet pueden realizar con más facilidad su trabajo. Se trata de una ventaja para ellas, pero también para usted. La relación entre los sitios Web y las arañas es simbiótica. Además de pensar en el trabajo que realizan las arañas, también ha de tener en cuenta cómo funcionan los algoritmos que analizan las páginas que las arañas recuperan. Estos algoritmos buscan partes concretas de sus páginas. Si no las encuentran, o su contenido no es adecuado, su posición se verá perjudicada. Tenga en cuenta el mejor consejo de todos los posibles: cree un sitio Web rico en contenidos. Sus usuarios se deben sentir satisfechos en cada visita, deben saber moverse por él, encontrar lo que necesitan. La mejor publicidad posible que puede obtener se la proporcionarán ellos, hablando sobre las bondades de su Web.

Es más que posible que haya oído hablar de muchos trucos que permiten ahorrar tiempo y trabajo, gracias a que pueden mejorar su posición en los resultados de las búsquedas. Le recomendamos que, en principio, desconfíe de estas técnicas. Compruebe que no van en contra de las recomendaciones de Google. Para más información, consulte el capítulo 13, dedicado al reverso tenebroso del posicionamiento en buscadores.

A pesar de todo, tenga en cuenta que existen muchas técnicas totalmente legítimas que, por motivos de espacio, no podemos explicarle en este libro. Tenga extremo cuidado, ya que si realiza cualquier operación que Google considere ilegal puede eliminar su Web por completo de sus resultados, algo que puede resultar catastrófico para un negocio basado en Internet. Haga todos los experimentos que considere necesarios en sitios Web para pruebas antes de utilizar estas técnicas en su sitio Web principal. Aunque estas tareas pueden realizarse sobre una Web ya existente, ahorrará esfuerzos si las realiza a la vez que las diseña.

> **Nota:** *Durante este capítulo utilizaremos como referencia una Web dedicada a las casas rurales cuya dirección es http://www.casas-rurales.info/.*

11.2. Selección de un dominio

Como ya sabrá, cada sistema conectado a Internet dispone de un identificador único: su dirección IP. Dicha dirección está compuesta por cuatro grupos de dígitos que pueden tomar valores entre 0 y 255, separados por puntos. Puede ver de qué direcciones IP dispone un ordenador gracias a los comandos `ipconfig` en Windows o `ifconfig` en Linux. La figura 11.1 muestra dichos datos tomados de un ordenador existente en una red de área local.

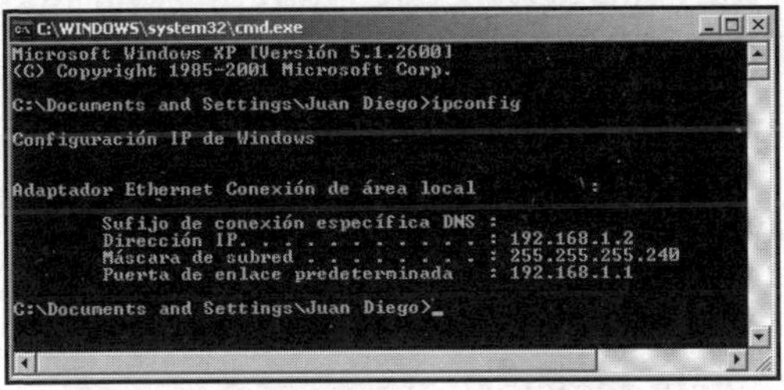

Figura 11.1. IP en un sistema Windows.

Intentar acceder a un determinado sitio Web a través de su dirección IP es una tarea complicada. Es posible que un solo sitio Web disponga de varias direcciones IP, cada una perteneciente a una copia del sitio Web. Algunas páginas requieren que la petición de páginas se haga a un determinado dominio, no a una dirección IP. El ejemplo más inmediato del nombre de un dominio: www.google.es.

Por esta razón es importante seleccionar un nombre adecuado para su sitio Web, aunque antes de la aparición de los buscadores lo era mucho más. Es relativamente importante seleccionar un nombre de dominio representativo de la temática a la que están dedicadas sus páginas.

Antes de seleccionar dicho nombre debe conocer cuáles son los términos de búsqueda con los que le interesa estar relacionado. Veremos cómo generar una lista con estas palabras clave en las siguientes secciones de este capítulo.

Procure incluir en el nombre del dominio alguno de los términos con los que su sitio Web esté relacionado y que además sea buscado con frecuencia. No es adecuado incluir términos poco relevantes en el nombre del dominio a no ser que, en lugar de intentar optimizar un solo término lo haga con varias decenas, cientos e incluso miles de esos términos.

Aunque cada vez es más complicado encontrar dominios relacionados con términos de búsqueda interesantes, la aparición de nuevas opciones aparte de los .com, .net y .org ofrecen nuevas posibilidades. Por ejemplo, el recientemente aprobado .travel (viaje en inglés) puede resultar de interés a aquellas empresas con presencia en Internet y con productos relacionados con el turismo.

Por ejemplo, la Web que utilizamos como referencia en este capítulo, especializada en guías de casas rurales, empresas de turismo activo y restaurantes, ha registrado el dominio casas-rurales.info.

11.2.1. Empresas registradoras

Las hay para todos los gustos y para todos los bolsillos. De entre todas ellas, una de las más populares es Register, que puede encontrar en la dirección:

http://www.register.com/

En la página principal de esta empresa puede encontrar un formulario en el que introducir el nombre del dominio que le interese registrar. Vamos a suponer que se quiere embarcar en el competitivo mundo del turismo. ¿No sería fantástico poder registrar un dominio como turismo.com o similar? Introduzca en el cuadro de texto ese nombre y haga clic en el botón **Go!**, como puede verse en la figura 11.2. Como era de esperar, todos los dominios que incluyen ese nombre están registrados, aunque Register le dará la posibilidad de hacer una oferta anónima a quien posea un nombre que le interese. Además le ofrecerá posibles alternativas que sí están disponibles, quizá le interese alguna.

Si encuentra un nombre que le interese y que esté disponible puede proceder a registrarlo, pasando a ser de su propiedad. El servicio ofrecido por esta empresa es exquisito y no se arrepentirá si trabaja con ellos.

Aunque existen alternativas mucho más económicas, preste especial atención a los servicios que le ofrecen. La tarifa de Register es de unos 35 euros anuales, en la que se incluye la posibilidad de utilizar sus servidores de nombres. Es decir, podrá especificar a qué IP apuntan los subdominios que usted mismo cree.

Figura 11.2. Búsqueda de un dominio en Register.

Una de las empresas que ofrecen un registro económico de dominios es Netfirms. Puede encontrar su Web en la dirección:

http://www.netfirms.com/

Por ejemplo, ofrece el registro de dominios por menos de 6 euros al año. Sin embargo, debe disponer usted mismo de un servidor de nombres en el que dar de alta sus propios subdominios. Si no dispone de él, deberá contratarlo aparte, lo que incrementará la factura. Así, el ahorro no resulta tal. Le recomendamos una opción intermedia: Gandi. Este registrador, ubicado en Francia, ofrece servicio de registro y administración de nombres por poco menos de 12 euros al año. Su Web, cuyo panel de administración puede ver en parte en la figura 11.3, se encuentra en la dirección:

http://www.gandi.net/

Si encuentra alternativas más baratas, asegúrese de que le ofrecen lo que necesita, en caso contrario podría resultar que, a la larga, necesita invertir más dinero del inicialmente previsto.

11.2.2. Alternativas más económicas

Para aquellos que sólo quieran probar las posibilidades del posicionamiento sin gastar ni un duro existen otras alternativas. Muchas empresas proporcionan espacio gratuito para blogs. Entre ellas, Google, en la dirección:

http://www.blogger.com/

Cada usuario que cree una cuenta en este servicio de blogs dispondrá de un subdominio dentro de blogspot.com. Así, si un usuario crea una cuenta con el nombre **turismo** (cuenta que ya existe, por cierto), automáticamente se crearía el subdominio turismo.blogspot.com.

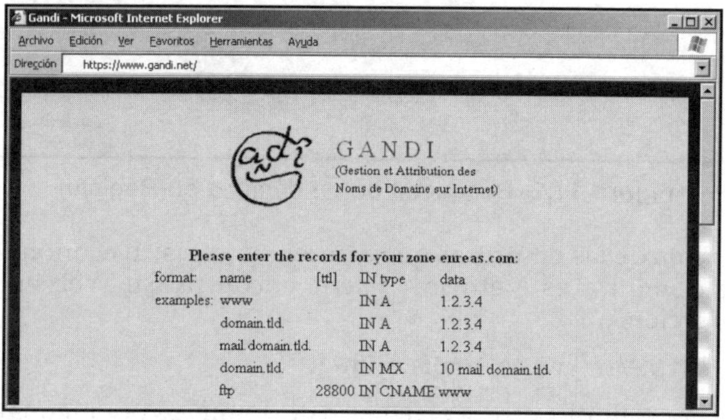

Figura 11.3. Gandi, registrador europeo.

> ***Nota:*** *Además, es posible modificar los encabezados de las páginas de su blog si desea realizar alguna tarea de optimización en buscadores del mismo.*

Puede que también encuentre interesante algún servicio dinámico de nombres gratuito como el disponible en la dirección:

http://www.dyndns.org/

11.3. Obtención de palabras clave

Por lo general, los encargados de la gestión y administración de una empresa que quiere tener presencia en Internet están convencidos de que conocen a su clientela, justo la misma sensación que tiene el encargado del diseño de la Web. Sin embargo, para poder afrontar el proyecto con total garantía deben quitarse esa idea de la cabeza y empezar desde cero.

Nadie va a saber mejor qué está buscando un usuario que una empresa dedicada a las búsquedas a través de Internet. Afortunadamente, muchas de ellas nos proporcionan esta información, comenzando por el propio Google.

11.3.1. AdWords

Durante el capítulo dedicado a la publicidad en Google echamos un vistazo a AdWords. Seguramente recuerde que pasamos por una página en la que se le ofrecía una herramienta para la obtención de términos de búsqueda relacionados con unas palabras clave dadas.

Para acceder a dicha herramienta, acceda a la dirección:

https://adwords.google.es/select/KeywordSandbox

Podrá ver un formulario como el que se muestra en la figura 11.4.

Figura 11.4. Palabras clave de AdWords.

Para no empezar demasiado fuerte hemos introducido sólo dos palabras en el cuadro de texto de la izquierda: **casas rurales**. Fíjese en que estamos siguiendo con el ejemplo que comenzamos anteriormente al buscar un dominio adecuado.

Podríamos haber incluido muchos otros términos, con una palabra o frase clave por línea, pero en breve verá por qué no lo hemos hecho.

La lista central permite seleccionar los idiomas en los que se generarán las palabras clave resultantes. La lista de la derecha determina el país destino de las palabras clave. Vamos a centrarnos en el español, pero para cualquier país de destino. Haga clic en el botón **Mostrar las sugerencias y alternativas relacionadas**.

La lista que se genera es demasiado extensa para que la reproduzcamos aquí, así que le recomendamos que realice la operación usted mismo para que vea con sus propios ojos el resultado. Y recuerde que sólo se ha utilizado una frase con dos palabras: la lista sería aún mayor si se hubiesen utilizado más, dependiendo de la popularidad de las mismas.

Mediante este sistema se obtienen tres listas:

1. Las búsquedas más populares que contengan los términos de búsqueda que ha escrito.
2. Las palabras o frases similares a las indicadas por usted.
3. Aquellas palabras o frases que Google considera que debería tener en cuenta y que no están englobadas en ninguno de los dos grupos anteriores.

> **Nota:** *Como se indica en sus páginas, Google no garantiza que la inclusión de estas palabras clave en sus páginas suponga un incremento automático en el número de visitas, o una mejora en su posición dentro de los resultados de las búsquedas.*

11.3.2. Wordtracker

Una de las alternativas a la herramienta de AdWords que acaba de ver es Wordtracker, que puede encontrar en la dirección:

http://www.wordtracker.com/

Una de las diferencias existentes entre ambas es que esta última es de pago, mientras que la ofrecida por Google es gratuita.

Pero aunque la de AdWords sólo ofrece información sobre Google, Wordtracker trabaja con, como ellos dicen, "todos los mejores motores de búsqueda". La figura 11.5 muestra una de las capturas de pantalla ofrecidas en su Web.

Utilice este tipo de herramientas si siente la necesidad de sacar partido a otros buscadores que no sean Google. Al ser una herramienta de pago, le recomendamos que sólo la utilice si está completamente seguro de que el gasto reportará beneficios a su empresa.

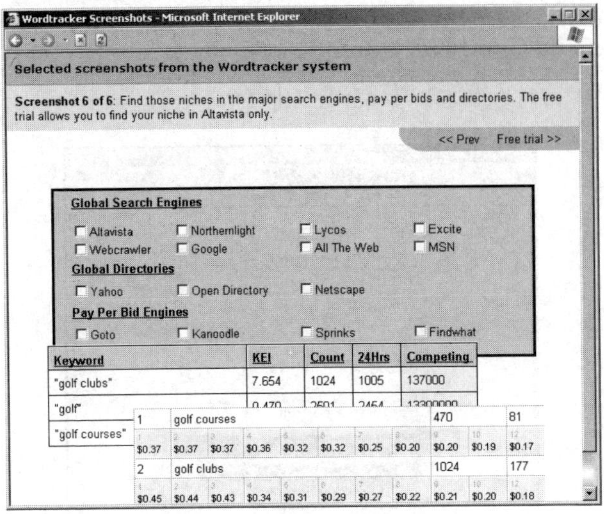

Figura 11.5. Wordtracker.

11.3.3. Overture

Como en muchos otros aspectos de la vida, en el posicionamiento en buscadores siempre es recomendable disponer de una segunda opinión. Overture es una de las empresas de Yahoo y dispone de un buscador de palabras clave similar al ofrecido por Google al que puede acceder en la dirección:

http://inventory.overture.com/d/searchinventory/suggestion/

La figura 11.6 muestra el aspecto del formulario de sugerencia de términos de búsqueda para la frase **casas rurales**. Esta herramienta nos ofrece una lista con los términos buscados en el mes anterior y, además, muestra su frecuencia de aparición.

11.3.4. Good Keywords

A diferencia de de las anteriores herramientas para la obtención de términos de búsqueda que funcionan con una interfaz Web, Good Keywords ofrece un programa que se instala en su ordenador. Otra diferencia: ofrece resultados de Teoma, otro buscador. Descargue la aplicación desde la página de Good Keywords:

http://www.goodkeywords.com/

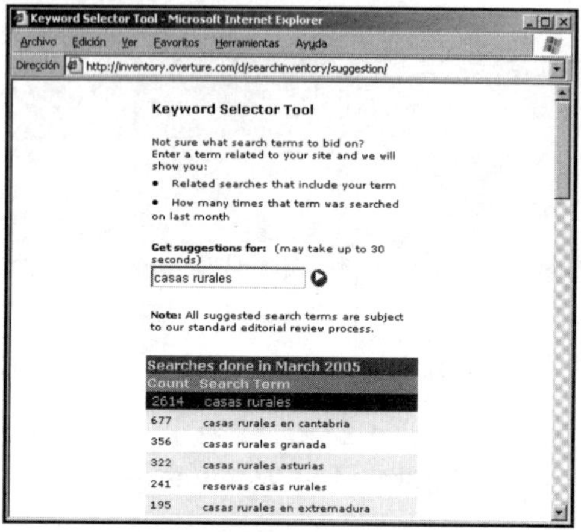

Figura 11.6. Búsqueda de términos de Overture.

11.3.5. Digital Point

Ofreciendo los resultados combinados de Wordtracker y Overture está la herramienta gratuita disponible en la dirección:

http://www.digitalpoint.com/tools/suggestion/

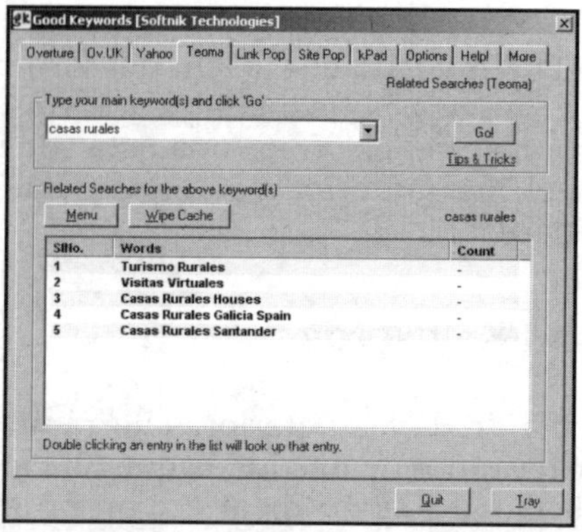

Figura 11.7. Good Keywords.

Con todas las herramientas que hemos presentado en esta sección tiene más que de sobra para construir una lista de términos de búsqueda relacionados con los que considere más apropiados para su sitio Web. Veamos ahora cómo debe organizar estos términos de búsqueda en sus páginas.

11.4. Organización de palabras clave

Tras utilizar las diferentes herramientas que hemos visto para generar listas de palabras clave relacionadas con los términos de búsqueda que considere asociados a su sitio Web, es necesario analizarlas, buscando pautas y puntos en común. Objetivo: seleccionar las que considere que va a utilizar.

Si compara los resultados obtenidos para los términos **casas rurales** observará que el término más buscado es, precisamente, ese. Por lo tanto, debe darle la máxima prioridad durante el proceso de optimización. Debería encontrar un dominio disponible que contuviese dicho término.

Muchas de las otras palabras clave tienen algo en común: son términos geográficos que hacen referencia a la ubicación donde se puede practicar el turismo rural: una localidad, una región, un paraje, etcétera.

Esto le da una pista muy importante al respecto de la estructuración de los contenidos del sitio Web que tiene que diseñar: debería existir una división geográfica de los mismos para poder optimizar por separado las páginas dedicadas a cada una de esas ubicaciones.

11.5. Estructuración de contenidos

Tras localizar los términos de búsqueda relacionados con su campo de trabajo que más se han utilizado es necesario estructurar las diferentes secciones del sitio Web, intentando hacer coincidir contenidos y términos. Veamos qué partes sería interesante utilizar en una página Web dedicada al turismo rural.

Vamos a desmenuzar un sitio Web dedicado al turismo rural durante las siguientes secciones. Podrá aplicar fácilmente lo que veamos en este capítulo, estableciendo los paralelismos que sean necesarios entre el turismo rural y su área de negocio. Por ejemplo, si se tratase de la venta de componentes informáticos a través de Internet, en lugar de una división geográfica debería hacer una división por componentes: tarjetas de vídeo, monitores, teclados, procesadores, etcétera.

11.5.1. Página de entrada

La página de entrada, página predeterminada, página principal o *home* en inglés es aquella que ve el usuario cuando accede a un determinado dominio sin indicar ninguna página. Sin ir más lejos, un ejemplo de esto sería lo que puede ver en su cliente Web cuando escribe la dirección:

http://www.google.es/

Se trata de la página más importante de su sitio Web, puesto que es su escaparte, la página que ven todos los recién llegados. Es en ella donde deben utilizarse los términos más demandados por los usuarios, aquellos que más interés despierten. Por ejemplo, en el caso de la Web que estamos utilizando como ejemplo, dedicada al turismo rural, podríamos incluir los términos: **casas rurales**. Sin embargo, si sólo intentase optimizar en buscadores la página principal utilizando estos términos estaría desperdiciando unos recursos preciosos.

Éste es el momento de decidir qué otros términos se pueden incluir en la página principal. En primer lugar, elimine de la lista de términos obtenidos en los diferentes servicios de palabras clave que vimos en la sección anterior aquellos que incluyan los términos **casas rurales**. Google penaliza seriamente la reiteración de términos.

Reflexione acerca de otras actividades relacionadas con la suya principal. Por ejemplo, con frecuencia aquellos interesados en el turismo rural buscan actividades complementarias, por lo general de tipo deportivo. Por lo tanto, también puede seleccionar el término **turismo activo**. Aproveche también para incluir esos términos en las páginas dedicadas a las diferentes ubicaciones geográficas de las que hablamos anteriormente.

Busque más términos relacionados con su negocio, los relacionados con la restauración podrían ser interesantes: quienes buscan alojamiento para sus vacaciones también quieren disfrutar de la gastronomía típica de su lugar de asueto. Para todos los nuevos términos que quiera incluir, utilice las herramientas de búsqueda de palabras clave descritas en la sección anterior.

11.5.2. Secciones temáticas

Con el fin de enfatizar los términos que se intentarán optimizar en la página de entrada a la Web, cree páginas dedicadas a cada uno de ellos. Podría existir una página para las casas rurales, cuyo nombre podría ser casas-rurales.html. De igual forma debe proceder para los términos **turismo activo**, **restaurantes** y cualquier otro que desee optimizar.

En cada una de estas páginas temáticas debe potenciar el término de búsqueda al que estén dedicados por separado. Intente que esas páginas sean realmente útiles.

11.5.3. Secciones geográficas

Como pudo comprobar, muchos de los términos de búsqueda devueltos por las diferentes herramientas vistas en la sección 11.3 tenían en común una segmentación geográfica, algo lógico dada la naturaleza de la Web de la que estamos hablando. Esta segmentación debe tener su reflejo en la estructura de la Web.

Durante el proceso de estructuración de la Web, tenga en cuenta tanto a los usuarios de la Web como a las diferentes arañas que la recorrerán para añadirla a los motores de búsqueda. Tanto unos como otros van a analizar concienzudamente la Web, y para cada uno se ha de dar énfasis a diferentes características de las páginas.

Por ejemplo, pensemos en los usuarios. Podemos ofrecerles acceso a cada una de estas secciones geográficas mediante un mapa como el que se puede ver en la figura 11.8, en el que está seleccionada la provincia de Cáceres. Si el usuario hace clic sobre esa provincia, será enviado a la página dedicada al turismo rural en dicha provincia.

Debajo de este mapa puede situar un formulario para facilitar la búsqueda de estas diferentes ubicaciones geográficas, como puede verse en la figura 11.9. Aunque muy útiles para los usuarios del sitio Web, estas herramientas no sirven de nada para las arañas que ni pueden rastrear los objetos Flash ni acceder a las páginas destino de un formulario tal y como se mostrarán tras introducir los valores necesarios en los campos del mismo. Para que las arañas puedan acceder a esas páginas se debe crear un directorio geográfico compuesto de sencillos enlaces de texto que lleven a cada una de las zonas geográficas de interés: países, comunidades autónomas, provincias, islas e incluso localidades.

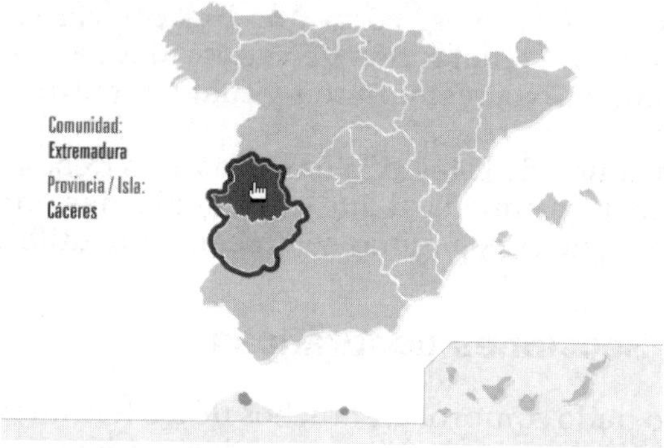

Figura 11.8. Mapa para acceso a secciones.

Figura 11.9. Formulario de búsqueda.

11.5.4. Contenidos

Como hemos comentado, para que un sitio Web tenga éxito es fundamental contar con contenidos de calidad. Unamos a esta afirmación la realidad de que hay muchos términos de búsqueda que aún no han tenido cabida en ninguna de las secciones que hemos definido ya que no se trata de variaciones geográficas de los principales términos de búsqueda, entre los que podemos destacar:

- Ofertas turismo rural.
- Casas rurales en la sierra.
- Turismo activo rural.
- Restaurantes con terraza.
- Restaurantes con encanto

Una de las posibles soluciones pasaría por crear una sección de reportajes donde incluir contenidos nuevos dentro de los que se puedan tratar temas relacionados con los términos huérfanos y así poder optimizarlos.

11.5.5. Información corporativa

Tanto para proporcionar información a sus usuarios como para cumplir con la LOPD (Ley Orgánica de Protección de Datos), toda Web debe proporcionar una página en la que aparezcan los datos de la empresa responsable de ella.

Además, en esta misma página se pueden incluir dos secciones muy interesantes en lo que concierne al trabajo de posicionamiento.

Mapa del sitio Web

Además de proporcionar al visitante una visión global de los contenidos de la Web, los mapas de los sitios Web proporcionan a las arañas una forma de rastrear todos los contenidos del sitio. Asegúrese de no dejar fuera del mapa ninguna página importante.

Directorio

Como veremos en el siguiente capítulo, es fundamental proporcionar un espacio en el que incluir enlaces a otras páginas Web que, a su vez, incluyen enlaces a la suya. Así aumentará su valor PageRank.

11.6. Etiquetas

Tras definir la estructura que deberá tener su sitio Web es necesario comunicarle al diseñador de sus páginas cómo utilizar las etiquetas HTML para intentar mejorar la posición en los buscadores de las mismas.

11.6.1. Título

La etiqueta <TITLE> está ubicada en el encabezado de la página HTML. El texto asociado al título de la página aparecerá en la barra de título del cliente Web. Se trata de una etiqueta imprescindible ya que los motores de búsqueda le dan gran importancia.

11.6.2. Meta-etiquetas

Las meta-etiquetas son especialmente importantes para las arañas.

Aunque su importancia no es la misma que hace un tiempo, puesto que las arañas prestan cada vez más atención a otros aspectos de las páginas, sigue siendo recomendable utilizarlas.

En lo que respecta a estas arañas, destacaremos las siguientes meta-etiquetas:

- **Título:** Permite especificar el título que la página tendrá para las arañas.
- **Descripción:** Describe la página para los ojos de las arañas.
- **Palabras clave:** Lista de palabras clave que la araña debe asociar a esta página.

Respectivamente, estas etiquetas se escribirían así:

```
<META NAME="title" CONTENT="Título">
<META NAME="description" CONTENT="Descripción">
<META NAME="keywords" CONTENT="Palabras clave">
```

Más sobre estas etiquetas en la sección correspondiente del capítulo anterior.

11.6.3. Encabezados

El texto envuelto entre las etiquetas de encabezados (<H1>, <H2>, etcétera) es resaltado para destacarlo del resto a los ojos del visitante de la página.

De igual forma, tiene especial relevancia para las arañas.

11.6.4. Enlaces

Los hiperenlaces (marcados por la etiqueta <A>) son utilizados por las arañas para localizar términos importantes.

Además, los utilizan para localizar otras páginas a añadir a su archivo.

11.6.5. Texto

Utilice el texto que aparece en el cuerpo de las páginas e incluya en él los términos que desee optimizar para que los buscadores lo incluyan en sus índices.

11.7. Conclusión

Este capítulo ha servido para confirmar que no es conveniente dejar ningún aspecto de la creación de un sitio Web al azar, ni siquiera la elección del nombre del dominio que se utilizará. Es más que aconsejable localizar los términos de búsqueda más utilizados en el campo de negocio elegido para su Web.

Para la selección de los términos de búsqueda puede ayudarse de multitud de herramientas, de las que sólo hemos visto una pequeña muestra. Estos términos de búsqueda, que ya han condicionado la elección del dominio en el que estará localizada la Web, también influyen en la forma en la que se estructurarán sus contenidos.

El trabajo visto en este capítulo debe tener lugar antes de comenzar a trabajar en el desarrollo del sitio Web. Dedicaremos el siguiente capítulo a describir las tareas que necesita llevar a cabo a diario para lograr escalar posiciones en los resultados de las búsquedas que más le interesen.

12

Posicionamiento: trabajo diario

Las medias tintas tampoco sirven aquí. Si quiere que su sitio Web aparezca en los primeros puestos de los resultados de las búsquedas en Google, debe ser constante. El trabajo previo es importante, pero aún lo es más el trabajo diario. El primer esfuerzo que realizó siguiendo los pasos del capítulo anterior y la perseverancia que demuestre siguiendo los de éste darán sus frutos.

Llegados a este punto ya debe tener su Web lista para conseguir una mejor posición en Google. Ha llegado el momento de hacerla accesible a través de Internet para que sea visitada tanto por el público como por las diferentes arañas existentes.

Sería demasiado sencillo esperar a que su Web se comportase como la levadura y subiese con sólo dejarla fermentar. En realidad, ahora empieza el verdadero trabajo.

Durante este capítulo verá cómo completar el trabajo que comenzó en el anterior. Verá cómo vigilar el valor PageRank que alcance su Web e intentar aumentarlo de varias formas, difundiendo su existencia por todos los medios posibles: directorios, buscadores, intercambio de enlaces e incluso mediante el boca a boca.

Los archivos de registro de visitas generados por los servidores Web constituyen una fuente de información importantísima. Concluiremos este capítulo revisando algunas aplicaciones existentes para controlar las visitas realizadas a nuestra Web.

Esta actividad es de vital importancia para comprobar que su trabajo está dando los frutos esperados y genera un aumento de visitas.

12.1. Introducción

La naturaleza del trabajo diario que describe este capítulo es cíclica, como representa la figura 12.1. Recorrerá cada paso y, al llegar al último, volverá a comenzar. Ni siquiera logrando que su página Web esté en la posición más alta en Google podrá detenerse, ya que la competencia estará trabajando para arrebatarle ese lugar de privilegio.

Figura 12.1. El ciclo sin fin.

Podríamos comenzar por cualquier paso del ciclo, así que vamos a seleccionar PageRank como punto de partida. Durante este paso vigilará el valor que Google está asignando a sus páginas, y comprobará que su trabajo da los frutos esperados.

A continuación, intentará que otros sitios Web incluyan enlaces al suyo con el único objetivo de hacerse más popular y mejorar así el valor PageRank. También veremos cómo averiguar cuántas páginas apuntan a la suya gracias al uso de aplicaciones construidas con ese propósito.

Por último, observará la influencia que su trabajo está teniendo en el número de visitas realizadas a su Web. Como comprobará, es posible averiguar cuáles de esas visitas provienen de buscadores y cuáles de otros sitios Web, y qué términos de búsqueda se han utilizado para llegar a su página. Y vuelta a empezar.

> ***Nota:*** *Tiene que quedar muy claro que el proceso de alta en buscadores, intercambio de enlaces, etcétera, sólo debe tener lugar cuando su Web esté completamente terminada. Si no lo hace así puede perder un tiempo precioso arreglando los errores cometidos.*

12.2. PageRank

Una de las claves del éxito de Google reside en el valor conocido como PageRank, el complejo algoritmo que determina el orden en el que se muestran los resultados de una búsqueda.

PageRank es un valor del que ya hemos hablado en capítulos anteriores. Se trata de una variable que toma un valor entre 0 y 10: a mayor valor, mayor importancia asigna Google a esa Web. De igual forma, a mayor valor, mejor posición en los resultados de una determinada búsqueda, realizada por unos términos en concreto.

Por lo tanto, mientras mayor sea el PageRank de su Web mejor será la posición que alcanzará dentro de los resultados de Google.

Una de las formas más sencillas de conocer el valor PageRank asignado a una determinada página consiste en utilizar la barra Google para Internet Explorer. Sólo ha de visitar la página que le interese y comprobar el valor que la barra muestra.

En la figura 12.2 puede comprobar que la página Web de Anaya Multimedia tiene un valor PageRank de seis sobre diez. Fíjese en la barra Google, justo debajo de la barra de direcciones.

También es posible conocer el valor PageRank de una determinada página utilizando el directorio Google. A la izquierda de cada Web que este directorio muestra se incluye su valor PageRank, como puede ver en la figura 12.3. Un inconveniente obvio de este sistema es la necesidad de que dicha página esté incluida en el directorio.

> ***Nota:*** *Si desea saber más sobre la barra Google y las alternativas existentes, le recomendamos el capítulo dedicado a ella en este mismo libro. También encontrará más información a lo largo de este libro sobre el directorio Google.*

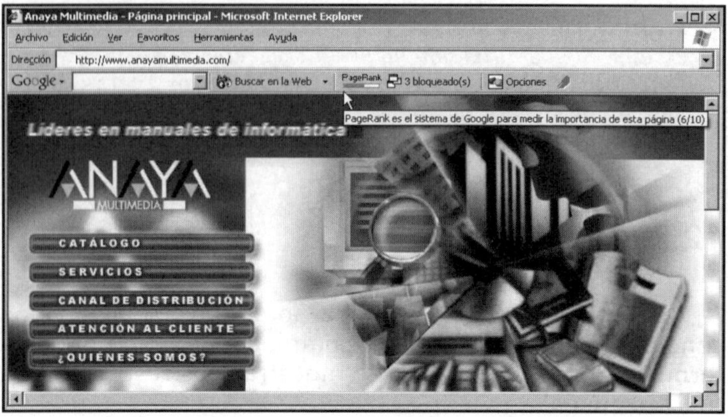

Figura 12.2. PageRank de Anaya Multimedia.

Un valor PageRank de seis no se consigue de la noche a la mañana sino que es el resultado de mucho trabajo previo, según vimos en el capítulo anterior, y también del trabajo diario como veremos a partir de aquí.

Anaya Multimedia - http://www.anayamultimedia.com/
Parte del grupo editorial Anaya, se especializa en libros sobre Windows y Office. Ofrece reseñas de libros, solicitud de catálogo y lista de distribuidores en España. Requiere Java.

Figura 12.3. PageRank en el directorio Google.

12.3. Directorios y buscadores

El primer paso del trabajo diario que debe llevar a cabo consiste en dar a conocer su sitio Web. Para lograrlo debe darlo de alta en todos los directorios y buscadores que pueda encontrar en Internet. Con ello alcanzará un doble objetivo:

- **Aumentar el valor PageRank:** Las altas en directorios y buscadores generarán enlaces a sus páginas. Cuando la araña de Google rastree las páginas que contengan dichos enlaces, el valor PageRank de su sitio Web aumentará.
- **Obtener más visitas:** Como su Web ya aparece en otros buscadores y directorios, los posibles usuarios serán capaces de localizarla, lo que generará visitas.

Si dispone de un sistema de publicidad en sus páginas, estas visitas podrán generar ingresos gracias a los clics que se hagan en los anuncios expuestos en sus páginas.

Nota: *Hay vida después de Google y de los directorios que vimos en capítulos anteriores. Existen multitud de buscadores intentando rivalizar con el protagonista de este libro y algunos de ellos llevan a cabo un trabajo sobresaliente.*

12.3.1. Buscadores

Son tantos los buscadores existentes hoy en día que resulta complicado mostrar un listado completo de ellos en las páginas disponibles para este libro. Por fortuna, siempre puede recurrir a Google. Utilice los términos de búsqueda **buscadores**, **motores de búsqueda**, **alta en buscadores**, **posicionamiento en buscadores**, **alta y posicionamiento en buscadores** o **seo** para localizar aquellas listas de buscadores disponibles en Internet. Si lo desea puede utilizar los términos equivalentes en inglés, **search engines**, para obtener otras listas.

Nota: *El término inglés más utilizado para referirse a la mejora de posición en buscadores es SEO (*Search Engine Optimizacion*, optimización en motores de búsqueda).*

Como ya sabe, para aparecer en los resultados de las búsquedas realizadas en Google no es necesario darse de alta. De cualquier forma, existe un formulario creado a tal fin, disponible en la dirección:

http://www.google.es/addurl/

Puede ver el formulario presente en la página de alta en Google en la figura 12.4. Sólo es necesario que incluya la dirección de la página principal de su sitio Web. Google seguirá los enlaces existentes en dicha página para archivar sus contenidos.

Sin embargo, para aparecer en algunos de los buscadores existentes sí es necesario darse de alta. Incluso los habrá que requieran un pago previo a la inclusión. Algunas empresas ofrecen un servicio unificado de alta en buscadores.

Por un determinado precio se dedicarán a dar de alta su Web en varios buscadores. De su criterio depende si ese pago es necesario.

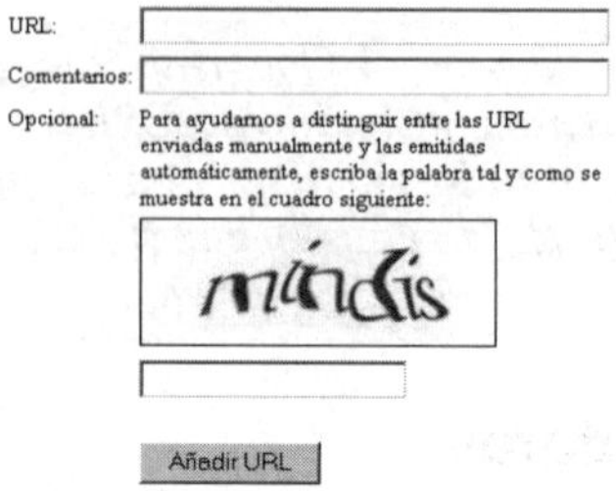

Figura 12.4. Alta en Google.

12.3.2. Directorios

El alta en directorios suele ser un poco más compleja en los buscadores porque se le pedirán más datos. Estos datos son necesarios para poder colocar el sitio Web dentro de las categorías más adecuadas.

Veamos cómo dar de alta una Web en el directorio de Yahoo en castellano, cuya dirección es:

http://es.search.yahoo.com/dir

El primer paso consiste en localizar la sección en la que encaja su página Web. Si está intentando promocionar una página relacionada con el buscador Google, un primer paso sería escribir **Google** en el cuadro de texto y hacer clic en el botón **Buscar**, como puede verse en la figura 12.5.

El resultado de esta búsqueda incluirá, en la parte superior, un enlace con las categorías del directorio en la que se han encontrado resultados, como se muestra en la parte inferior de la figura 12.6. Haga clic sobre dicho enlace.

> ***Nota:*** *Ese enlace es una versión reducida de la ruta completa, que en este caso está compuesta por los elementos* ***Internet y ordenadores, Internet, World Wide Web, Portales y buscadores, Buscadores*** *y* ***Google.***

La página que verá tras hacer clic sobre el enlace anterior contiene otro enlace, precisamente el que le interesa:

Sugiera un sitio. La URL de esta página varía dependiendo de la categoría desde la que lo utilice.

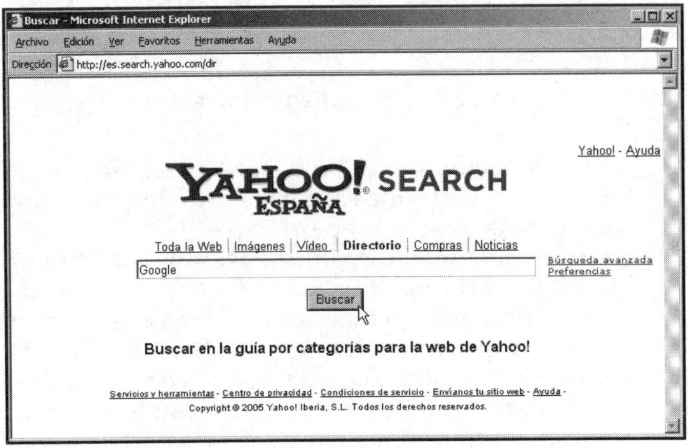

Figura 12.5. Búsqueda en Yahoo.

Para sugerir un sitio a incluir en el directorio de Yahoo hay que seguir dos pasos. En el primero se explica el proceso que ha de seguir, incluso se le ofrecen algunas explicaciones al respecto que puede encontrar en la página:

http://es.docs.yahoo.com/info/sugerir.html

Haga clic en el botón **Continuar al segundo paso** para avanzar. En él se le pedirán algunos datos. En la mayoría de los directorios (e incluso en algunos motores de búsqueda) en los que quiera darse de alta se le pedirán unos datos similares.

Son los siguientes:

- **Categoría:** Por lo general, ya habrá seleccionado esta categoría antes de llegar a la página de alta, como es el caso en Yahoo. En caso de que no sea así, seleccione aquellas en las que mejor encaje su sitio Web de entre todas las que se le ofrezcan.
- **Título:** Describa su Web de la mejor forma posible. Seleccionar un título adecuado es de vital importancia, puesto que lo más posible es que este texto sea utilizado para crear el enlace que llevará a los usuarios del directorio (o el buscador) a su sitio Web. Intente que sea lo más atractivo posible para el usuario.

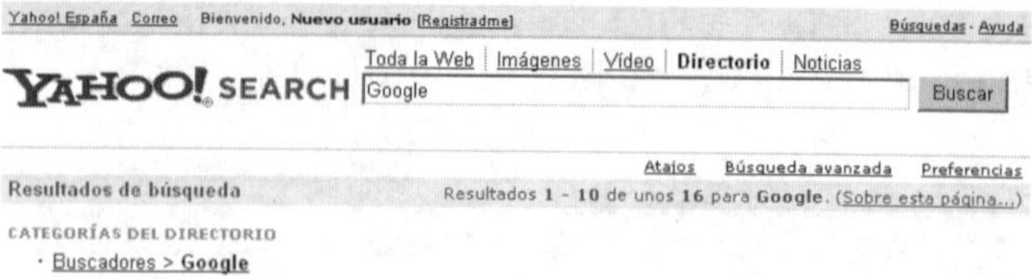

Figura 12.6. Categorías del directorio.

- **URL:** Dirección de la Web que quiere dar de alta. Puede tratarse de una carpeta dentro de su Web principal o de la propia Web principal.
- **Datos de contacto:** Esta información se le pedirá para identificar a la persona que añade los datos de la Web al directorio (o buscador). Tenga en cuenta que es posible que a esa dirección se le envíe, de forma periódica, información relacionada con el estado del alta o de otra índole. Incluso es posible que reciba algún mensaje con las instrucciones para completar el alta de su Web.
- **Observaciones:** Introduzca todo lo que crea importante para que su página esté situada lo mejor posible. Por lo general, las observaciones son leídas por editores (personas, no procesos automáticos) que serán capaces de entender lo que les intente comunicar a través de este campo.

12.4. Enlaces

Además del alta en buscadores y directorios existen otras formas de aumentar el valor PageRank de su sitio Web, aunque el objetivo es el mismo: lograr que haya más enlaces en otros sitios Web que apunten al suyo. Cuánto más importantes sean esos sitios, mejor. Es decir, el valor PageRank de esas páginas influirá en el suyo.

Para obtener esos enlaces puede utilizar el boca a boca, la solicitud de la inclusión de su Web en otras y el intercambio de enlaces.

12.4.1. Boca a boca

A estas alturas ya sabrá que para que su Web alcance una posición alta en Google es importante que cuide sus contenidos y la distribución de los mismos, manteniéndolos actualizados con frecuencia. El objetivo: hacer que cada visita que reciba sea una experiencia que se recuerde y así atraer próximas visitas en breve.

Sólo así logrará que los usuarios de su Web la mencionen a otros, y estos a otros, y así sucesivamente. El objetivo que nos marcamos fue crear un sitio lo más útil posible. Fíjese en lo importante que es lograr que otros hablen de su sitio Web (aunque a veces lo hagan para criticarlo). Obviamente, lo mejor es que sea mencionado positivamente en *blogs*, foros, listas de enlaces recomendados, etcétera.

12.4.2. Inclusión de su Web

Si conoce algún sitio Web en el que le interesaría estar presente, no dude en ponerse en contacto con su administrador (o *webmaster*) y explicarle las razones de incluir un enlace a su página en alguna de las suyas.

En este caso, dos recomendaciones:

- **Sea educado:** Gracias al anonimato que proporciona Internet es complicado conocer de antemano a nuestros interlocutores.
- **Busque sitios Web de calidad:** Si puede elegir, es mejor aparecer en buenas páginas Web.

12.4.3. Intercambio de enlaces

Disponer de un sistema de intercambio de enlaces semiautomático es una ventaja. Tras el período posterior a la finalización del trabajo previo (visto en el capítulo anterior) tendrá mucho tiempo para invertir en el trabajo diario.

Pero cuando su Web empiece a notar el resultado de la optimización y tanto el tráfico como el número de usuarios aumente, necesitará dedicar más tiempo al mantenimiento del sitio, modificando contenidos, solucionando las posibles incidencias que puedan ocurrir, etcétera.

Un sistema de enlaces con cierto nivel de automatismo permite ahorrar un tiempo precioso. Para ello debe proporcionar a aquellos que estén interesados un formulario similar al que aparece en la figura 12.7.

El funcionamiento es sencillo: aquellos interesados en aparecer en la sección de enlaces de su Web deberán rellenar el formulario con los valores adecuados. Al hacer clic en el botón **Sugerir Web** se generará un mensaje que le informará de la petición de intercambio de enlace. Sólo tiene que verificar la existencia del enlace recíproco (en este caso, a http://www.enreas.com/) y comprobar que se trata de una Web de calidad suficiente para insertar un enlace en su propia página.

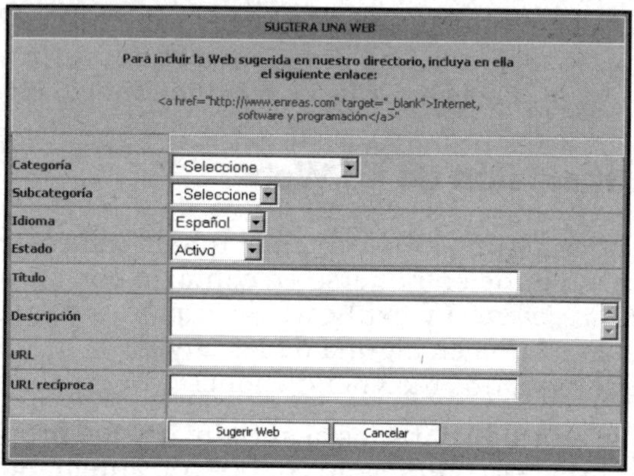

Figura 12.7. Formulario de intercambio.

> ***Nota:*** *Si desea crear su propio formulario para intercambio de enlaces necesita algunos conocimientos sobre HTML que puede adquirir en cualquiera de los libros dedicados a este tema publicados por Anaya Multimedia.*

La principal ventaja de un sistema semiautomático para el intercambio de enlaces es que dispondrá de la posibilidad de validar la calidad del sitio Web propuesto con posterioridad a la solicitud, pudiendo así aceptarla o rechazarla.

12.5. Popularidad

Incluso haciendo un buen trabajo diario con su Web, es posible que tarde varios meses en obtener un valor PageRank diferente del cero.

Mientras sale de las posiciones más bajas de Google, quizá le interese comprobar cómo aumenta la popularidad de su sitio utilizando algunas herramientas como las que le presentamos a continuación.

12.5.1. Marketleap

Esta herramienta le permite conocer el número de enlaces que apuntan a su sitio Web desde páginas tan importantes como Google, AOL, MSN, Yahoo, FAST, AltaVista o HotBot, entre otras. Puede acceder a ella a través de la dirección:

http://www.marketleap.com/publinkpop/

La figura 12.8 muestra el aspecto del formulario para introducir los datos dicha herramienta. Además de la URL de su sitio Web y la categoría en la que considera que encaja mejor, se le ofrece la posibilidad de incluir las URL de otros tres sitios Web con los que comparar su popularidad, en caso de que esté compitiendo con ellos por mejores posiciones en buscadores.

Para evitar peticiones realizadas por procesos automáticos debe escribir el código de acceso que se muestra en la página (en este caso, las letras QBF). Haga clic en el botón **Generate Report** para que la herramienta comience su trabajo.

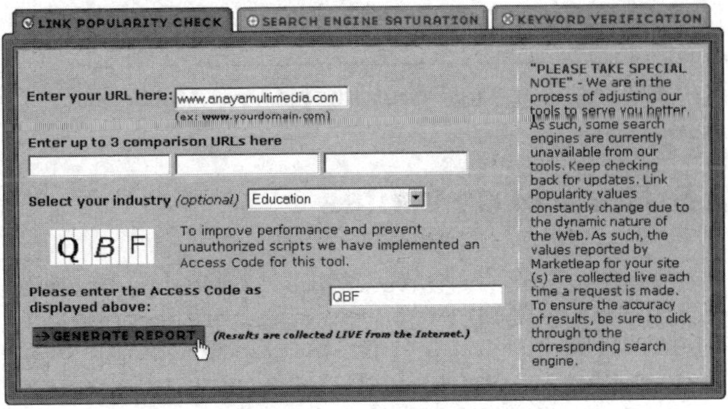

Figura 12.8. Marketleap.

La página resultante le mostrará un listado de sitios Web con los que podrá compararse ordenados según su popularidad. Obtenga los valores generados por esta herramienta de forma periódica para comprobar si su trabajo está dando los frutos esperados.

12.5.2. LinkPopularity

Bastante más austera que Marketleap, LinkPopularity cumple una función similar. Sin embargo, es interesante utilizar al menos dos de estas herramientas para poder contrastar los datos que ofrecen. Su página se encuentra en la dirección:

http://www.linkpopularity.com/

Introduzca su URL en el cuadro de texto que aparece en la página principal. Tras unos segundos se le informará del número de enlaces que apuntan a su Web desde páginas como AltaVista, Google, MSN o Yahoo. La figura 12.9 muestra el resultado de realizar esta comprobación con el sitio Web de Anaya Multimedia.

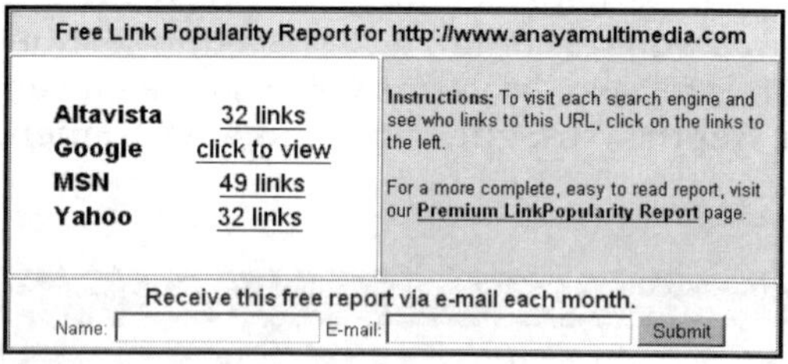

Figura 12.9. LinkPopularity y Anaya Multimedia.

12.6. Control de visitas

Tan importante, o incluso más, como la información que otros sitios Web proporcionan sobre la popularidad del suyo es la que le da él mismo. Cada vez que alguien pide una página, una imagen o cualquier otro contenido hospedado en su servidor se genera una línea nueva en el archivo de registro de visitas. Debe acostumbrarse a analizar frecuentemente estos archivos para extraer información sobre el funcionamiento del sitio Web.

Pero antes, quizá sea necesario modificar la configuración del servidor Web para que esos archivos contengan todos los datos que necesita. Si tiene acceso directo al servidor puede hacer estos cambios por sí mismo. En caso contrario, póngase en contacto con el administrador de su servidor Web.

12.6.1. Archivos de registro

Los archivos de registro son simples archivos de texto en los que cada línea informa sobre los detalles de una petición realizada al servidor Web. La figura 12.10 muestra el aspecto que podría presentar uno de estos archivos. Extraer cualquier tipo de conclusión a través de una inspección directa de su contenido es imposible. Sí que puede hacerse para una sola de las líneas presentes en dicho archivo, el problema reside en la inmensa cantidad de líneas que contiene cada uno de estos archivos. Por lo general, existe un archivo de registro para cada día del mes.

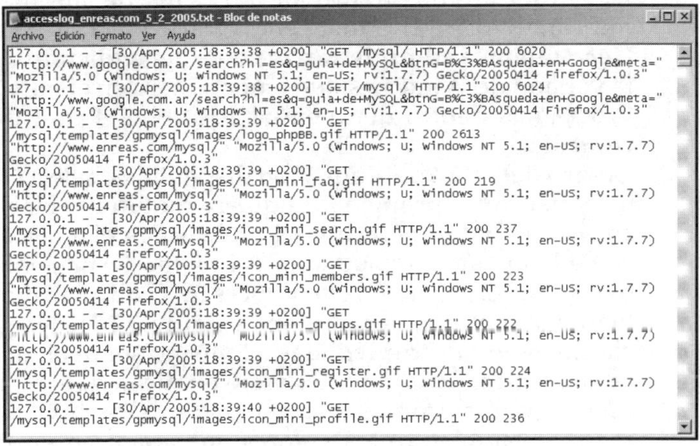


```
127.0.0.1 - - [30/Apr/2005:18:39:38 +0200] "GET /mysql/ HTTP/1.1" 200 6020
"http://www.google.com.ar/search?hl=es&q=guia+de+MySQL&btnG=B%C3%BAsqueda+en+Google&meta="
"Mozilla/5.0 (Windows; U; Windows NT 5.1; en-US; rv:1.7.7) Gecko/20050414 Firefox/1.0.3"
127.0.0.1 - - [30/Apr/2005:18:39:38 +0200] "GET /mysql/ HTTP/1.1" 200 6024
"http://www.google.com.ar/search?hl=es&q=guia+de+MySQL&btnG=B%C3%BAsqueda+en+Google&meta="
"Mozilla/5.0 (Windows; U; Windows NT 5.1; en-US; rv:1.7.7) Gecko/20050414 Firefox/1.0.3"
127.0.0.1 - - [30/Apr/2005:18:39:39 +0200] "GET
/mysql/templates/gpmysql/images/logo_phpBB.gif HTTP/1.1" 200 2613
"http://www.enreas.com/mysql/" "Mozilla/5.0 (Windows; U; Windows NT 5.1; en-US; rv:1.7.7)
Gecko/20050414 Firefox/1.0.3"
127.0.0.1 - - [30/Apr/2005:18:39:39 +0200] "GET
/mysql/templates/gpmysql/images/icon_mini_faq.gif HTTP/1.1" 200 219
"http://www.enreas.com/mysql/" "Mozilla/5.0 (Windows; U; Windows NT 5.1; en-US; rv:1.7.7)
Gecko/20050414 Firefox/1.0.3"
127.0.0.1 - - [30/Apr/2005:18:39:39 +0200] "GET
/mysql/templates/gpmysql/images/icon_mini_search.gif HTTP/1.1" 200 237
"http://www.enreas.com/mysql/" "Mozilla/5.0 (Windows; U; Windows NT 5.1; en-US; rv:1.7.7)
Gecko/20050414 Firefox/1.0.3"
127.0.0.1 - - [30/Apr/2005:18:39:39 +0200] "GET
/mysql/templates/gpmysql/images/icon_mini_members.gif HTTP/1.1" 200 223
"http://www.enreas.com/mysql/" "Mozilla/5.0 (Windows; U; Windows NT 5.1; en-US; rv:1.7.7)
Gecko/20050414 Firefox/1.0.3"
127.0.0.1 - - [30/Apr/2005:18:39:39 +0200] "GET
/mysql/templates/gpmysql/images/icon_mini_groups.gif HTTP/1.1" 200 222
"http://www.enreas.com/mysql/" "Mozilla/5.0 (Windows; U; Windows NT 5.1; en-US; rv:1.7.7)
Gecko/20050414 Firefox/1.0.3"
127.0.0.1 - - [30/Apr/2005:18:39:39 +0200] "GET
/mysql/templates/gpmysql/images/icon_mini_register.gif HTTP/1.1" 200 224
"http://www.enreas.com/mysql/" "Mozilla/5.0 (Windows; U; Windows NT 5.1; en-US; rv:1.7.7)
Gecko/20050414 Firefox/1.0.3"
127.0.0.1 - - [30/Apr/2005:18:39:40 +0200] "GET
/mysql/templates/gpmysql/images/icon_mini_profile.gif HTTP/1.1" 200 236
```

Figura 12.10. Archivo de registro.

Podemos observar algunos detalles en el archivo de registro que muestra la figura 12.10. En primer lugar, cada línea comienza con una dirección IP. En este caso, todas esas direcciones son la misma (127.0.0.1) porque han sido sustituidas para preservar la identidad de los visitantes.

Además, se muestra la fecha y la hora de la visita, la página que se intentó obtener y, muy importante, desde qué página se obtuvo información de la existencia de éste.

Puede comprobar que el primer acceso registrado por el archivo tuvo su origen en el resultado de una búsqueda en Google Argentina. Lo interesante no es extraer detalles de una de las líneas, sino las tendencias que se deducen de todo el conjunto. Para poder localizar esas tendencias es necesario que configuremos correctamente el servidor de páginas Web que estemos utilizando.

Veremos brevemente cómo configurar el archivo de registro de Internet Information Server en Microsoft Windows y el de Apache en Linux.

12.6.2. Internet Information Server

Si tiene acceso al servidor Internet Information Server en el que está hospedado su servidor Web, debe seguir los siguientes pasos para acceder a las propiedades de los archivos de registro:

1. Ejecute el administrador de servicios de Internet Information Server. Puede encontrarlo en la carpeta **Herramientas administrativas** que, dependiendo de la versión de Windows que tenga, estará en el menú Programas dentro del menú Inicio o del **Panel de control**.
2. Dentro del árbol de sitios Web disponibles, seleccione aquel cuyas propiedades quiera modificar. Haga clic con el botón derecho del ratón sobre él y seleccione la opción Propiedades del menú desplegable que aparecerá. Podrá ver entonces un cuadro de diálogo como el que aparece en la figura 12.11. Haga clic en el botón **Propiedades**, el mismo sobre el que se encuentra el puntero del ratón en dicha figura.
3. Modifique las propiedades generales del archivo de registro cambiando los valores que aparecen en la pestaña del mismo nombre. Entre estos valores, la periodicidad con la que se crea un nuevo archivo de registro o su ubicación.
4. Modifique las propiedades extendidas. Para ello, haga clic en la pestaña del mismo nombre. Podrá ver entonces todos los campos que pueden almacenarse en el archivo de registro. Más vale pasarse de largo que quedarse corto: márquelas todas.
5. Haga clic en el botón **Aceptar** cuantas veces sea necesario para cerrar los cuadros de diálogo y volver a

la ventana del administrador de servicios de Internet Information Server.

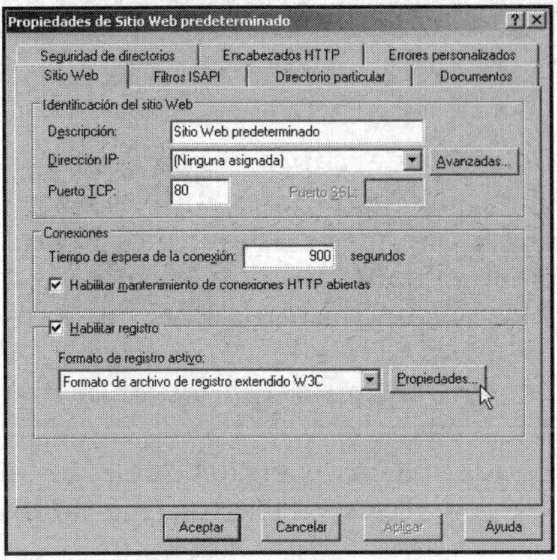

Figura 12.11. Propiedades del sitio Web.

A partir de este momento, el archivo de registro del servidor Web de Internet Information Server que haya modificado almacenará toda la información que haya indicado.

12.6.3. Apache

Muy en la línea de los archivos de configuración que se utilizan en Linux, Apache dispone del suyo propio. Por lo general, cada sitio Web hospedado en un servidor Apache dispondrá de su propia sección de configuración. Por ejemplo, en la figura 12.12 puede ver la sección dedicada a un determinado sitio Web.

Las etiquetas **CustomLog** y **ErrorLog** son las que determinan el funcionamiento de los archivos de registro. En la primera, su ubicación y el formato **combined**, son los que le interesan. La segunda etiqueta es el registro de errores. Ambas pasan a través del programa **cronolog**, que permite rotar estos archivos, creando uno nuevo cada día.

12.6.4. Analizadores

Ha podido ver el aspecto que tienen los archivos de registro de actividad de un sitio Web en las secciones anteriores.

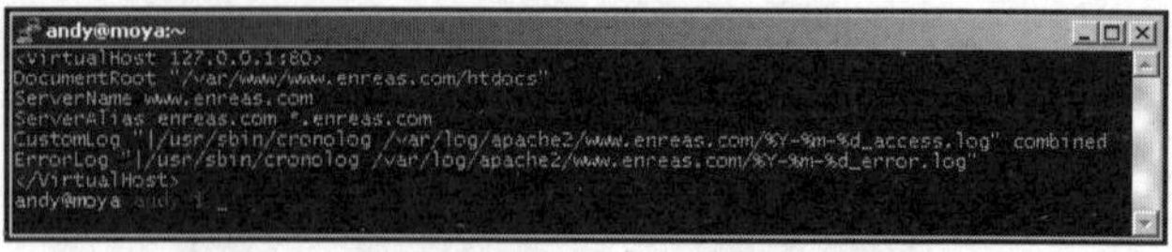

Figura 12.12. Configuración de Apache.

El tamaño de estos archivos varía dependiendo del número de visitas que reciba, llegando a ocupar cientos de MB si se trata de uno muy popular. Por lo tanto es imposible analizar a ojo el contenido de los mismos.

Por fortuna, existen herramientas que pueden ayudarnos. Vamos a ver dos de ellas. La primera, AWStats, está recomendada para aquellos que quieran disponer de las estadísticas a través de la Web. La segunda, Urchin, es más adecuada en aquellos casos en los que sólo tenga acceso a los archivos de registro previa descarga de los mismos.

AWStats

Como reza en su propia página Web, que puede ver en la figura 12.13, este proyecto GPL analiza en tiempo real los archivos registro para generar estadísticas avanzadas.

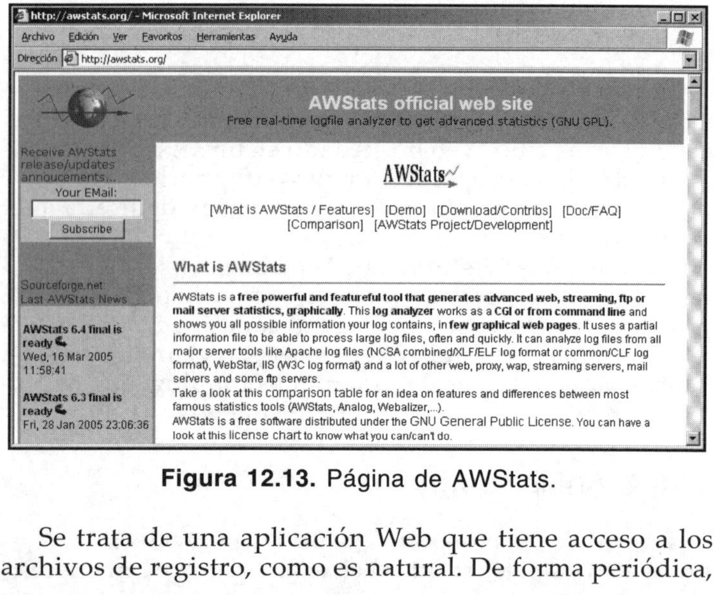

Figura 12.13. Página de AWStats.

Se trata de una aplicación Web que tiene acceso a los archivos de registro, como es natural. De forma periódica,

AWStats lee los archivos de registro actualizando su propia base de datos. La frecuencia de actualización dependerá de sus necesidades. Aunque, por lo general, una vez al día es suficiente para la mayoría de usuarios, es posible que necesite una frecuencia mayor.

La figura 12.14 muestra el aspecto de los informes presentados por este analizador.

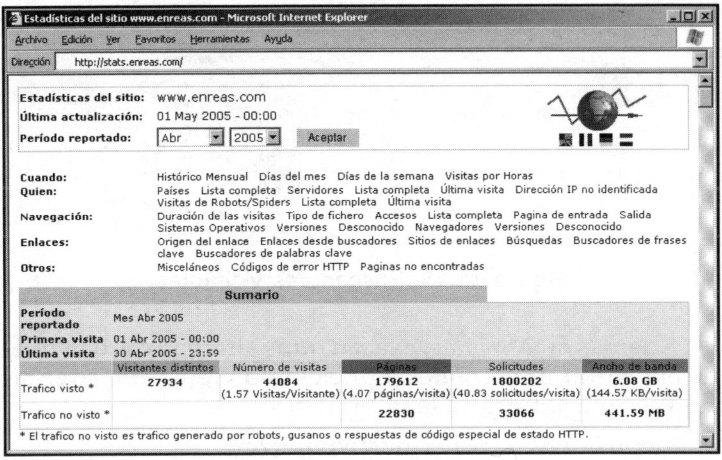

Figura 12.14. Informes.

En concreto, esta figura muestra el resumen de accesos de un mes concreto. En él se puede ver el número de visitantes diferentes que la Web ha tenido, el número de visitas generadas por cada visitante, el número de páginas, el número de solicitudes y el ancho de banda consumido.

Tenga en cuenta que cada visitante (que podemos identificar como una persona) puede realizar varias visitas, por eso el número de visitas es superior al de visitantes. Además, en cada visita se pueden ver varias páginas, lo que explica que el número de páginas vistas sea mayor que el número de visitas. Para descargar una página puede ser necesario descargar, además, varias imágenes. Por eso es posible que sea necesaria más de una solicitud por cada página.

Aunque el sumario es interesante, otras secciones de este extenso informe también lo son. Por ejemplo, encontrará especialmente útil la sección dedicada a los términos de búsqueda más empleados para acceder a su Web. Esta información le ayudará a seleccionar mejores palabras clave para las meta-etiquetas de sus páginas, eliminando aquellas que no generen ninguna visita y añadiendo aquellas que, aún sin estar presentes en sus páginas, generan visitas desde buscadores.

En la figura 12.15 puede ver la lista de buscadores que han visitado la página Web.

Visitas de Robots/Spiders (Top 10) - Lista completa - Última visita

42 Visitas de Robots*	Solicitudes	Ancho de banda	Última visita
Inktomi Slurp	7125+1584	188.44 MB	30 Abr 2005 - 23:59
LinkChecker	1994+31	44.03 MB	30 Abr 2005 - 23:44
Googlebot	1698+83	35.97 MB	30 Abr 2005 - 23:48
Unknown robot (identified by 'crawl')	1419+135	11.63 MB	30 Abr 2005 - 16:44
MSNBot	1111+233	45.86 MB	30 Abr 2005 - 23:38
Alexa (IA Archiver)	1007+86	35.38 MB	30 Abr 2005 - 20:00
Voila	376+389	10.08 MB	30 Abr 2005 - 23:13
Unknown robot (identified by hit on 'robots.txt')	0+747	72.88 KB	30 Abr 2005 - 23:58
WISENutbot	644+14	29.61 MB	30 Abr 2005 - 05:35
MSIECrawler	350+34	890.00 KB	30 Abr 2005 - 22:42
Otros	1542+237	25.98 MB	

* Los Robots contados aquí son dados por solicitudes o tráfico "no visto" por los visitantes, se encuentran en este apartado. Números después de + son solicitudes correctas en los archivos "robots.txt".

Figura 12.15. Buscadores visitantes.

Además de AWStats, existen otras alternativas que puede encontrar interesantes. Por ejemplo Webalizer, cuyo sitio Web encontrará en la dirección:

http://www.mrunix.net/webalizer/

Urchin

Aunque tanto Urchin como AWStats son aplicaciones con una interfaz Web, la primera no necesita ejecutarse en el mismo ordenador en el que se encuentra el servidor Web cuyos archivos de registro se quieren analizar. Puede encontrarlo en la dirección:

http://www.urchin.com/

Para el proceso de instalación es necesario seguir los pasos que dicta un típico asistente, por lo que no debería tener ningún problema en realizarla. El funcionamiento de este programa es muy sencillo: seleccione el archivo de registro que quiere analizar, el tipo de análisis que quiere realizar y genere el informe. La figura 12.16 muestra el aspecto de uno de estos informes.

Como alternativa a este programa le proponemos WebTrends, que puede encontrar en la dirección:

http://www.webtrends.com/

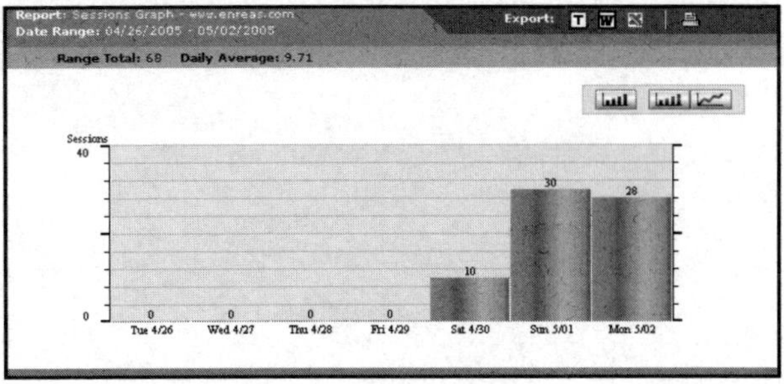

Figura 12.16. Urchin.

12.7. Conclusión

En este capítulo hemos visto cómo aumentar el número de visitas de su sitio Web gracias al alta en buscadores y directorios, el boca a boca, la inclusión en sitios Web de reconocido prestigio y el intercambio de enlaces.

También hemos aprendido a configurar el servidor Web para que genere archivos de registro que puedan sernos de utilidad. Para el análisis de estos archivos se han presentado dos herramientas diferentes: AWStats y Urchin.

Después de evaluar el impacto de su trabajo en el tráfico dirigido hacia su sitio Web, vuelva al primer punto, la obtención de enlaces que apunten a su Web. Ni siquiera cuando su Web alcance los primeros puestos en los resultados de las búsquedas deberá cejar en su empeño.

Es posible que después de analizar los archivos de registro, comprobar la popularidad de su Web y observar la posición conseguida en Google, no se encuentre nada satisfecho por los resultados obtenidos. En tal caso, quizá deba replantearse la estrategia que ha seleccionado. Revise las páginas que no han conseguido una posición de ventaja, busque posibles mejoras y, si es necesario, fíjese en la competencia e intente averiguar cómo consigue situarse por encima.

13 Posicionamiento: el reverso tenebroso

Si ha seguido con atención los capítulos anteriores dedicados al posicionamiento, habrá llegado a la conclusión de que lo que único que garantiza el éxito de su Web es la calidad. Esta calidad debe reflejarse en todos los aspectos posibles: facilidad de uso, contenidos, estructuración de la Web, etcétera.

Es muy importante que tenga claro que no existen atajos para situar a su Web en lo más alto de los resultados de una búsqueda y en el menor tiempo. No hay soluciones milagrosas. Lo visto hasta ahora son meros consejos para construir correctamente las páginas que componen su sitio, de forma que las arañas puedan recorrerlo con la mayor eficacia posible.

Encontrará en Internet cantidades ingentes de información relacionadas con el posicionamiento en buscadores. En algunos verá recetas milagrosas, promesas de subir a lo más alto en poco tiempo. Tenga mucho cuidado, ya que si utiliza técnicas penalizadas por Google podría conseguir el efecto contrario: ser eliminado de los resultados de las búsquedas.

Hasta ahora hemos visto técnicas no lesivas, pero eficaces, para lograr situar nuestras páginas en las primeras posiciones. Vamos a dedicar el último de los capítulos de posicionamiento a ver algunas técnicas no tan educadas.

Aunque existen muchas más de las que veremos aquí, hemos considerado que éstas son las más representativas de lo que se está convirtiendo en una tendencia peligrosa. Sólo una recomendación: no las utilice.

13.1. Introducción

Desde que el fenómeno Google está entre nosotros han aparecido multitud de sitios Web dedicados a todos sus aspectos. Los hay completos e interesantes, como el de Dirson. En él encontrará noticias diarias sobre Google, parece increíble que sobre este buscador se puedan crear contenidos casi diarios. Su dirección es:

http://google.dirson.com/

Y también los hay más especializados en la magia negra necesaria para mejorar nuestra posición en los resultados de una búsqueda, aunque no mencionaremos ninguno.

La Web de Dirson convocó un concurso de posicionamiento hace tiempo. En estos concursos, el objetivo es lograr que un sitio Web aparezca el primero al buscar por algún término en concreto. Por lo general, se trata de términos poco frecuentes, incluso inexistentes. En este caso concreto, se trató de **telendro**. Más detalles sobre aquel concurso en la dirección:

http://google.dirson.com/concurso-posicionamiento/

Muchas fueron las técnicas empleadas para alzarse con el título, pero hay una que seguro que le interesará, aunque no ganó. Se trata del Telendro Negro, que puede ver en la figura 13.1.

La mejor posición lograda por esta página fue la tercera, terminando la decimoquinta en el concurso. Y su técnica, sólo una: solicitar a todos los integrantes de su comunidad, El agujero negro, que incluyesen en sus páginas un enlace a la que participaba en el concurso.

Como comentan los autores de la página, sin trucos, sin patrañas, lograron situar la suya entre las primeras páginas del concurso. Ponga en un plato de la balanza todos los trucos (tanto los que veremos en este capítulo como los que no nos atrevemos a mostrar o, simplemente, no conocemos) y el riesgo de que Google decida hacer desaparecer su Web de sus resultados por utilizarlos. En el otro plato, la seguridad de que, con paciencia e ingenio, como demuestra el ejemplo que acabamos de comentar, alcanzará su objetivo. ¿Qué decide? Esperamos que no se deje arrastrar por el reverso tenebroso de la fuerza y colabore en hacer que la Web sea un lugar más ordenado.

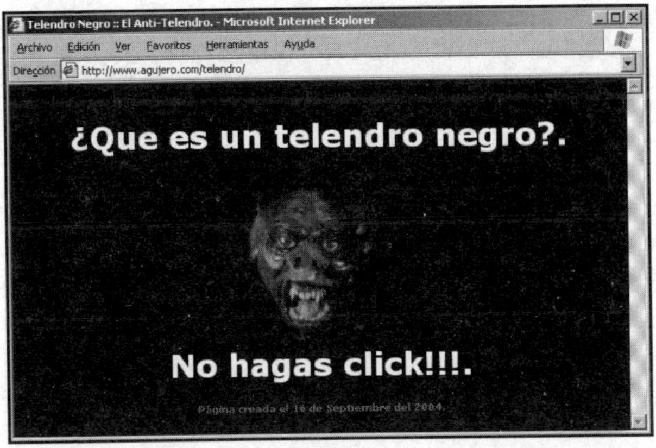

Figura 13.1. El telendro negro, ¿magia negra?

> ***Nota:*** *Durante este capítulo veremos ejemplos de algunas páginas Web que utilizan los trucos que describiremos. En ningún caso el empleo de estos trucos va en detrimento de la calidad de sus contenidos, que nunca entramos a valorar. Se trata de meros ejemplos a los que cualquiera puede tener acceso a través de Internet.*

13.2. Texto y enlaces ocultos

En Internet existen páginas para todos los gustos. De entre ellas, vamos a destacar ahora las dedicadas a las películas que vendrán.

Una de mis favoritas era la de Corona Productions, que se encontraba en la dirección:

http://corona.bc.ca/films/mainFramed.html

> ***Nota:*** *Ahora, esa página lleva a una de Cinescape, también dedicada a los próximos estrenos de cine. No tan interesante como la anterior. Es una opinión personal.*

Con frecuencia, cuando se habla sobre estas películas aún no estrenadas se hacen comentarios que pueden destripar el argumento: algo sobre el guión, algún actor que hace una aparición estelar, quién es el malo, etcétera.

Para evitar el mal trago a quienes no quieran ver estos detalles sobre las películas se suele avisar de que algunos comentarios pueden contener detalles que desvelen aspectos de la película. En ocasiones, como puede verse en la figura 13.2, el texto sensible está escrito con el mismo color del fondo, resultando invisible para el lector. A no ser que lo seleccionemos. La figura 13.2 muestra parte de uno de los secretos de la tercera parte de La guerra de las galaxias, contado en el foro de CountingDown cuya Web está en:

http://countingdown.com/

No está seleccionado todo el texto, no queremos ser aguafiestas.

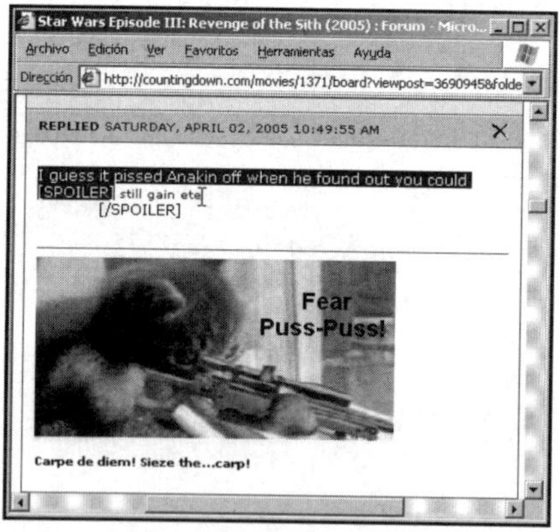

Figura 13.2. Texto oculto.

Así que, como ha podido comprobar, ocultar el texto ha sido una práctica frecuente desde hace mucho, mucho tiempo. Sólo que el objetivo no es el mismo que se busca con relación a los buscadores. En los capítulos anteriores se dejó clara la importancia de incluir los términos de búsqueda en la página que se quiere optimizar en buscadores. En ocasiones, esto puede estropear el diseño de la misma. Fíjese en la página principal de Exploracción, que puede ver en la figura 13.3 y que se encuentra en la dirección:

http://www.exploraccion.com/

Ahora mire las barras de desplazamiento, en concreto la de la derecha. Para ser una página que sólo tiene una imagen y un poco de texto, la barra permite mucho movimiento, ¿no cree?

Figura 13.3. Viajes y aventura.

Haga clic en cualquier parte de la página (menos en las partes activas: botones, enlaces) y seleccione la opción Seleccionar todo del menú Edición. Ahora, utilizando la barra de desplazamiento de la derecha, baje un poquito. ¡Vaya, qué interesante!

Mire la figura 13.4.

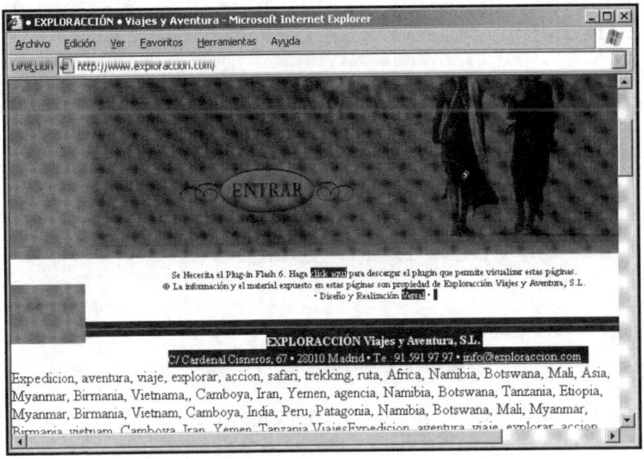

Figura 13.4. ...y ¡secretos!

Los términos que podemos ver ahora, y que antes no veíamos, son aquellos por los que los autores de la página quieren aparecer cuando alguien los busque en Google. Podrá ver que algunos de ellos también aparecen en la sección de meta-etiquetas de la página.

¿Cómo ocultar parte del texto de una página? La técnica más simple consiste en asignar al texto el mismo color que al fondo. Por ejemplo, fíjese en el siguiente documento HTML:

```
<HTML>
<HEAD>
<TITLE>Texto oculto</TITLE>
</HEAD>
<BODY>
Texto visible.<BR>
<FONT COLOR="white">Texto oculto.</FONT>
</BODY>
</HTML>
```

Por defecto, el color de fondo de una página es el blanco (*white* en inglés) y el del texto, el negro. El código anterior presenta dos líneas de texto en su cuerpo. La primera, `Texto visible.`, se verá perfectamente, pero la segunda, `Texto oculto.`, no. Esto se debe a que su color ha sido modificado con la etiqueta `FONT`, que permite modificar las características del texto que envuelve, como su color. El atributo `COLOR` es el culpable.

El segundo método es igual de sencillo, pero se basa en la posibilidad de ocultar partes de la página, como muestra el siguiente código HTML:

```
<HTML>
<HEAD>
<TITLE>Texto oculto</TITLE>
</HEAD>
<BODY>
Texto visible.<BR>
<DIV STYLE="visibility: hidden">
Texto oculto.
</DIV>
</BODY>
</HTML>
```

A diferencia del ejemplo anterior, no basta con seleccionar todo el contenido de la página para poder ver el contenido oculto.

Existen muchas otras técnicas que pueden servir para ocultar el texto de una página, como hacer que el color del texto sea sólo ligeramente diferente del de fondo o situarlo fuera de la página, en zonas no visibles. Fíjese en que Google avisa de forma explícita sobre la ocultación de texto en las páginas en su página de recomendaciones a diseñadores de páginas Web

http://www.google.com/intl/es/webmasters/guidelines.html

En concreto, en la sección Directrices de calidad - Recomendaciones específicas.

13.3. Redirecciones

Ya lo comentamos en capítulos anteriores: a veces, para optimizar una página en buscadores es necesario "estropearla", introduciendo palabras relacionadas con los términos de búsqueda que no se incluyeron al diseñarla.

Aquellos descontentos con la perspectiva encontraron una forma de evitarlo: las redirecciones.

El funcionamiento de esta técnica es sencillo, como puede verse en la figura 13.5: el usuario utiliza su cliente Web para pedir una página y, tras unos segundos, es llevado a otra.

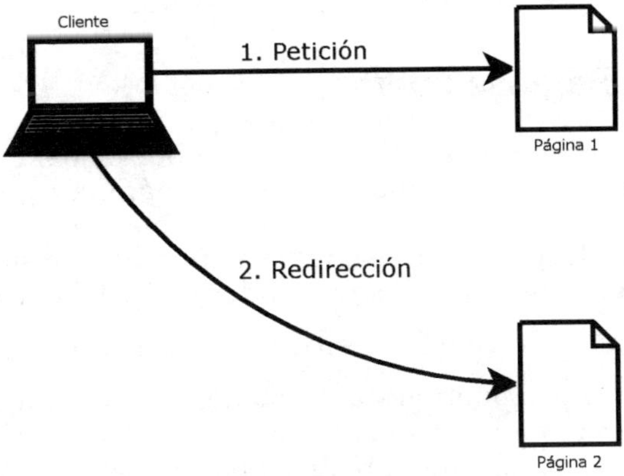

Figura 13.5. Una redirección.

Algo que no afectará a la araña de Google, sin embargo. La forma más frecuente de lograr esta redirección es mediante el empleo de la meta-etiqueta REFRESH:

```
<HTML>
<HEAD>
<META HTTP-EQUIV="refresh"
CONTENT="5;URL=http://www.example.com/">
</HEAD>
</HTML>
```

Esta etiqueta debe situarse en el encabezado de la página en la que queramos que se realice la redirección. El atributo HTTP-EQUIV es el que indica que el cliente será enviado a otra página, mientras que el atributo CONTENT indica el destino. La primera parte del valor de ese atributo indica el número de segundos que deben pasar hasta que la redirección tenga lugar. Separada de la anterior mediante punto y coma está la dirección de destino.

También es posible conseguir objetivos similares mediante la utilización de JavaScript, por ejemplo.

> **Nota:** *Fíjese en que la redirección tiene lugar en el lado del usuario: es el cliente Web el que analiza el documento HTML e interpreta que debe redirigirnos a otra página.*

Esta técnica también es utilizada por aquellos que quieren realizar optimizaciones para diferentes grupos de términos. Así, tienen varias páginas, una por cada grupo, que realizan la redirección a un solo sitio Web.

13.3.1. Páginas puerta

Ahora que conoce la técnica empleada para realizar redirecciones, hablemos sobre las páginas puerta (o *doorways*, en inglés). También están explícitamente prohibidas por Google entre las razones por las que su página puede ser excluida de los resultados de las búsquedas:

http://www.google.com/webmasters/2.html

Las páginas puerta está diseñadas con un único objetivo: aparecer en las primeras posiciones de los resultados de las búsquedas que se realicen para unos términos concretos. Cuando alguien acceda a ellas será redirigido a la verdadera página del sitio Web. Son, por lo tanto, captadores de tráfico.

Por lo general, para estas páginas se crean subdominios específicos cuyo nombre contiene alguno de los términos de búsqueda de la optimización. Así, si la página está situada en la dirección http://www.example.com/, una página puerta para el término "java" (un lenguaje de programación) podría estar situada en el subdominio:

http://java.example.com/.

Existen programas diseñados específicamente para la creación automática de estas páginas, como los que aparecen en la página:

http://www.finaldownload.com/products/doorway.html

Debido a que Google penaliza este tipo de técnicas, queda a su elección el utilizarlas.

13.4. Encubrimientos

Se trata de otra de las técnicas penalizadas por Google, la que hace mención en la dirección:

http://www.google.com/webmasters/faq.html

Para poder encubrir una página es necesario contar con la colaboración del servidor Web, que debe ser capaz de devolver diferentes datos dependiendo de quien visite una determinada página. Así, si se trata de un usuario normal y corriente, le devolverá una página. Pero si la visita una araña, como la de Google, le devolverá otra versión de la página, optimizada para alcanzar mejores posiciones en los resultados de una búsqueda.

Fíjese en la figura 13.6, que muestra lo que ocurriría si el cliente fuese la araña de Google. Pediría la página 1, pero se le devolvería la 2. A diferencia de la redirección, el encubrimiento tiene lugar en el servidor.

Detectar si un determinado sitio está practicando el encubrimiento es sencillo: sólo hay que comprobar si la página que ofrece a los visitantes normales (usted o yo) es diferente de la que Google ofrece en su caché, accesible mediante el enlace **En caché** que aparece en los resultados de las búsquedas. Aunque, como ya vio en el capítulo 10, existe la posibilidad de evitar que Google almacene las páginas en su caché.

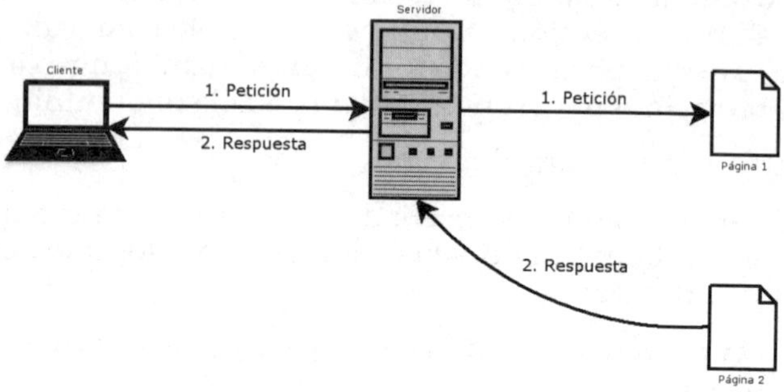

Figura 13.6. Encubrimiento.

> ***Nota:** Si quiere conocer más sobre este truco puede buscar en Google tanto el término en castellano como su traducción al inglés,* cloaking.

13.5. NOFRAMES

Si es usuario de Internet, seguramente conozca las páginas Web con marcos (*frames* en inglés), en las que su contenido está dividido en varias partes que, en realidad, son páginas diferentes.

Por ejemplo, vamos a crear una típica estructura de tres páginas que, por sencillez, no van a seguir lo que se consideran las normas estrictas de HTML.

Cree tres archivos de texto, llamados 1.html, 2.html y 3.html. El contenido de estos archivos será el mismo número del nombre: 1, 2 y 3 respectivamente. A continuación, cree un archivo llamado marcos.html cuyo código será el siguiente:

```
<FRAMESET ROWS="10%,90%">
     <FRAME SRC="1.html">
     <FRAMESET COLS="20%,80%">
          <FRAME SRC="2.html">
          <FRAME SRC="3.html">
```

```
    </FRAMESET>
</FRAMESET>
```

La figura 13.7 muestra el aspecto que presenta una página creada con el código anterior.

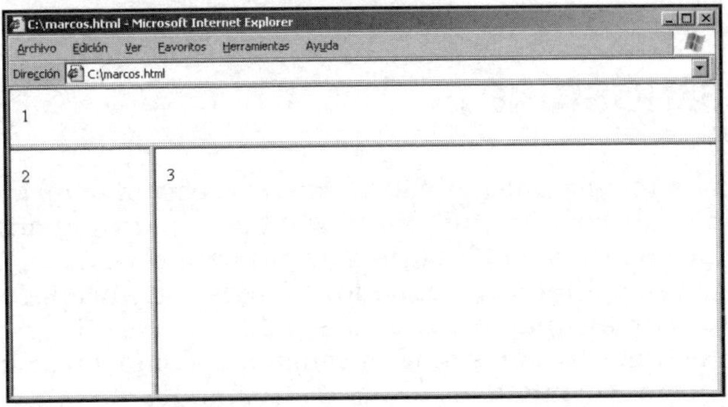

Figura 13.7. Página con marcos.

En el pasado, algunos clientes Web eran incapaces de analizar la estructura de una página creada con marcos. Pensando en estos clientes se creó la etiqueta NOFRAMES, que permitía ofrecerles contenidos alternativos. Así, el siguiente código HTML muestra una página a aquellos clientes que entiendan los marcos y otra a los que no:

```
<FRAMESET ROWS="10%,90%">
     <NOFRAMES>
          Texto para Google.
     </NOFRAMES>
     <FRAME SRC="1.html">
     <FRAMESET COLS="20%,80%">
          <FRAME SRC="2.html">
          <FRAME SRC="3.html">
     </FRAMESET>
</FRAMESET>
```

La araña de Google no entiende los marcos, o no quiere entenderlos, así que es posible ofrecer dos versiones de una página: una para Google y otra para los clientes normales. En la parte que será sólo para Google se pueden emplear todas las opciones de optimización poco agradables para el usuario, dejando así limpia la página que todos verán.

> ***Nota:*** *Incluso los hay que aprovechan esta zona oculta para incluir enlaces a las páginas de la competencia, una técnica que permite subir puntos en el sistema de calificación de Google sin ceder cuota de mercado, puesto que los visitantes de la página no llegan a ver esos enlaces en ningún momento.*

13.6. NOSCRIPT

En la misma línea que lo visto en la sección anterior, es posible utilizar la etiqueta `NOSCRIPT` para engañar a Google. Si `NOFRAMES` se utilizaba para ofrecer una versión de la página diferente a aquellos clientes Web incapaces de interpretar los marcos, con `NOSCRIPT` se hace lo propio con los que no comprenden lenguajes como JavaScript. Como, efectivamente, la araña de Google. Tanto la técnica como los resultados son similares. La diferencia está en que el código de la página ofrecida a Google estará entre las etiquetas `<NOSCRIPT>` y `</NOSCRIPT>`, en lugar de entre `<NOFRAMES>` y `</NOFRAMES>`.

El siguiente es un fragmento de una página HTML que utilizaría esta técnica:

```
<NOSCRIPT>
Sólo visible si el cliente no acepta JavaScript
u otros.
</NOSCRIPT>
```

13.7. Reiteración de palabras clave

Una de las propiedades de una página más valoradas por Google es su contenido. Los diferentes procesos que analizan la página después de que la araña de Google la obtenga intentan localizar aquellos términos susceptibles de ser buscados por los usuarios. Así se permite que dicha página sea parte de los resultados de una búsqueda por algunos de esos términos.

Por reiteración de palabras clave se entiende su inclusión en todos los lugares de la página donde sea posible: varias veces en el cuerpo de la página y en diferentes posiciones, en las meta-etiquetas, en el título de la página, etcétera.

Aunque no se trata de una técnica penalizada explícitamente por Google, la reiteración de palabras clave no es precisamente una mejora para el cliente, que las encuentra repetidas sin ton ni son en lugares en los que no deberían encontrarse.

13.8. Palabras irrelevantes

Suponga que quiere crear una página cuya única finalidad es lograr la mejor posición posible en los resultados de las búsquedas de unos términos concretos, pero no quiere perder tiempo creando contenidos específicos. No está pensando en el usuario de la Web, sólo en engañar a Google.

Una técnica bastante frecuente consiste en insertar palabras aleatorias, irrelevantes, en el cuerpo de la página. Entre estas palabras habrá que distribuir los términos de búsqueda para los que se desea realizar la optimización. Piense en estas páginas cuando oiga hablar de redirecciones, páginas puerta y demás lindezas: es probable que aparezcan juntas.

Esta técnica, de nuevo deplorable, perjudica al usuario y a toda la Web ya que no añade ningún contenido de valor.

13.9. Repetición de contenidos

La imaginación al poder. Se dice que los más vagos son los que más inventiva poseen, sólo para lograr escaquearse del trabajo. Siguiendo esta línea de pensamiento surge la pregunta "¿Por qué hacer más de un trabajo si puedo repetirlo?". No le extrañe encontrar con relativa frecuencia sitios Web que son meras copias de contenidos. Dada una Web que llamaremos maestra, la repetición de contenidos consiste en hospedar en otra dirección o incluso en un subdominio diferente las mismas páginas.

Suponga que ha creado una Web en el dominio http://www.example.com/ y que la ha preparado para que sea una de las primeras que aparezcan como resultado de búsquedas por los términos "ejemplos" y "programación". Su objetivo: lograr que este sitio sea la referencia de aquellos que se inician en el mundo de la programación.

Nota: Si está pensando en adquirir este dominio, olvídelo. Por desgracia, el dominio example.com está reservado para su utilización en ejemplos. Si visita la dirección http://www.example.com/ podrá ver lo mismo que muestra la figura 13.8.

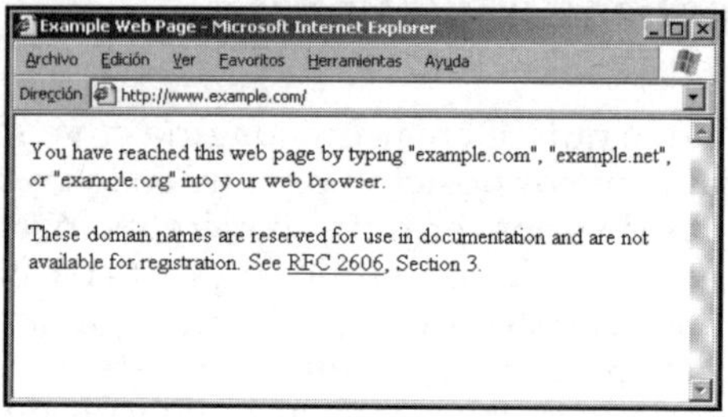

Figura 13.8. Dominio para ejemplos.

Aprovechando el trabajo realizado con este dominio, podrían crearse los subdominios visualbasic.example.com, java.example.com, asp.example.com, etcétera. Cada uno de estos dominios buscaría un mercado de ejemplos específico: para Visual Basic, para Java, para ASP.

Utilizando alguna de las técnicas vistas hasta ahora, cada nueva página estaría optimizada para unos términos en concreto, aunque cuando un usuario normal intentase verla iría a parar a la Web principal.

De esta forma se lograría un doble objetivo:

1. Ahorrar trabajo, puesto que los contenidos sólo se crean para la Web principal.
2. Atraer a la mayor cantidad de usuarios posibles.

13.10. Spam

Los usuarios del servicio de correo electrónico conocen de primera mano qué es el *spam* o correo basura. Brevemente, se trata de mensajes de correo no deseado. ¿Cómo se relaciona este término con el reverso tenebroso de la optimización en buscadores?

De todos es conocido el auge que están experimentando los famosos *blogs* o bitácoras, esos diarios personales hechos públicos gracias a que todos podemos ser periodistas. Google ofrece un servicio de blogs en la dirección:

http://blogger.com/

Un ejemplo en la figura 13.9.

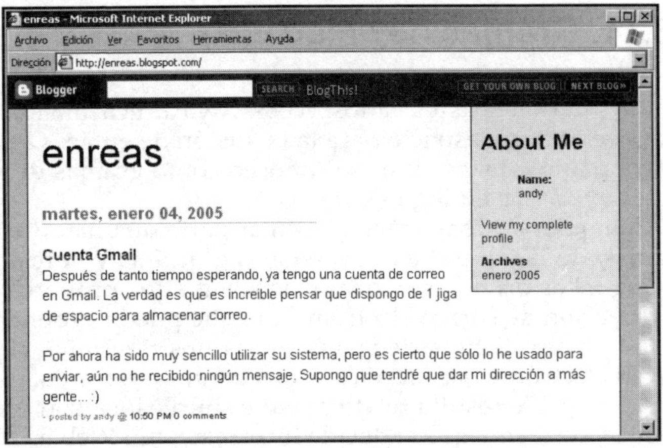

Figura 13.9. Un blog muy sencillo.

> ***Nota:*** *Debemos darle las gracias a los Monty Python por el término spam, aplicado al correo basura. En uno de los episodios de su famosa serie* Monty Python's Flying Circus *se podía ver a una camarera recitando los platos de la carta del día, y en todos intercalaba la palabra spam, hasta que al final todos los platos de la carta no contenían otra cosa que spam, igual que le pasa a nuestro buzón de correo. Parece ser que spam son las siglas de* SPiced hAM *(jamón con especias).*

En muchos de estos sitios se permite publicar las impresiones sobre las noticias que van apareciendo con mucha facilidad. Así que nada le impide incluir en el comentario un enlace a su página Web y, así, lograr aumentar la valoración que de la misma hace Google.

Esto no estaría mal si el comentario que se hace a la noticia tuviese sentido, pero en la mayoría de los casos se trata de un simple texto de acompañamiento al enlace, sin más. Los comentarios a un artículo del blog dejan de ser útiles porque lleva tiempo distinguir entre los comentarios genuinos y la basura.

El spam está siendo combatido por los principales desarrolladores de blogs y es una técnica que Google se esfuerza en penalizar.

13.11. Granjas de enlaces

En Internet existen sitios Webs cuya única misión es proporcionar un espacio para la inclusión de enlaces a una u otra página. Estos sitios se conocen como granjas de enlaces (*link farms* en inglés).

Cualquiera puede entrar a formar parte de una de estas granjas, de las que existen versiones gratuitas y versiones de pago. Las primeras sólo le suelen exigir que proporcione su dirección de correo electrónico, lo que puede suponer el riesgo de ser víctima de spam (ahora nos referimos al de correo electrónico) si sus datos son cedidos a terceros.

A Google le resulta relativamente simple localizar estas granjas, de forma que si decide incluir su sitio Web en una de ellas está corriendo el riesgo de sea eliminado de los resultados de búsquedas en Google junto con sus vecinos. En el mejor de los casos, lo único que ocurrirá será que no se tendrán en cuenta los enlaces provenientes de estas granjas para calcular la importancia de su Web.

13.12. Sabotaje Google

Aunque no se trata propiamente de un truco para lograr mejorar la posición de un determinado sitio Web, vamos a mencionar esta técnica por lo interesante que resulta su empleo en determinadas circunstancias.

Más conocido por su nombre original, *Google Bombing*, el sabotaje Google consiste en lograr asociar una serie de términos de búsqueda con una determinada Web que, por lo general, ni tiene que ver con ellos ni ha pedido que se realice tal optimización. Es más, en la mayoría de los casos se trata de una acción cuyo único objetivo es la protesta.

La técnica consiste en lograr convencer a la mayor cantidad de gente posible para que incluya un determinado enlace en sus páginas, en la firma de sus contribuciones a los blogs, etcétera. Con el tiempo, Google asociará esos términos de búsqueda con la página victima del sabotaje. El resultado: una búsqueda por esos términos mostrará en primer lugar esa Web.

España ha sido espectadora de una polémica interesante: el canon aplicado en la venta de discos ópticos propiciado por la SGAE (Sociedad General de Autores y Editores) para indemnizar a los damnificados por las copias piratas de contenidos sujetos a derechos de autor.

Como es normal, los hay a favor y en contra de dicho canon. Los que están en contra han promovido un sabotaje Google que asocie el término ladrones y la página Web de SGAE. Así, si realiza una búsqueda en Google España podrá ver los resultados que se muestra en la figura 13.10. El puntero del ratón está sobre el primer resultado que se obtiene al realizar dicha búsqueda.

Como supondrá, existen muchos otros ejemplos del empleo de esta técnica en protestas. Quizá el más sonado fue el realizado para asociar los términos "miserable failure" con la página de la biografía de George W. Bush en la página Web de la Casa Blanca. De este hecho se hicieron eco medios de comunicación tan importantes como la BBC:

http://news.bbc.co.uk/2/hi/americas/3298443.stm

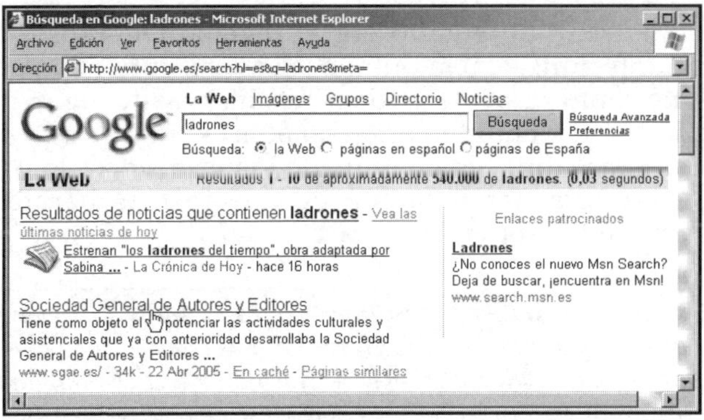

Figura 13.10. Sabotaje Google a la SGAE.

Aunque se trata de un juego al que todos pueden jugar. Fíjese en los resultados obtenidos al buscar esos términos en Google, en concreto en el tercero, sobre el que está el puntero del ratón en la figura 13.11.

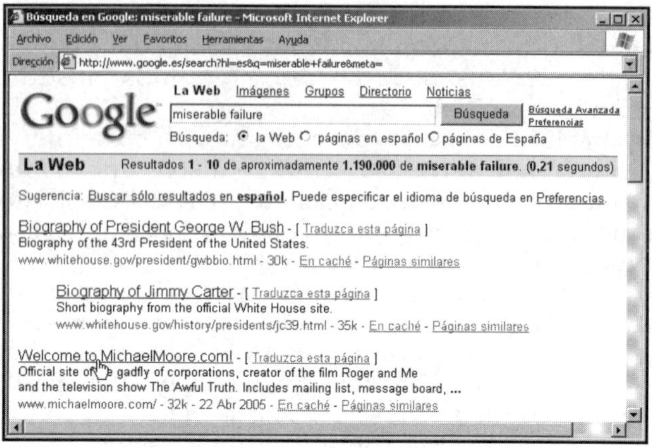

Figura 13.11. ¡Contrasabotaje!

Como seguramente sepa, Michael Moore es un conocido escritor y director de cine que está haciendo campaña constante en contra de George W. Bush. ¿Quizá haya quienes están intentando pagarle con su misma moneda?

13.13. Penalizaciones

¿Se ha sentido tentado por el reverso tenebroso? Más importante aún, ¿le han pillado? Si es así, entiendo perfectamente cómo se siente: a todos nos ha pasado alguna vez, cuando comenzamos en esto. A veces es complicado mantenerse a la última, en el límite de lo permitido y lo prohibido, y cuesta darse cuenta de que lo más barato (en cuestión de tiempo) resulta caro.

> ***Truco:*** *Otro indicador interesante es el valor PageRank devuelto por la barra Google. Si su página no tiene asignado ningún valor, la teoría de que ha sido excluido gana puntos. Si quiere saber más sobre esta barra, consulte el capítulo dedicado a ella.*

Si usted sospecha que ha sido penalizado por Google, puede confirmarlo de varias formas. La primera de ellas, buscándose. Si no aparece en absoluto cuando antes era uno de los primeros, es más que probable que haya sido excluido. Si, por el contrario, su posición ha caído, quizá sólo se trate de que su competencia le ha superado.

Quizá piense: "Estoy utilizando una técnica que Google no penaliza y que no puede detectar ¿Cómo es posible entonces que me haya excluido de los resultados?". Existen muchas respuestas.

En primer lugar, ¿está seguro de que la técnica no está penalizada? En segundo lugar, ¿cómo puede estar seguro de que Google es incapaz de detectarla?

En cualquier caso, puede que tenga razón y Google haya sido incapaz de detectar sus "técnicas" innovadoras. Recuerde que siempre existe el factor humano: quizá alguien de la competencia, frustrado por no obtener tan buenos resultados como usted, ha avisado a Google rellenando el formulario que aparece en la dirección:

http://www.google.com/intl/es/webmasters/spamreport.html

Si cree que ha sido injustamente excluido de las páginas de Google, no dude en ponerse en contacto con ellos en la dirección de correo electrónico help@google.com para explicarles su caso

13.14. Conclusión

A lo largo de este capítulo hemos recorrido algunas de las técnicas menos elegantes para lograr que un sitio Web suba posiciones dentro de los resultados de una búsqueda. La mayoría de ellas perjudican a los usuarios de estas páginas Web, que resultan engañados de una forma u otra.

Google hace mención explícita a algunas de las técnicas mencionadas en este capítulo en la siguiente página:

http://www.google.com/intl/es/webmasters/guidelines.html

En esa página podrá encontrar la siguiente cita:

"Estas directrices de calidad cubren las formas más comunes de comportamiento engañoso o manipulador. No obstante, Google puede reaccionar negativamente a otras prácticas engañosas que no se incluyen aquí (p. ej., engañar a los usuarios con el registro de palabras escritas incorrectamente de sitios Web conocidos).".

Es decir, intente evitar en la medida de lo posible el uso de cualquier técnica que usted mismo considere que, de alguna manera, pueda inducir a equívocos. Se hace bueno el dicho "No haga a los demás lo que no quiera que le hagan a usted".

14

Trucos y curiosidades

Por fin llegamos al último capítulo. A estas alturas del libro ya conocerá muchos detalles sobre Google, como los servicios que ofrece a sus usuarios o los productos que oferta a las empresas. Conocerá también el trabajo necesario para situar un sitio Web en los primeros puestos de una búsqueda. Pero ya está bien de tantos buscadores, servicios y optimizaciones, ha llegado el momento de echar un vistazo al lado divertido de Google.

A lo largo de este capítulo veremos algunos trucos, algunas curiosidades y alguna que otra sorpresa de las que esconde Google. Comenzaremos con una pequeña introducción acerca del humor que reina dentro de Google, viendo una de sus últimas inocentadas: la bebida energética Google Gulp, con Auto-Drink. A continuación, cómo hacer de Google una calculadora de altas prestaciones y cómo conseguir que funcione como un corrector ortográfico. Después, algunas opciones adicionales de la barra Google y cómo hacer que Google Desktop Search pueda visualizar los resultados de las búsquedas en el cliente Web Firefox.

También aprenderemos un par de trucos para las búsquedas de imágenes y de noticias, utilizando los modificadores de los términos de búsqueda. Posteriormente podrá ver las noticias de Google con un aspecto más atractivo, visitaremos páginas simpáticas, como Google Mirror, o el buscador Google en la lengua del imperio Klingon, y jugaremos con el buscador Google como si de un pasatiempo se tratase.

Esto y muchas cosas más, a continuación.

14.1. Introducción

Ahora que ya conoce Google a fondo y sabe cómo realizar búsquedas complejas, veamos cómo darle una vuelta de tuerca más.

No se fíe mucho de los anuncios que hace Google el día uno de abril de cada año. En el mundo anglosajón esa fecha es el día de las inocentadas. Para no ser menos, ese día Google gasta unas bromas muy simpáticas a través de su Web. El primero de abril del año 2005 Google anunció el lanzamiento de una bebida energética que estimulaba el cerebro. Era capaz de aumentar, en función del ADN de cada persona, las capacidades neuronales mientras se realizaban búsquedas en Internet. Incluso se podía elegir entre varios sabores. Puede ver esta bebida en la figura 14.1.

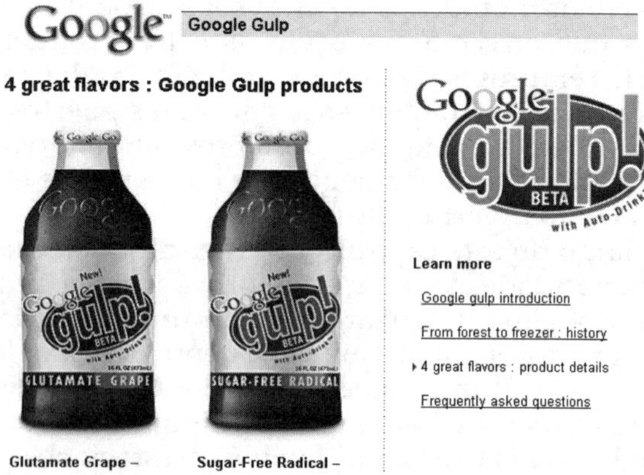

Figura 14.1. Una bebida innovadora.

Le entran a uno ganas de ir al frigorífico y bebérsela de un trago, ¿no? Más detalles en la dirección:

http://www.google.es/googlegulp/

14.2. Google sabe sumar

Google también se puede utilizar para realizar operaciones matemáticas, ya que posee una calculadora integrada en su buscador. Es capaz de evaluar expresiones aritméticas sencillas como sumas, restas, multiplicaciones y divisiones, e incluso permite el empleo de paréntesis. También sabe realizar operaciones aritméticas más complejas en las que se pueden incluir números imaginarios, el número Pi, potencias y exponentes negativos, además de operaciones trigonométricas. Incluso es capaz de realizar cálculos en los sistemas de numeración binario y hexadecimal.

El movimiento se demuestra andando. Como ejemplo vamos a realizar la típica suma de dos más dos. Vamos allá. Escriba **2 + 2** en el cuadro de búsquedas de Google como muestra la figura 14.2.

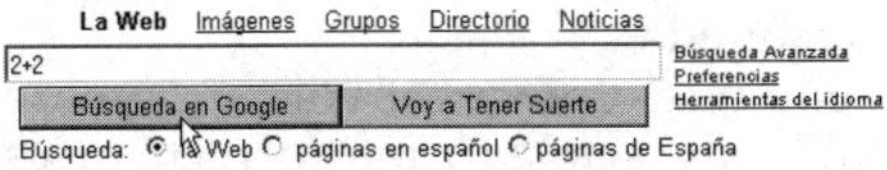

Figura 14.2. Haciendo cuentas con Google.

Luego haga clic sobre el botón **Búsqueda en Google**. Podrá ver cómo Google evalúa la expresión matemática y le devuelve el cálculo realizado. La figura 14.3 muestra el resultado de ejemplo: 2 + 2 = 4.

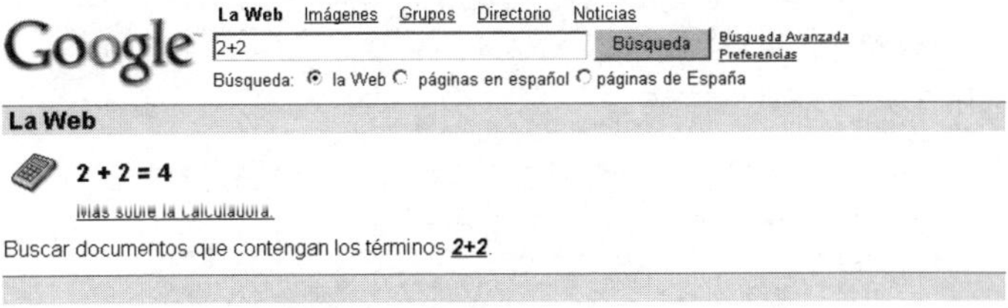

Figura 14.3. Dos más dos son cuatro.

Muy sencillo de utilizar y muy útil cuando no se tiene una calculadora a mano. Los operadores disponibles son los siguientes:

- **Suma:** El operador es el carácter +.
- **Resta:** El operador es el guión, -.
- **Multiplicación:** Es el asterisco, *.
- **División:** Es la barra inclinada, /.
- **Potencia:** El operador para indicar "elevado a" es ^. Por ejemplo: tres elevado a dos se escribe **3 ^ 2**.

- **Paréntesis:** Son los caracteres (y). Se utilizan para establecer el orden de las operaciones, evaluándose en primer lugar las que estén dentro de los paréntesis.

14.3. Ortografía

El buscador Google puede utilizarse para comprobar la ortografía de algunas palabras. Veamos un ejemplo un tanto exagerado. Imagínese que no está seguro de la escritura correcta de la palabra **trampolín,** ya que **tranpolím** tampoco le suena mal. El truco es sencillo: se realizan dos búsquedas, cada una de ellas con una de las palabras como término de búsqueda.

La búsqueda que ofrezca mayor número de resultados es más probable que sea la forma correcta de escribirlo. La figura 14.4 muestra el resultado de búsqueda de la palabra **tranpolím**, cuya ortografía es incorrecta. Esta búsqueda no produce ningún resultado, ya que esa palabra está mal escrita.

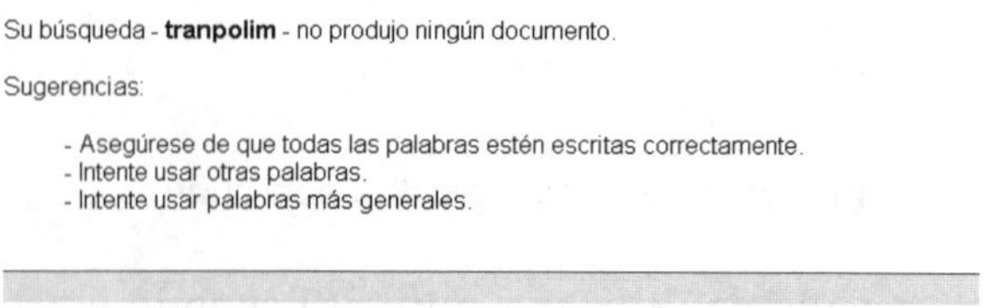

Figura 14.4. Esa palabra no existe.

Además de este truco, Google también incluye un corrector ortográfico en su buscador, que le sugiere la grafía correcta de los términos erróneos, como se puede ver en la figura 14.5. Al buscar el término incorrecto **hermita**, Google muestra el mensaje "Quizás quiso decir: ermita", para indicarle el término correcto.

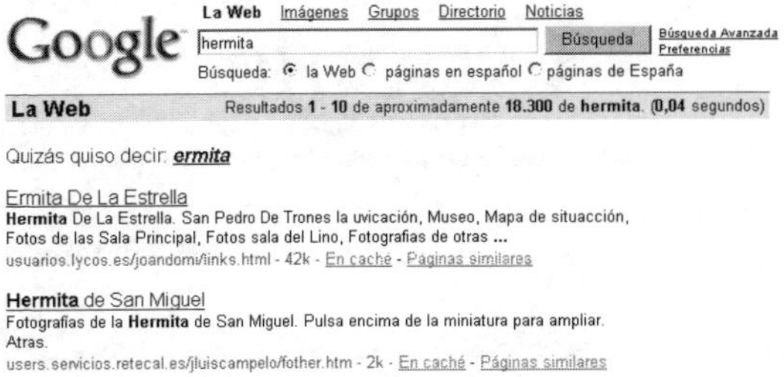

Figura 14.5. Ermita se escribe sin hache.

En caso de duda puede acudir a la Web de la Real Academia Española de la Lengua y consultar su diccionario. Si la palabra que busca no aparece, es más que probable que esté mal escrita. Su dirección es:

http://www.rae.es/

14.4. Preguntas y respuestas

En ocasiones puede pasarse horas y horas buscando información en la Web y no encontrar nada que realmente resuelva sus dudas. Si no encuentra la información que necesita y está dispuesto a pagar un precio por la respuesta, puede realizar su pregunta a Google Answers. Allí sí le responderán. Se trata de un nuevo servicio de Google en el que expertos en distintas materias responden, previo pago, a las distintas cuestiones que se les plantean. Puede encontrar este servicio en la dirección:

http://answers.google.com/

Es la misma Web que muestra la figura 14.6. La persona que realiza la pregunta indica también el precio que está dispuesto a pagar. Cuando a alguno de los expertos le interesa la pregunta, se pondrá de acuerdo con el interrogador y la pregunta será satisfecha. Todavía no está disponible en castellano, pero tarde o temprano lo estará.

> **Nota:** *En la Web de Google Answers también puede inscribirse como experto en alguna materia que le interese. Así podrá responder las dudas de otras personas y además, llevarse un dinerillo al bolsillo.*

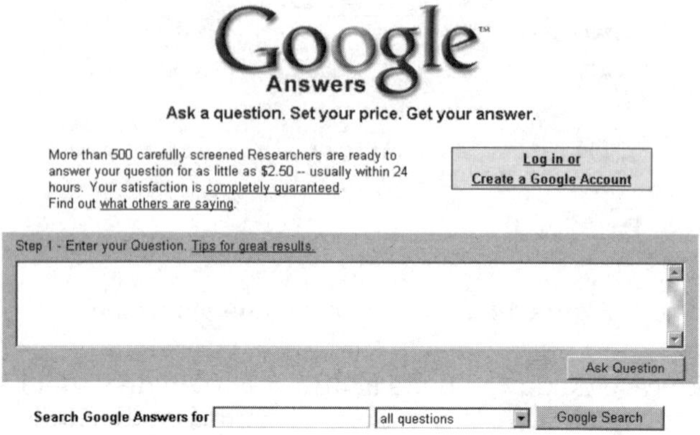

Figura 14.6. Google responde.

14.5. La barra de direcciones

Existe otra forma de realizar las búsquedas en Google. Puede escribir directamente los términos de búsqueda en la barra de direcciones de su navegador. Sí, como lo oye. Aunque le parezca increíble, la barra Google nos ofrece esa posibilidad.

Eso sí, siempre que tenga instalado en su ordenador la barra Google. La figura 14.7 muestra cómo se inicia una búsqueda desde de la barra de direcciones usando los términos **paco de lucía**.

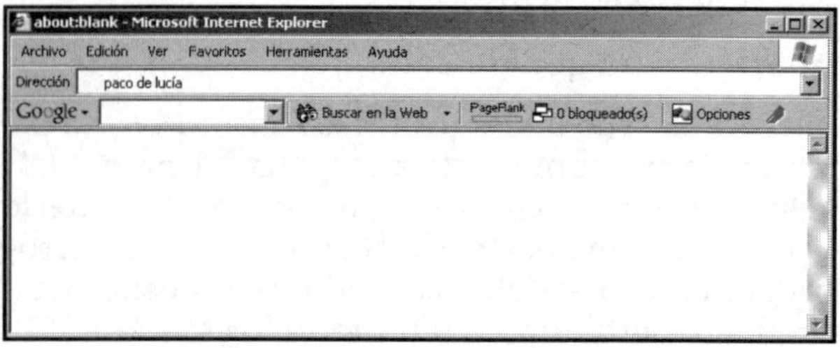

Figura 14.7. Desde la barra de direcciones.

Aunque esta opción está activada por defecto, puede desactivarla si lo desea. Haga clic sobre el botón **Opciones** de la barra.

Active la pestaña Opciones en el cuadro de diálogo que aparecerá. Active o desactive entonces la opción **Habilitar la Búsqueda por nombre en la barra de dirección de su navegador**, que está dentro del grupo **Búsqueda**. Puede verlo mejor en la figura 14.8.

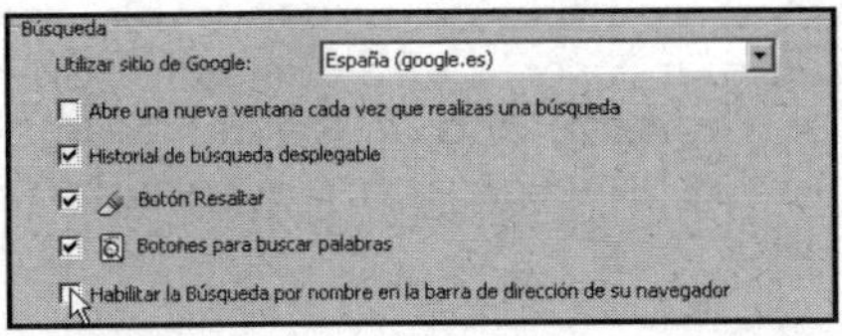

Figura 14.8. Activar la opción de búsqueda.

14.6. Ventanas emergentes

Este truco también está relacionado con la barra Google. El bloqueador de ventanas emergentes se activa automáticamente tras la instalación de esta barra, una característica muy útil si no quiere que le molesten con publicidad mientras está visitando páginas Web.

Pero puede ocurrir que en un momento dado desee acceder al contenido de alguna de esas ventanas emergentes. Para ello necesita desactivar el bloqueo de las ventanas emergentes. Sólo tiene que desactivar la opción **Bloqueador de pop-ups** de la ventana de **Opciones** de la barra Google, en la pestaña Opciones, dentro del grupo de opciones **Accesorios**. Para acceder a las opciones de la barra Google, haga clic sobre el botón **Opciones**, que está en la misma barra Google.

La figura 14.9 muestra el puntero del ratón sobre la opción que le interesa.

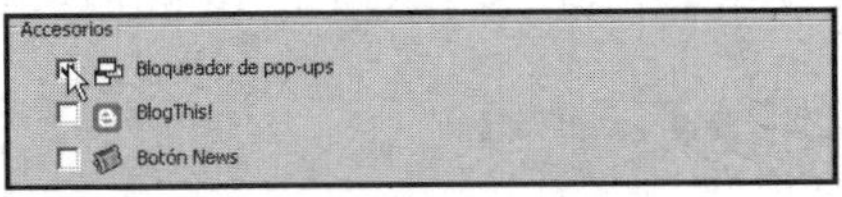

Figura 14.9. Desactivando el bloqueo.

Tras desactivar esta casilla, haga clic en el botón **Aceptar** de la ventana de **Opciones** para guardar sus cambios.

14.7. Cliente Web predeterminado

Hablemos ahora un poco de la aplicación Google Desktop Search, que vimos en el capítulo 8. Este programa sólo es compatible con los clientes Web Internet Explorer 5.0 o superior y Mozilla Firefox. Es posible que funcione con algún otro, pero no estarán disponibles todas sus funciones. En cualquier caso, tendrá que configurar como cliente Web predeterminado uno de los dos. Veamos los pasos necesarios para establecer uno u otro como cliente Web predeterminado.

14.7.1. Internet Explorer

En un ordenador con una instalación típica de Windows XP ya dispondrá de Internet Explorer. Si posteriormente ha instalado algún otro cliente Web pero quiere que Internet Explorer sea el predeterminado, siga los siguientes pasos:

1. Abra Internet Explorer.
2. Seleccione la opción Opciones de Internet del menú Herramientas. Se abrirá la ventana **Opciones de Internet**.
3. Seleccione la pestaña **Programas**.
4. Marque la casilla de verificación **Comprobar si Internet Explorer es el explorador predeterminado**.
5. Haga clic en el botón **Aceptar** para guardar sus cambios.
6. Cierre todas las ventanas de los clientes Web que tenga abiertas, ya sean de Internet Explorer o de otro. La próxima vez que abra Internet Explorer se la dará la opción de configurarlo como el cliente Web predeterminado.

La figura 14.10 muestra el resultado de una búsqueda de Google Desktop Search en Internet Explorer.

Veamos cómo podemos hacer lo mismo con Firefox.

14.7.2. Mozilla Firefox

Los pasos que tiene que dar para que Firefox sea el cliente Web predeterminado son los siguientes:

1. Para empezar, ejecute el cliente Web Mozilla Firefox.

2. Seleccione la opción Preferencias del menú Herramientas. Se abrirá la ventana **Opciones**.

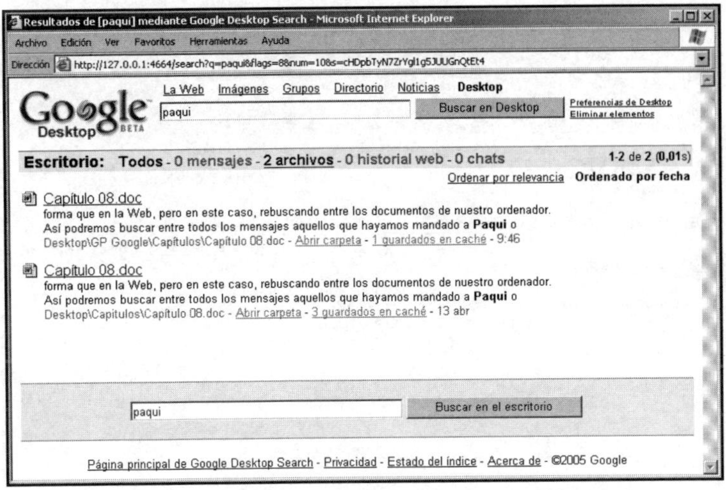

Figura 14.10. GDS e Internet Explorer.

3. Haga clic sobre el **General** en el panel que aparece a la izquierda del cuadro de diálogo.
4. Marque la casilla de verificación **Firefox debería comprobar si es el navegador predeterminado al iniciarse**, que se encuentra dentro del grupo de opciones **Navegador predeterminado**.
5. Haga clic en el botón **Aceptar** para guardar sus cambios.
6. Cierre todas las ventanas de los clientes Web que tenga abiertas, ya sea Firefox o cualquier otro.
7. La próxima vez que abra Firefox se le dará la opción de configurarlo como su cliente Web predeterminado.

La figura 14.11 muestra el resultado de una búsqueda de Google Desktop Search en Mozilla FireFox, configurado ya como cliente Web predeterminado.

14.8. Google Desktop Extreme

Este componente adicional (o *plug-in)* de Google Desktop Search le proporciona una interfaz mejorada que permite ordenar y filtrar los resultados de las búsquedas de una manera sencilla.

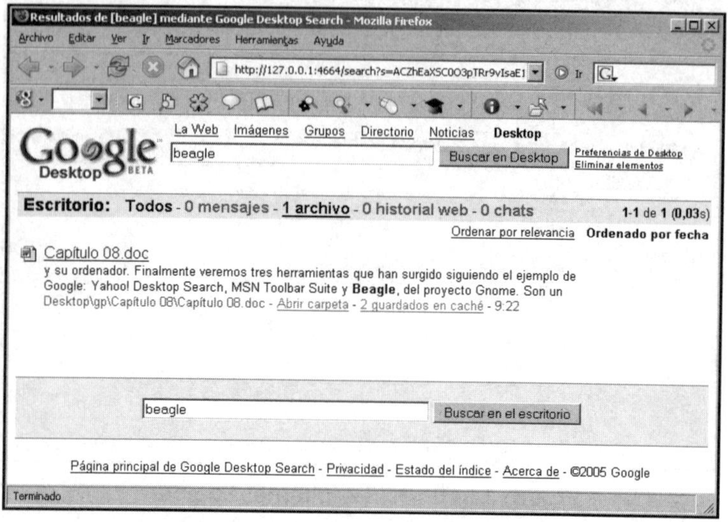

Figura 14.11. GDS y Mozilla Firefox.

Este complemento le permite combinar las búsquedas de GDS con nuevas características no incluidas en la versión estándar: ordenación por fechas, tipos de documentos, nombre, relevancia, etcétera.

A esto hay que añadirle un aspecto visual muy funcional y atractivo. Google Desktop Extreme está disponible en la dirección:

http://desktop.google.com/plugins/gdsextreme.html

> **Nota:** *Además de Google Desktop Extreme, existe una gran variedad de complementos adicionales para Google Desktop Search. Los puede encontrar en la dirección http://desktop.google.com/plugins.html.*

Para disponer de este componente en su ordenador sólo tiene que descargarlo desde su página Web e instalarlo. Dispondrá entonces en su escritorio de un cuadro de texto Google Desktop Extreme.

Los resultados, en lugar de mostrarse a través de su cliente Web predeterminado lo harán en su propia ventana de resultados, similar a la que aparece en la figura 14.12.

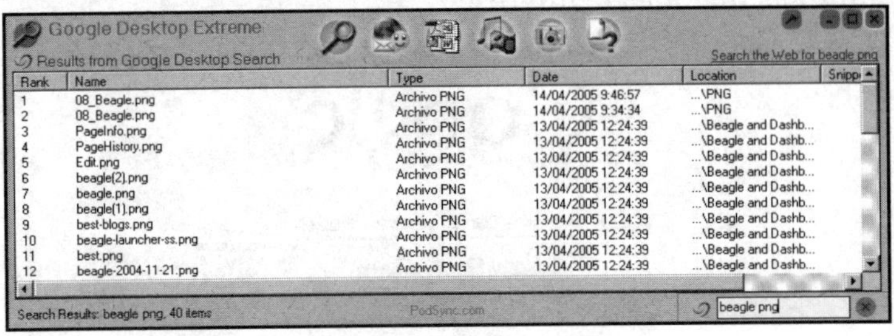

Figura 14.12. Búsquedas con Extreme.

14.9. Tipos de imágenes

Veamos ahora un truco para el buscador de imágenes de Google, que permite encontrarlas con un formato concreto, ya sea que el que necesite porque su cliente sólo soporte ese formato o porque tiene predilección por la calidad que le ofrece.

En cualquier caso, usted puede localizar estos tipos específicos de imágenes desde el propio formulario de búsqueda que puede encontrar en la dirección:

http://images.google.es/

Utilice el modificador de búsqueda **filetype**, seguido de la extensión del tipo de imagen que desee localizar, que puede ser cualquiera que tengan los archivos de imagen: bmp, gif, jpg, png, tif, etcétera.

Intentemos localizar alguna imagen de la distribución Gentoo de Linux en formato PNG. Los términos de búsqueda serían:

filetype:png gentoo

La figura 14.13 muestra el formulario de búsqueda de Google Imágenes con los términos antes mencionados.

En cuanto haga clic sobre el botón **Búsqueda en Google** se filtrarán los resultados obtenidos, mostrándole solamente las imágenes que encuentre de Gentoo en formato PNG.

14.10. Los titulares de las noticias

El buscador de noticias de Google le permite localizar aquellas que más le interesen.

Figura 14.13. Buscando imágenes PNG.

Cada vez que escriba los términos en el cuadro de búsquedas de Google Noticias, éste le devuelve como resultado las que contengan algunos de los términos de búsqueda. Esto puede generar un gran número de resultados, por lo que en ocasiones le interesará restringir sus búsquedas.

> **Nota:** *En caso de que haya olvidado la dirección de Google Noticias es la siguiente: http://news.google.es/.*

Una forma de limitar los resultados obtenidos es realizar las búsquedas sólo en los títulos de las noticias. Para ello tiene que utilizar el modificador de búsquedas **intitle** inmediatamente antes de los términos de búsqueda.

> **Nota:** *Puede combinar varios modificadores de los términos de búsqueda para localizar las noticias que más le interesen. Todo lo expuesto en el capítulo 3, Búsquedas avanzadas, también es aplicable a las noticias de Google.*

Imagine que quiere buscar información del cartel del festival de músicas del mundo Womad que se celebra en Cáceres todos los años. Los términos de búsqueda serían los siguientes:

intitle:womad cáceres

Escriba estos términos de búsqueda y haga clic en el botón **Buscar en Noticias**. Como resultado, información fresca sobre los últimos titulares del festival. La figura 14.13 muestra el resultado de esta búsqueda.

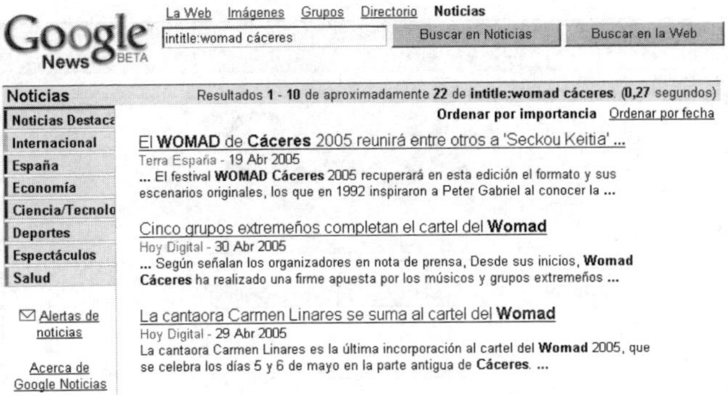

Figura 14.14. Titulares del Womad.

14.11. Google Mirror

Se trata de una página Web muy divertida: es un espejo de la Web original de Google. Todo está reflejado: el logotipo de Google, los botones, el texto de los enlaces o la barra de desplazamiento vertical a la izquierda. Incluso el texto se escribe de derecha a izquierda en el cuadro de texto de búsqueda. Realmente el autor de esta página ha conseguido que Google aparezca como si estuviera reflejado en un espejo. Esta curiosa Web la puede encontrar en la dirección:

http://www.alltooflat.com/geeky/elgoog/m/index.cgi

La figura 14.15 muestra la página principal del espejo de Google: elgooG.

En realidad esta Web es un *script* de unas 2.500 líneas que Antoni Chan escribió allá por el año 2002, en sus ratos libres.

El *script* es el encargado de darle la vuelta a toda la página de Google, incluidas las búsquedas y las páginas de resultados. Todo un ejercicio combinado de humor y de programación.

> ***Nota:*** *Para lanzar una búsqueda con Google Mirror sólo tiene que hacer clic sobre el botón* **hcraeS elgooG***, o si se siente con suerte haga clic sobre* **ykcuL gnileeF m'I***. Está muy claro, ¿no?*

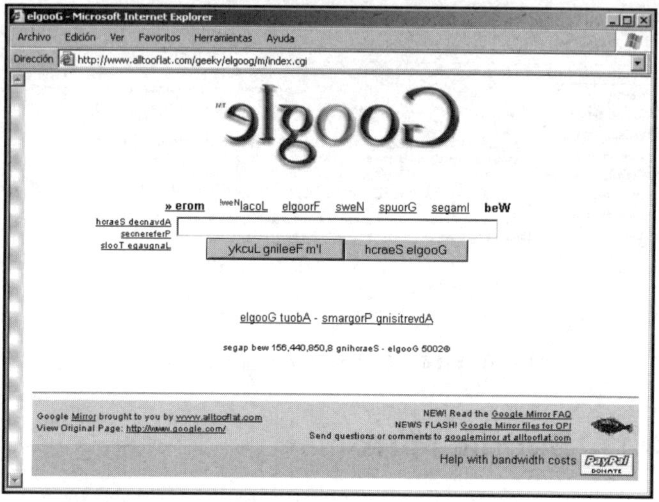

Figura 14.15. elgooG o Google al revés.

14.12. Google y Star Trek

Google, además de ser uno de los buscadores más populares de Internet, es una empresa seria con mucho, pero que mucho sentido del humor.

Casi parece un requisito más entre las cualidades que exigen a sus empleados.

En el enlace **Herramientas del idioma** del formulario de búsquedas de Google encontrará la sección **Use la interfaz de Google en su idioma**. Aquí aparecen multitud de enlaces, cada uno de ellos apuntando a la interfaz de Google en un idioma concreto. Entre estos enlaces está **klingon**, un idioma nada terráqueo. El klingon es la lengua de los Klingons, una raza de humanoides de la serie de ciencia-ficción Star Trek.

Este pueblo galáctico era el principal enemigo a batir en la serie original. Si desea saber más acerca de esta civilización de ficción, no dude en acudir a la entrada **klingon** de la enciclopedia Web WikiPedia:

http://en.wikipedia.org/wiki/Klingon

Si desea conocer algo más acerca de la lengua klingon, acuda a esta otra dirección:

http://www.kli.org/

> **Nota:** *Además del klingon, Google ha traducido su interfaz a otros idiomas extravagantes, como son Elmer Fudd, hacker o ¡bork, bork, bork!, entre otros.*

Si quiere disfrutar del buscador Google en perfecto klingon, haga clic en el enlace **Herramientas del idioma** del formulario de búsqueda de Google o acudir directamente siguiente dirección:

http://www.google.com/webhp?hl=xx-klingon

La figura 14.16 muestra el buscador klingon más rápido de este lado de la galaxia.

Figura 14.16. Google en klingon.

14.13. La tienda de Google

Vamos de compras. Pero no a una tienda cualquiera, sino a la tienda de Google (*Google Store* en inglés), que puede encontrar en la dirección:

http://www.google-store.com/

> ***Nota:*** *Esta dirección es la versión de su tienda para todos los usuarios que residan fuera del continente americano. Los habitantes de toda América tiene que acudir a esta otra dirección: http://www.googlestore.com/home.asp.*

Esta tienda es la más indicada para los amantes de Google o para aquellos que quieran hacer un regalo a la persona que le recomendó Google, según se afirma en la propia Web.

Hay una gran variedad de productos, todos con el logotipo de Google: paraguas, relojes, lámparas de lava, elementos de escritorio de oficina, camisetas, gorras, sudaderas, chalecos, etc. Todo lo que sea necesario para no olvidarse de Google en ninguna situación. Puede ver el aspecto de la tienda de Google en la figura 14.17.

Figura 14.17. La tienda de Google.

En esta tienda también tienen un apartado especial para el software de Google. En él podrá encontrar desde la barra Google, la aplicación Google Desktop Search, hasta un notificador de Gmail (versión beta) y un organizador de imágenes llamado Picasa. Pero todos ellos al mismo precio, gratis, y sólo disponibles para un sistema operativo, Windows.

14.14. Catálogos en línea

En el capítulo cuarto nos dejamos un buscador en el tintero: Google Catalog (Catálogo Google, si lo traducimos al castellano). Este buscador, aún en fase de pruebas o beta, sólo está disponible en inglés.

El buscador Google Catalogs está especializado en localizar y visualizar catálogos de venta por correo, esos que tanto proliferan últimamente. La dirección de esta página es:

http://catalogs.google.com/

La figura 14.18 muestra la página principal del buscador de catálogos de Google.

Figura 14.18. Google y los catálogos de venta.

Su principal misión es localizar productos de los catálogos postales, pero también permite a las empresas vendedoras registrarse, así como a los posibles clientes. La información se presenta en forma de directorio, como se aprecia en la figura 14.18, con los catálogos organizados por categorías, para que resulte más fácil localizar los productos del mismo tipo.

14.15. Otra forma de ver las noticias

Esta sí que es una página Web curiosa. Se trata de Newsmap, una aplicación que muestra de forma visual los continuos cambios de la actualidad informativa. Toma como fuente las noticias que aparecen publicadas en Google News (la versión anglosajona de Google Noticias). El mapa de noticias está organizado por países, mostrando inicialmente las noticias de Estados Unidos. Si hace clic sobre el enlace **Espana** de esta Web, podrá visualizar las noticias de este país. El mapa de noticias que muestra esta aplicación se genera utilizando un algoritmo de visualización de datos llamado mapa en árbol (*treemap*, en inglés) y se apoya en las presentaciones Macromedia Flash para su representación gráfica. El procedimiento es muy sencillo: a cada noticia se le asigna un recuadro coloreado. El tamaño depende de la importancia de la propia noticia, mientras que la intensidad del color indica si el artículo es más o menos reciente. Puede encontrar esta aplicación en la dirección:

http://www.marumushi.com/apps/newsmap/

La figura 14.19 muestra el mapa de la actualidad de las noticias de España.

Figura 14.19. NewsMap.

> ***Nota:*** *Las presentaciones Flash Macromedia permiten diseñar contenidos dinámicos visualmente más atractivos. Encuentre más información sobre este formato en: http://www.macromedia.com/es/software/flash/.*

14.16. Jugando con Google

Veamos ahora un pasatiempo al que se puede jugar con el buscador Google: Google Whack. Consiste en encontrar dos términos de búsqueda que generen un único resultado sin utilizar comillas. Parece sencillo, ¿no?, pues inténtelo y verá que no es tan fácil. La idea surgió hace ya algún tiempo, pero fue Gary Stock quien acuñó el término *googlewhack* para hacer referencia a ese solitario resultado de una búsqueda en Google. Porque, como dice en su Web, *googlewhack* es la búsqueda de "el único". Aunque en inglés, puede encontrar esta original Web en la dirección:

http://www.googlewhack.com/

La figura 14.20 muestra la página principal de este original juego.

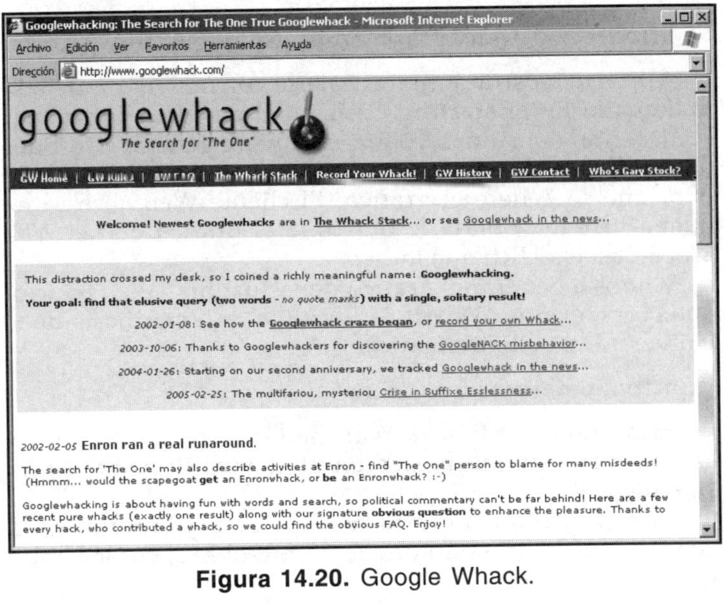

Figura 14.20. Google Whack.

En este sitio encontrará más información acerca de las reglas del juego, un listado de los aciertos más recientes, un historial del juego e incluso podrá registrar sus propios aciertos.

> ***Nota:*** *Si quiere disfrutar de otro pasatiempo sobre Google, acuda a la dirección: http://www.googlefight.com/. También podrá poner a prueba su ingenio intentando adivinar qué términos de búsqueda dieron como resultado una serie de imágenes relacionadas en la dirección siguiente: http://grant.robinson.name/projects/guess-the-google/.*

14.17. Google TouchGraph

La idea es representar de forma gráfica las Web relacionadas con un determinado sitio Web. La información necesaria se extrae a partir de los datos que Google guarda sobre una determinada Web, utilizando el modificador **related**.

El uso de Google TouchGraph es muy sencillo. Sólo tiene que acceder a su página Web, que puede encontrar en la dirección:

http://www.touchgraph.com/TGGoogleBrowser.html

Allí se le mostrará un formulario con un cuadro de texto llamado **Enter starting URL**, en el que debe introducir la dirección del sitio cuyo gráfico quiere generar. Después de escribir la dirección , haga clic en el botón **Graph it!** para que se genere el gráfico. El cliente Web abrirá una nueva ventana donde le mostrará el gráfico de las Web asociadas a la URL que indicó.

Vamos a generar el gráfico de las páginas Web relacionadas con el sitio Web de la Facultad de Veterinaria de la Universidad de Extremadura:

http://veterinaria.unex.es/

Para ello, acceda a la Web de Google TouchGraph y escriba **veterinaria.unex.es** en el cuadro de texto **Enter starting URL**.

La figura 14.21 muestra nuestra URL ya escrita en el cuadro de texto y el puntero del ratón sobre el botón **Graph it!**.

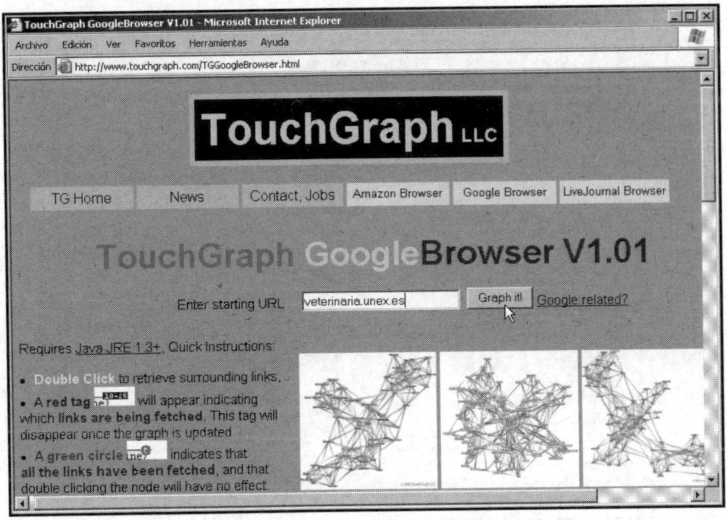

Figura 14.21. Google TouchGraph.

> ***Nota**: Google TouchGraph es en realidad un* applet *Java, por lo que necesita tener instalado algún intérprete de Java. En caso de no tener ningún* runtime *instalado, no se preocupe. El propio Google TouchGraph le ofrece la opción de hacerlo.*

A continuación hacemos clic sobre el botón y se lanza la ejecución del *applet* Java con el visualizador TouchGraph.

El gráfico con todos los sitios Web relacionados con veterinaria.unex.es es el que muestra la figura 14.22.

Puede moverse por todo el gráfico mediante las barras de desplazamiento que aparecen a la derecha y en la parte inferior de la ventana. Además, también puede mover los distintos nodos del gráfico arrastrándolos con el ratón.

14.18. Conclusión

Lo visto en este libro tan sólo es la punta del iceberg que es Google. Nuestra única pretensión ha sido transmitirle las diferentes posibilidades que Google ofrece tanto a usuarios como a editores. Esperamos que haya disfrutado leyendo este libro tanto como nosotros escribiéndolo.

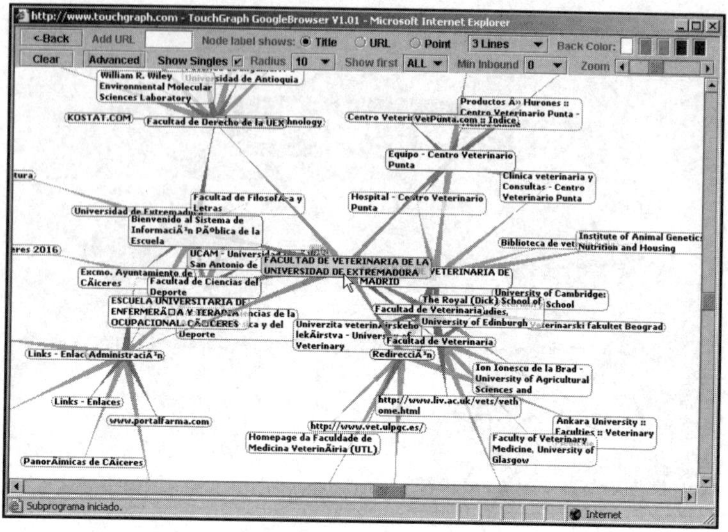

Figura 14.22. Google TouchGraph en acción.

Índice alfabético

A

B

C

D

E

F

G

H

I

J

K

L

M

N

O

P

R

S

T

U

V

W

X

Y

Z